가슴에 새긴 태극마크,
등에 짊어진 일장기

스포츠로 보는
한국과 일본의 문화 이야기

가슴에 새긴 태극마크,
등에 짊어진 일장기

한성윤 지음

싱긋

차례

'Hope'
혈액형 분석이 유행한 나라,
한국과 일본만이 공유하는 스포츠 문화

'Questions'
크레용과 크레파스의 차이처럼,
비슷하지만 다른 한국과 일본 스포츠

'The Power'
축구의 상징 까마귀와 야구를 풍자하는 두견새, 일본 스포츠의 저력

'The Dreamer'
세계 최고의 청소 문화, 스포츠의 천국에서 배워야 할 것들

'The Destruction Of The Shell'
한국 스포츠의 빛과 그림자, 더 늦기 전에

스포츠라는 거울로 본
한일 양국 이야기가 탄생하기까지

2010 밴쿠버 동계올림픽을 앞둔 김연아와 아사다 마오의 승부를 두고 한국과 일본 언론은 모두 '운명의 대결'이라고 표현했다. 동 갑내기 두 소녀의 피겨스케이팅은 스포츠를 넘어 한국과 일본의 자존심 대결로 이어졌으며, 마치 전쟁을 앞둔 전사의 비장함마저 느껴지면서 한일 양국의 팽팽한 긴장감은 최고조에 달해 있었다. 올림픽을 앞둔 김연아의 마지막 대회인 2009년 그랑프리 파이널 대회는 일본 도쿄에서 개최되었는데, 경기 후 TV 인터뷰와 공식 기자회견 질문은 김연아에게 집중되었다. 일본 언론은 김연아가 나라 전체를 짊어지는 것과도 같은 중압감을 안고 경기에 나선다고 보도하면서 올림픽을 앞둔 김연아의 부담감을 설명하고자 했다. 일본 언론의 이런 질문은 통역을 거치면서 "올림픽을 앞두고

부담감은 없으신가요?" 정도로 순화되어 김연아에게 전달된 것은 매우 다행이었다.

당시 김연아에게 과도한 부담감을 안겨주려는 일본 언론의 의도적인 질문이라는 생각이 들어 기분이 좋지 않았는데, 일본 언론은 2018년 남자 피겨스케이팅의 하뉴 유즈루가 2018 평창 동계올림픽에서 2회 연속 금메달에 도전할 때도 이와 비슷한 표현을 사용했다. 이런 사례를 통해 우리나라에서는 가슴에 태극마크를 단다는 말이 일본에서는 일장기를 짊어진다는 말로 표현된다는 사실을 알게 되었다. 가슴에 새긴 태극마크와 등에 짊어진 일장기는 스포츠 국가대표를 나타내는 말이지만 이처럼 표현방식이 다른 것은 한국과 일본의 서로 다른 문화를 그대로 보여주는 것이라고 할 수 있다. 이와 같이 한국과 일본의 미묘한 언어 차이는 언론을 거쳐 확대 재생산되면서 일본의 야구선수 스즈키 이치로의 "일본은 30년간 패하지 않을 것이다"라는 발언 논란으로 이어지기도 했다. 또한 우리나라에서는 처음 소개하는 내용이지만 축구 스타 최순호가 "일본이 한국 축구를 이기려면 100년은 걸릴 것이다"라고 이야기했다는 보도가 일본 언론에 소개된 적도 있다.

사실 우리나라와 일본은 언어와 문화가 비슷하기 때문에 외부에서 보면 닮은 점이 많다. 예를 들면 야구라는 말도 한국과 일본에서만 사용하고, 한국과 일본만이 영화감독과 스포츠감독을 모두 감독이라고 일컫는다. 반대로 얼핏 비슷해 보이는 씨름과 스모는 당기는 힘과 미는 힘, 3판 2승과 단판 승부, 하루에 모든 승부를 결정짓는 방식과 15일 동안 진행하는 방식 등에서 볼 수 있는 것처럼 많은 차이를 보인다. 씨름과 스모뿐 아니라 야구나 축구 같은 구체적인 종목의 사례에서 보면 생각보다 더 많은 차이를 발견할 수 있다. 우리나라는 삼국시대 김춘추가 즐겼던 '축국'에서부터 시작하는 빛나는 축구 역사를 가지고 있고, 일본은 '고시엔'으로 상징되는 학생 야구에서 시작된 야구의 전통이 있는데 공교롭게도 한국에서 손흥민, 일본에서 오타니 쇼헤이라는 세계적인 선수가 나온 것은 한일 양국의 스포츠 문화를 반영한다고 할 수 있다.

영화 〈바람과 함께 사라지다〉의 마지막 장면에 나오는 대사인 'Tomorrow is another day'는 일본에서는 '내일은 내일의 바람이 분다'로, 우리나라에서는 '내일은 내일의 태양이 떠오른다'로 번역된 것처럼 마치 일본은 바람의 나라, 우리나라는 태양의 후예인 것처럼 서로 다른 면이 많다. 일본이 사무라이로 대표되는 칼의 나라라면 우리나라는 양반 문화로 표현되는 붓의 나라이기도 하다. 우리나라가 곡선 문화라면 일본은 직선 문화인데 이를 스포츠에 적용하면 변화구의 한국, 직구의 일본이라고 표현할 수도 있다. 대한민국 양궁은 올림픽에서 무적을 자랑하는 엘리트 스포츠의 상징이지만 일본에서는 생활체육의 하나인 궁도가 인기 종목으로 정착되어 있다. 우리나라가 드라마 왕국이라면 일본은 스포츠의 천국이다. 일본 스포츠는 생활체육과 엘리트 스포츠가 대립하는 것이 아니라 상호보완적인 관계 속에서 공존하는 선순환 구조를 만들어내고 있다.

또한 세계적인 소설가 무라카미 하루키가 프로야구 야쿠르트 스왈로스의 팬임을 밝히며 문학작품에서 팬심을 드러내는 장면은 비슷한 또래의 국내 문학가들에게서는 찾아보기 힘든 모습이다. 세계적인 스포츠용품 업체가 종목마다 존재할 정도로 스포츠 산업이 발전되어 있는 것도 일본 스포츠의 부러운 점이다. 비인기 종목이란 말을 찾아볼 수 없을 정도로 종목별로 다양한 선수가 존재하고, 선수를 응원하는 서포터가 있다는 점도 일본 스포츠의 특징이며, 프로와 구별되는 학생 스포츠의 매력을 느낄 수 있다는 점 또한 일본에서만 볼 수 있는 풍경이라고 할 수 있다. 반면 아날로그 사회, 갈라파고스 사회, 수직 사회로 상징되는 일본 사회의 어두운 면은 스포츠에서도 감출 수 없는 부분이며, 한국 스포츠가 일본의 사례를 통해 개선해야 할 부분이기도 하다.

이 책은 『청춘, 여름, 꿈의 무대 고시엔』에 이어 다시 한번 스포츠라는 거울을 통해 한국과 일본 스포츠가 어떻게 사회·문화와 상호작용하는지를 분석한 책이다. 한국과 일본은 숫자로 표현하면 완전수는 아니지만 매력적인 숫자인 소수와도 같다고 할 수 있다. 소수 중에서도 쌍둥이 소수인 41과 43에 해당한다고 할 수 있다. 비슷하면서도 다른 한국과 일본의 스포츠와 문화 이야기를 41과 43의 중간에 해당하는 42개의 이야기로 정리했다. 스포츠 키즈로 자란 어린 시절의 경험에서부터 KBS 스포츠 기자로 활동하면서 얻은 소중한 정보까지 모든 것이 이 책에 오롯이 담겨 있다. 생애 두 번째 책을 내는 모습을 묵묵히 지켜봐주고 지원해준 딸 채린이와 아내 신경애, 그리고 어머니 신옥자 여사에게 이 책을 바친다. 이제 뜨거운 승부가 펼쳐지는 현장으로 함께 들어갈 시간이다. 친구와 가족을 비롯해 사랑하는 사람과 함께하면 더욱 흥미진진할 것이다.

'The Hero'
김춘추에서 시작된 '축국'의 전통,
'칼'을 쓰던 사무라이의 야구 유산

신라시대 김춘추가 '축국'을 하다 옷이 찢어지지 않았다면 김유신의 여동생 문희와 만나지
못했을 것이고, 우리나라의 역사는 지금과 다른 모습으로 흘러갔을지도 모른다. 오랜 전통
을 가진 한국 축구는 태극전사와 조기 축구, 군대스리가라는 표현에서 알 수 있듯이 인기
스포츠 그 이상으로 통한다. 또한 일본의 경우 과거 일본의 사무라이가 칼을 들었다면 현대
의 사무라이는 배트를 든 야구선수이며, 외국어가 아닌 일본어로 표현하는 유일한 단체 종
목이 바로 야구이다. 한국의 축구와 일본의 야구는 두 나라의 사회와 문화, 역사를 이해하
는 거울이며 국가적인 자존심이 걸린 스포츠라고 할 수 있다.

한국의 자존심 '태극전사', 일본의 상징 '사무라이 재팬'

×

2018 평창 동계올림픽을 앞두고 '푸른 눈의 태극전사'라는 표현이 언론에 등장하기 시작했다. 처음 이 말을 들었을 때 마치 '네모난 원'이라는 말에서 느껴지는 것처럼 어색함을 감출 수 없었다. 예전부터 '태극전사'라는 말에는 고유의 이미지가 존재했는데, '태극전사'와 '푸른 눈'이라는 단어의 조합은 왠지 잘 어울리지 않는 것 같았다. 상당수의 캐나다 출신 선수들이 대표팀을 구성한 아이스하키를 비롯해 설상 종목 등 한국 동계 스포츠 중 저변이 취약한 종목을 중심으로 한국인이 아닌 외국 출신의 선수들이 태극마크를 달고 대한민국 국가대표로 활약했다.

이처럼 태극전사라는 용어는 축구뿐만 아니라 대한민국 국가대표를 의미하지만 일반적으로 '태극전사' 하면 월드컵에 출전하는

푸른 눈의 태극전사들. 2018 평창 동계올림픽 남자 아이스하키 대표팀 선수단 가운데 캐나다 출신의 귀화 선수들의 모습이 눈에 띈다.

축구 국가대표팀을 지칭하는 것이기도 하다. 축구 국가대표팀의 위상이 모든 스포츠 종목 중에서 가장 높다는 이유도 있지만 '태극전사'라는 말 자체가 사실 월드컵에서부터 시작되었기 때문이다. 위키백과에서 '태극전사'를 검색하면 2002년 월드컵 때 한국 언론에서 처음 사용된 용어라는 설명을 볼 수 있으나 이는 사실과 다르다. 방대한 정보와 높은 정확성을 자랑하는 위키백과에도 잘못 알려져 있을 정도로 '태극전사'라는 말이 정확히 언제 생겼는지에 대한 논란이 존재하지만, KBS 뉴스 아카이브 자료와 네이버 뉴스 라이브러리를 참조해보면 1994년 미국 월드컵을 계기로 언론에 본격적으로 등장했다는 것을 알 수 있다. '태극전사'가 월드컵 축구 국가대표팀, 대한민국 국가대표를 상징하는 용어로 정착되기까지 생각보다 많은 시간이 걸렸는데 그 기원은 1972년 세계

탁구선수권대회 우승으로 거슬러올라간다. 정현숙-이에리사 선수 등이 활약해 사라예보의 기적을 만들어내자 당시 〈경향신문〉에는 다음과 같은 내용의 기사가 실렸다. "태극마크를 가슴에 달고 오로지 조국의 영광을 위해 싸우는 모습에서는 전사에 못지않은 충성심을 느낄 수 있다."

1972년 이전에도 축구 국가대표팀이나 국가대표를 지칭할 때 '전사'라는 말을 사용한 적이 있는데 이때는 주로 '한국 전사'라는 표현을 뉴스에서 사용했다. 1984 LA 올림픽에서는 '전사'보다 올림픽 '한국 군단'이라는 개인보다는 집단을 강조한 용어가 유행하다가 1986년 32년 만에 월드컵 출전에 성공하면서 '월드컵 전사'라는 표현이 축구 국가대표팀을 지칭하는 용어로 자리잡게 되었다. '월드컵 전사'는 1986년 멕시코 월드컵과 1990년 이탈리아 월드컵, 1994년 미국 월드컵 준비 과정까지 오랫동안 축구 국가대표팀을 상징하는 용어가 되었다. KBS 뉴스 아카이브 자료를 참조한 결과 1986년 월드컵부터 1994년 월드컵 개막까지 '월드컵 전사'라는 용어를 주로 사용하다가 1994년 미국 월드컵 첫 경기인 스페인전을 계기로 '태극전사'라는 용어가 탄생했다는 것을 알 수 있다.

우리나라는 경기 초반 2대 0으로 뒤지다가 후반에 2골을 만회하며 2대 2 무승부를 기록하는 명승부를 만들어 세계 축구계를 깜짝 놀라게 했다. 이는 1972년 세계탁구선수권대회 우승 못지않은 쾌거였다. 당시 태극기를 흔들며 열렬한 성원을 보낸 미국 교민들의 응원과 월드컵 전사의 경기력이 만든 합작품처럼 '태극전사'라는 용어가 스페인전을 통해 축구 국가대표팀을 일컫는 새로운 상징이 된 것이다. 월드컵 예선 3차전에서 강호 독일을 상대로 3대 2로 선전하면서 축구 국가대표팀의 인기는 더욱 높아졌고, 태극전사라는 말의 위상 역시 단기간에 높아져 월드컵 전사라는 말 대신 축구 국가대표팀을 지칭하는 용어가 되었다.

마침 월드컵 이후 일본 히로시마에서 아시안게임이 개최되면서 '태극전사'는 월드컵 축구에서 모든 종목의 국가대표로 확대되었다. 우리나라 국가대표를 상징하는 용어가 된 '태극전사'이지만 다른 종목들과는 달리 '태극전사'의 원조인 축구에서는 '푸른 눈의 태극전사'인 외국 출신의 선수들이 국가대표가 된 적은 단 한 번도 없었다. 2018 평창 동계올림픽 당시 설상 종목에서는 대부분의 선수들이 특별 귀화를 통해 한국 국적을 취득해 '태극전사'가 되었고, 농구의 리카르도 라틀리프 역시 '라건아'라는 이름으로 대한민국 국가대표 주전 센터로 활약한 바 있다. 반면 축구에서는 특별 귀화가 이루어진 적이 없는데 정확히 말하면 제대로 시도된 적도 없었다. 국가대표가 되기 위한 특별 귀화의 경우는 축구협회가 전폭적으로 지지해야만 가능하다. 또한 국제축구연맹FIFA에 "해당 국가에서 5년 이상 연속으로 거주해야 귀화한 국가의 대표팀에 뽑힐 수 있다"는 규정도 국가대표로 발탁하기 어렵게 만드는 요인이기도 하다.

이런 까다로운 규정에도 불구하고 일본 축구 국가대표팀은 귀화한 선수들을 적극적으로 활용한 바 있어 한국 축구와 대조를 이룬다. 1990년대 초반 일본 국가대표팀의 미드필더로 인상적인 활약을 보였던 라모스 루이는 브라질 출신이다. 정확한 패스가 일품인 그는 일본의 1992년 아시안컵 우승을 비롯해 일본 축구를 한 단계 격상시킨 주역이었다. 또한 브라질 출신의 공격수 로페스 바그너 역시 1998년 프랑스 월드컵 예선에서 우리나라를 상대로 1골을 넣으며 일본의 사상 첫 월드컵 진출을 뒷받침했다. 일본과는 달리 2014년 우리나라에 귀화를 추진했던 에닝요는 대한체육회에서 한국어와 한국 문화에 익숙하지 않다는 이유로 귀화 신청을 기각했다. 이처럼 축구 국가대표팀에 외국 출신의 선수가 합류할 수 없었던 이유는 까다로운 귀화 과정과 대표팀의 위상이 너무 높아 이른바 순혈주의로 흐르고 있는 현실과 관련이 있다고 볼 수 있다.

우리나라 축구 국가대표팀과 비슷한 경우가 바로 일본 야구 국가대표팀이다. 대한민국 축구 국가대표팀이 '태극전사'의 대명사라면 일본 야구 국가대표팀은 '사무라이 재팬'이라는 애칭으로 불린다. '사무라이 재팬'의 유래는 정확히 알려져 있다. 2009년 제2회 월드베이스볼클래식WBC을 준비하면서 하라 다쓰노리 감독이 처음 제안한 것으로 시간이 지나 종목을 초월한 일본 국가대표의 별칭으로 자리잡게 되었다. 사무라이 재팬이 성공을 거두자 1년 뒤에 열린 2010년 남아프리카공화국 월드컵을 준비하며 축구 국가대표팀은 '사무라이 블루'라는 애칭을 선택했다. '사무라이'라는 단어가 일본을 상징하는데다 '사무라이 재팬'을 브랜드로 만들면

한신 타이거즈 선수들이 시대극 영화배우들과 비슷한 모습으로 촬영한 영화와 야구의 콜라보 홍보 사진(출처 : 한신 타이거즈 홈페이지)

서 상업적인 가치까지 높아져 비교적 단기간에 일본 대표팀을 일 컫는 용어로 정착되었다.

일본 프로야구의 인기 구단인 한신 타이거즈는 사무라이를 주 제로 한 영화와 합작해 야구선수들이 사무라이를 연상시키는 모 습으로 등장하는 포스터를 선보이기도 했다. 포스터를 보면 검을 든 사무라이의 모습과 야구 배트를 들고 있는 한신 타이거즈 선수 들의 모습이 비슷해 보인다. "시대를 따르지 말고 꿈을 따르라"라 는 문구는 영화 주인공들의 모습과 한신 타이거즈 선수들의 마음 가짐에 똑같이 적용된다. 야구선수들이 현대판 사무라이와 비슷한 존재라는 것을 상징적으로 나타내는 포스터이다.

일본 야구 국가대표팀은 우리나라 축구 국가대표팀처럼 모든 종목의 국가대표팀 중에서 가장 높은 인기를 누리고 있다. 위상이 높고 순혈주의라는 공통점도 존재한다. 일본은 1회부터 4회까지 월드베이스볼클래식 대표팀을 구성할 때 외국 출신의 선수를 단한 명도 선발하지 않았다. 월드베이스볼클래식은 국제축구연맹이 엄격한 귀화 자격을 규정하는 것과는 다르게 국적과 관계없이 모든 선수가 출전할 수 있다. 특히 모계나 부계 중 어느 한쪽을 선택해 대표팀으로 출전한 사례가 여럿 존재하기도 한다. 박찬호의 LA 다저스 시절 포수였던 마이크 피아자는 이탈리아 대표팀으로 나선 적이 있고, '동굴맨'으로 불린 조니 데이먼은 야구 불모지인 태국의 대표팀으로 출전하기도 했다.

일본도 2023년 월드베이스볼클래식 대표팀에 일본인 어머니를 둔 미국 국적의 라스 눗바를 선발해 변화의 조짐을 보이고 있지만, 이런 추세가 계속될 가능성은 크지 않다. 일본 야구의 선수층이 워낙 넓어 이들보다 뛰어난 일본계 외국인을 굳이 찾을 필요가 없기 때문이다. 또한 '사무라이 재팬'으로 불리는 일본 야구 국가대표팀은 스즈키 이치로와 오타니 쇼헤이로 불리는 일본의 이미지와 어울려야 하기 때문이기도 하다.

세계 스포츠에서 국가대표 서포터가 별도로 존재하는 경우는 그리 많지 않다. 특히 우리나라와 일본처럼 국민적으로 열광적인 지지를 보내는 경우는 더더욱 드물다. '태극전사'와 '사무라이 재팬'은 한일 스포츠를 대표하는 용어이다. 시대가 바뀌어도 한국 축구 국가대표팀, 일본 야구 국가대표팀의 위상은 변함없이 이어질 것이다. 한국 축구와 일본 야구는 단순한 스포츠가 아니라 한일 양국의 자존심이기 때문이다.

기묘한 이야기, 신기하게 닮아 있는
한국 프로축구와 일본 프로야구

×

미국식 스포츠의 상징인 야구와 유럽 무대가 본고장인 축구는 탄생 배경부터 발전 과정까지 모든 면에서 전혀 다른 모습을 보여왔다. 유럽식 개방형 리그인 축구와 미국식 폐쇄형 구조를 갖춘 야구는 정반대의 길을 걸어온 것뿐만 아니라 야구팬과 축구팬은 서로에게 강한 라이벌 의식을 느끼고 있으며, 같은 스포츠팬이지만 상대 종목에 대해 적대적인 감정을 갖는 경우도 어렵지 않게 볼 수 있다. 이렇게 전혀 다른 축구와 야구라는 종목의 판이한 특성과 우리나라와 일본은 정반대라고 해도 좋을 만큼 차이가 큰 나라이지만, 한국 프로축구와 일본 프로야구는 묘하게 닮은 점이 많다는 점에 주목하고 싶다.

대한민국 스포츠에서 가장 먼저 탄생한 프로구단은 1979년 창

1980년대 초 큰 인기를 누렸던 할렐루야 축구단의 연습 장면

단해 1980년 12월 프로구단으로 탄생한 '할렐루야' 축구단이다. 할렐루야 축구단은 이름 그대로 선교를 목적으로 만들어진 구단이다. 이영무, 신현호, 박성화 등 국가대표 1진 선수들이 대거 참여해 국가대표 1진인 화랑팀 못지않은 탄탄한 전력을 갖춘데다 골을 넣을 때마다 기도하는 모습으로 강한 인상을 남겼다. 대한민국 1호 월드컵 골의 주인공인 박창선이 1986년 멕시코 월드컵 당시 아르헨티나와의 경기에서 골을 넣은 뒤 기도를 한 이유는 할렐루야 소속이었기 때문이다.

1979년 창단된 할렐루야 축구단은 매달 약 50만 원을 고정 월급으로 받으면서 득점과 출전 보너스 같은 옵션까지 갖춘 진정한 프로구단이었다. 일본 프로야구의 요미우리 자이언츠 구단이 1934년 첫 프로팀으로 탄생했다면 대한민국 스포츠에서는 프로

1986년 멕시코 월드컵에서 박창선이 한국 축구 사상 첫 월드컵 골을 터뜨린 뒤 기도하는 모습
(출처 : KBS 유튜브)

야구가 아닌 프로축구단 할렐루야가 1호 프로팀이 된 것이다. 일
본 프로야구가 1936년 요미우리 자이언츠의 주도하에 시작된 반
면, 일본 프로축구는 이보다 한참 뒤인 1993년에야 정식 프로리그
로 출범했다. 우리나라 프로축구가 1983년에 출범한 것과 비교하
면 10년이나 늦은 것이다. 우리나라 프로축구는 자연스럽게 아시
아 축구 최초의 프로리그가 되었다. 아시아축구연맹AFC은 1908년
홍콩리그를 최초의 프로리그라고 해석하고 있지만 사전적 의미가
아닌 실질적 의미의 프로리그는 당연히 우리나라 프로축구가 아
시아 최초라고 할 수 있다. 아시아 최초의 프로야구는 일본, 아시
아 최초의 프로축구는 한국인 것이다.

　외국인 선수제도 역시 러시아 출신의 빅토르 스타르핀이 일본
프로야구 요미우리 자이언츠에서 활약한 것을 시작으로 1952년

부터 일본 프로야구에 도입되었다. 우리나라의 프로야구는 1998년 처음으로 외국인 선수제도를 채택했지만 프로축구에서는 1983년 최초로 브라질 출신의 선수 2명이 국내 무대에서 뛴 적이 있다. 또한 1984년 허정무의 네덜란드 시절 동료였던 로프 렌스 베르겐을 비롯해 태국 출신의 피아퐁 피우온과 보스니아 출신의 라데 보그다노비치 등 특급 골잡이들이 국내 무대에서 활약한 바 있다.

우리나라 프로축구 K리그1은 모두 12개 팀으로 이루어져 있는데 일본 프로야구 역시 공교롭게 12개 구단으로 구성되어 있다. 일본은 센트럴리그 6개 팀, 퍼시픽리그 6개 팀으로 1위부터 3위까지가 클라이맥스시리즈라고 불리는 플레이오프에 진출한다. 일본 프로야구는 정규 시즌 1위부터 3위까지의 팀을 A클래스, 4위부터 6위까지의 팀을 B클래스로 구분하기 때문에 모두 6개 팀씩 A클래스와 B클래스로 나뉘게 된다. 흥미로운 것은 이런 일본 프로야구의 A-B 클래스 구분이 우리나라 프로축구의 스플릿제도와 비슷하다는 점이다. 우리나라 프로축구는 12개 팀이 리그를 진행하다가 정규리그 후반에 1위부터 6위 팀과 7위부터 12위 팀을 나눠 리그를 진행해 순위를 가린다. 일본 프로야구의 A-B 클래스 구분과 K리그의 스플릿제도는 본질적으로 크게 다르지 않은 것이다.

아시아리그에서의 실력으로 보아도 우리나라 프로축구와 일본 프로야구는 비슷한 위치에 있다고 할 수 있다. 우리나라 프로축구는 아시아 챔피언스리그에서 12번 우승을 차지해 명실상부한 아시아 축구 1위의 자리를 지키고 있다. 또한 일본 프로야구가 우리나라나 대만 프로야구 리그에 비해 수준 높은 무대라는 것은 모두가 인정하는 사실이며, 지금은 폐지된 코나미컵 같은 아시아시리즈의 최다 우승팀은 일본 프로야구 구단이었다. 또 하나의 공통점은 리그를 주도하는 명문 구단이 존재한다는 점이다. K리그에서는 전북과 울산, 서울 등의 구단이 과감한 투자로 우수한 선수들을 대거 영입하면서 오랜 기간 상위권에서 우승의 자리를 차지하기 위해 경쟁하고 있다. 상대적으로 시민 구단 같은 경우는 자금력에서 뒤지다보니 우승이 목표가 아니라 1부 리그 잔류가 실질적인 목표인 경우가 대부분이다.

일본 프로야구에서 우승하기 위해 경쟁하는 팀은 요미우리 자이언츠, 한신 타이거즈, 소프트뱅크 호크스처럼 자금력에서 앞선 구단들이다. 상대적으로 재정이 열악한 야쿠르트 스왈로스가 2022년 우승을 차지하는 이변을 일으켰지만 야쿠르트 구단을 리그를 주도하는 명문 구단이라고 이야기하지는 않는다. 우리나라 프로축구처럼 일본 프로야구 역시 과감한 투자를 하는 이른바 리딩 클럽Leading Club과 재정이 열악한 구단이 공존하고 있다. 사실 이런 구조는 세계 스포츠 리그가 대부분 비슷한 편인데, 우리나라의 프로야구는 키움 히어로즈를 제외하면 모두 재벌 기업으로 구성되어 있어 리딩 클럽 여부를 판단하기가 애매하다. 기업 사정에 따라 일시적으로 투자를 꺼리는 구단도 있지만 모든 구단이 우승을 노리는 팀이라는 점에서 우리나라 프로야구는 세계적으로 특

K리그 전북 현대 모터스의 서포터스들이 쏟아지는 빗속에서 열정적인 응원을 하고 있다.

이한 경쟁 구도를 갖추고 있는 셈이다. KBO리그에는 K리그의 시민 구단이나 일본의 일부 구단처럼 생존이 목표인 팀은 존재하지 않는다고 할 수 있다.

또한 야구와 축구는 전혀 다른 종목인 만큼 응원 문화에서도 큰 차이가 있다. 그러나 우리나라 프로축구와 일본 프로야구의 응원 문화는 놀라울 정도로 닮아 있다. 우리나라 프로야구에서의 응원은 응원단장의 주도 아래 치어리더의 율동에 맞춰 관중이 함께 응원을 한다. 응원석은 가장 좋은 자리인 내야석에 자리잡고 있으며, 선수들의 응원가가 흘러나올 때는 내야석뿐만 아니라 외야석에서도 응원에 동참한다. 〈부산 갈매기〉 같은 상징적인 응원가가 흘러나오면 모든 관중이 합창을 하고, 내야석과 외야석 구분 없이 파

일본 프로야구 지바 롯데 마린스의 서포터스들이 이승엽 선수를 응원하고 있다.
(출처 : KBS 뉴스)

도타기를 하는 등 세상에서 가장 큰 노래방이자 축제의 무대가 펼쳐진다.

반면 일본 프로야구는 경기 내내 트럼펫을 불고 깃발을 흔들면서 열렬한 응원을 보내는 서포터스와 조용히 야구를 관람하며 박수를 치는 일반 관중이 확연하게 구분되는 편이다. 심지어 서포터스 자리는 외야석에 있는 관계로 내야석 관중이 이들과 응원을 함께하기는 더욱 어렵다. 모두가 응원단인 우리나라의 프로야구와는 달리 응원석과 관람석이 확실히 구분되는 셈이다. 이런 모습은 우리나라 프로 축구장에서 볼 수 있는 장면과 비슷하다. 우리나라 프로축구는 열성적인 서포터스가 골대 뒤편에 위치해 있어 일반 관중이 주로 앉는 자리와는 구분되기 때문에 일반석에서 서포터스의 응원에 동참하기는 어렵다. 일본의 야구팬이 우리나라를 방문해 스포츠 경기를 관람하게 된다면 야구장보다는 축구장에서 더 편안한 기분을 느낄 가능성이 클 것이다. 서포터스가 아닌 일반 관중은 조용하게 응원하는 쪽을 선호하기 때문이다.

일반석에서 조용히 응원하는 관중도 경기 내내 쉬지 않고 끊임없이 응원하는 서포터스의 모습을 보면 때로는 경외감마저 느끼게 된다. 그들의 열정이 그대로 전해지기 때문이다. 이런 서포터스의 노력에 감사하는 의미로 국내외 프로축구 구단에서는 12번을 영구결번으로 지정한 사례가 꽤 있다. 축구장에서 뛰는 주전 선수 11명을 뒷받침하는 12번째 선수라는 의미를 담고 있다. K리그에서 전북 현대 모터스와 울산 현대, FC서울과 인천 유나이티드, 수원FC 등의 구단에서는 등번호가 12번인 선수를 찾아볼 수 없다.

비슷한 사례는 일본 프로야구 지바 롯데 마린스에서도 찾아볼 수 있다. 과거 이승엽이 활약했던 지바 롯데 마린스는 요미우리 자이언츠나 한신 타이거즈 같은 인기 구단은 아니지만 서포터스만큼은 어느 구단 못지않은 열광적인 응원으로 유명하다. 대부분의 서포터스가 외야 한구석에 자리하는 것과는 달리 지바 롯데 마린스의 서포터스는 외야석의 모든 자리를 차지할 정도이다. 이런 서포터스를 상징하는 의미로 지바 롯데 마린스는 26번을 영구결번으로 지정하기도 했다. 야구는 25명이 출전 선수 명단에 포함되기 때문에 야구팬들이 26번째 선수라는 뜻이다.

KBO리그는 선수들의 연봉을 전면적으로 공개한다. 구체적인 옵션은 비공개인 경우가 많지만 기본적으로 우리나라 프로야구 선수의 연봉은 KBO나 구단 홈페이지에서 확인할 수 있다. 일본 프로야구도 선수들의 연봉을 공개하지만 금액 옆에 반드시 '추정'이라는 단어를 적어넣는다. 일본은 선수와 구단이 연봉 계약을 맺은 뒤 기자들과 인터뷰할 때 올해 성적을 바탕으로 예상 연봉에 대해 질문하고 어느 정도 증감이 있었는지를 질문한다. 구단이나 선수가 정확하게 얼마라고 밝히지 않아도 여러 가지 정보를 바탕으로 연봉을 추정한다. 일본 언론이 밝히는 추정 연봉이 대부분 정확한 것으로 알려져 있지만 기본적으로 일본 프로야구는 연봉 비공개 원칙을 고수하고 있다. 우리나라 프로축구 역시 연봉을 공개하지 않는다. 연봉을 공개했을 때 중국을 비롯한 해외 리그의 스카우트 표적이 될 수 있다는 우려 때문이라고 하는데, 기자들이 '추정'하는 일본 프로야구처럼 K리그 선수들의 연봉도 여러 경로를 통해 대부분 공개되곤 한다.

우리나라 프로축구와 일본 프로야구는 승부 조작 사건이라는 어두운 과거를 간직하고 있다는 공통점도 있다. 일본 프로야구는 1969년부터 1971년까지 일부 선수들이 돈을 받고 경기에서 패한 이른바 '검은 안개' 사건으로 일본 사회에 파문을 일으킨 적이 있다. 우리나라 프로축구 역시 2011년 승부 조작 파문으로 선수들이 징계를 받아 국내 스포츠에 큰 충격을 안겨주기도 했다. 이처럼 어쩌면 잘 어울리지 않을 것 같은 우리나라 프로축구와 일본 프로야구는 여러 가지 면에서 신기할 정도로 많은 공통점을 가지고 있다. 반면 독보적인 인기를 자랑하는 일본 프로야구에 비해 우리나라 프로축구의 위상은 오히려 낮아지고 있는 편이다. 우리나라 프로축구와 일본 프로야구의 공통점에 '인기'라는 항목이 추가될 수 있기를 기원한다.

스포츠도 통역이 되나요?
스즈키 이치로의 30년과 최순호의 100년에 얽힌 사연

×

소피아 코폴라 감독의 2003년 영화 〈사랑도 통역이 되나요?Lost in translation〉는 광고 촬영차 일본을 방문한 빌 머리가 위스키 광고를 찍는 장면으로 시작된다. 광고 연출자는 외국에서의 낯선 촬영에 긴장하고 있는 빌 머리에게 다급한 목소리로 연기를 주문한다.

"테이블 위에는 산토리 위스키가 있습니다. 알겠습니까? 감정을 담아서 천천히 카메라를 보고 다정하게 당신의 오랜 친구를 만나는 것처럼 이야기해주세요. 마치 영화 〈카사블랑카〉의 주인공이 '당신의 눈동자에 건배~'라고 이야기하듯이 산토리 타임이라고!!!"

감독의 말을 들은 통역 담당자가 "그는 당신이 고개를 돌려 카메라를 보길 원해요. 오케이?"라고 짧게 전달하자 무언가 부족하다고 느낀 빌 머리는 "그게 전부인가요?"라고 되묻는다. 외국어를 사용하는 감독과 통역사 사이에서 길을 잃은 빌 머리의 모습은 〈사랑도 통역이 되나요?〉의 상징적인 장면이다. 이 영화는 외국인들이 느끼는 언어의 장벽뿐만 아니라 같은 언어를 사용하는 사람들 역시 서로 간에 소통과 공감을 하기가 얼마나 어려운지를 보여준다.

〈사랑도 통역이 되나요?〉의 무대였던 도쿄에서 영화가 제작되고 3년 뒤 일본 최고의 야구선수 스즈키 이치로의 발언을 놓고 한국과 일본 양국이 들끓는 사건이 발생했다. 시간이 한참 흐른 지금도 많은 사람이 기억하고 있는 스즈키 이치로의 '30년' 발언이었다. 스즈키 이치로는 제1회 월드베이스볼클래식 아시아 예선을 며칠 앞둔 상황에서 일본 기자들에게 "저쪽은 30년, 일본에는 손을 쓸 수 없을 것 같은 그런 느낌으로 이기고 싶다"라고 이야기했는데, 스즈키 이치로의 이 발언은 다음날 일본 신문에 대대적으로 보도되었다. 일본 신문은 '30년'이라는 부분을 강조했고, 한국 언론 역시 "일본에는 손을 쓸 수 없을 것 같은 그런 느낌으로 이기고 싶다"라는 뒷부분의 내용보다 앞부분의 '30년'에 주목했다. 일본 언론의 보도가 한국 언론을 거치며 "한국은 30년 동안 일본을 이기지 못할 것이다"로 왜곡되어 국내 언론에 알려지게 되었다.

일본 야구가 한국보다 역사나 인프라, 야구 인구, 야구 문화에서 앞서 있다는 것은 인정하지만 아무리 그래도 30년 동안 이기지 못하다니, 너무함을 넘어 망언이라는 반응이 이어졌다. 스즈키 이치로가 '30년' 관련 발언을 할 때 특별히 한국을 지칭하지는 않았지만 아시아 예선 참가국이 한일 양국에 대만, 중국 등 4팀인데다 객관적인 야구 실력까지 고려하면 스즈키 이치로의 발언은 분명 우리나라를 겨냥한 것이라는 분석까지 뒤따랐다. 1997년 가을 친선경기를 위해 방한했을 때 한국의 첫인상에 대해 질문하자 느닷없이 "공항에서 내릴 때 마늘 냄새가 났습니다"라고 했던 과거 행적과도 이어지면서 이치로는 한국에서 공공의 적이 되었다.

스즈키 이치로의 30년 발언 논란 속에서 치러진 월드베이스볼클래식 아시아 예선에서 우리나라는 8회 이승엽이 역전 2점 홈런을 날려 3대 2로 짜릿한 역전승을 거두었다. 이승엽의 홈런은 공교롭게도 우익수 스즈키 이치로의 머리 위를 넘어가는 홈런이었다. 필자는 당시 도쿄돔에서 현장 취재를 했는데 공식 기자회견에 나선 스즈키 이치로는 침울한 표정을 감추지 못했고, 이승엽을 비롯한 우리나라 선수들은 그 어느 때보다 승리의 기쁨을 만끽했다. 일본까지 원정 응원을 온 야구팬들은 도쿄돔 주변에서 '대~한민국'을 연이어 외치며 도쿄 심장부에서의 승리에 감격했다.

1회 대회였던 월드베이스볼클래식의 열기가 단기간에 달아오른 것은 스즈키 이치로의 30년 발언이 우리나라에서 워낙 큰 파문을 일으킨 것이 한몫했다. 그는 아시아의 경쟁자인 한국이나 대만을 상대로 경기를 앞두고 권투에서 잽을 날리듯이 경기 전에 기선 제압을 하기 위한 목적으로 이야기했을 것이다. 1997년의 마늘 냄새 발언도 일본 프로야구 올스타전 당시 선동열에게서 마늘 냄새

일본의 스즈키 이치로가 월드베이스볼 클래식에서 대한민국에 3대 2로 패한 뒤 공식 기자회견을 하고 있다.

가 나서 타격하기 힘들었다는 농담으로 이어가려는 의도였겠지만 일본인들이 과거 '마늘'을 소재로 우리나라에 대한 비하 발언을 한 적이 있고, 우리나라 사람들이 일본인의 마늘 발언에 민감하다는 사실을 알지 못했기 때문에 상황은 더욱 나빠진 측면이 있다. '30년 발언' 역시 이치로에게는 가벼운 농담일 수 있었지만 일본어와 한국어의 통역 과정을 거치면서 자극적인 뉴스거리를 찾던 일본 언론과 한국 언론을 통해 확대 재생산되었다.

세월이 흐른 뒤 국내 야구팬들 사이에서는 스즈키 이치로의 30년 발언에 대해 그의 진의가 한국 언론 때문에 왜곡되었다며 모든 것을 한국 언론 탓으로 돌리는 분위기가 조성되었다. 물론 한국 언론의 책임도 있지만 서로 다른 언어가 통역을 거치며 말의 흐름이나 분위기가 전혀 달라질 수 있다는 점도 고려해야 한다.

당시 스즈키 이치로의 30년 발언이 국내에 알려지자 그가 한 발언을 찾으려고 노력했지만 결국 찾을 수 없었다. 이는 공식 기자회견에서 한 말이 아니라 신문기자를 상대로 약식으로 한 말이었기 때문이다. 국내 기자 중 실제로 스즈키 이치로의 말을 직접 들은 사람이 없어서 더욱 왜곡된 측면도 존재한다.

그런데 공식 기자회견에서 한 말이라고 하더라도 외국어가 통역되는 과정에서 잘못 전달되는 경우가 생각보다 꽤 많다. 우리나라에는 보도된 적이 없지만 스즈키 이치로의 기자회견 내용이 일본에서 미국으로 잘못 전해진 사례도 있다. 2015년 스즈키 이치로는 마흔한 살의 나이에 새로운 팀인 마이애미 말린스로 이적하게 되었다. 당시 마이애미 말린스의 관계자가 일본까지 날아와 입단식을 가졌는데, 입단식 이후 스즈키 이치로는 팬들에게 한마디 부탁한다는 요청에 다음과 같이 대답했다.

"새로운 장소에서, 새로운 유니폼을 입고 플레이하기로 결정했지만 '앞으로도 잘 부탁드립니다'라는 말은 나는 절대로 하지 않겠습니다"라고 이야기한 뒤 잠시 말을 멈추자 일본 기자들 사이에서는 웃음이 터져나왔다. 그는 이어서 "응원받을 자격이 있는 선수가 되기 위해 내가 할 수 있는 것을 계속해나갈 것을 약속한다는 것으로 팬들에게 전하는 메시지를 대신해도 좋겠습니까?"라고 물으며 인터뷰를 마쳤다. 이 같은 이치로의 말에 대해 현장에 있던 통역 담당자는 "내가 어디에서 뛰더라도 계속 응원해주기를 바랍니다." "나는 당신이 응원하기를 원하는 선수가 되도록 계속 열

미국 프로야구 마이애미 말린스로 이적한 스즈키 이치로가 덕아웃에서 경기를 지켜보고 있다.

심히 하겠습니다"라고 짧게 통역했을 뿐이다.

스즈키 이치로는 무조건 '응원을 부탁한다'고 한 것이 아니라 응원받을 자격이 있는 선수가 되도록 열심히 하겠다는 말을 나름대로 재치 있게 유머를 섞어 표현한 것이었지만, 통역 담당자는 그의 의도를 헤아리지 못한데다 일본어와 영어의 어순 차이, 문화적인 차이까지 더해지면서 스즈키 이치로가 했던 말과는 전혀 다른 뜻으로 전해지고 말았다. 이에 현장에 있던 미국 기자들은 일본어를 모르니 통역사의 말을 그대로 받아 적어 보도할 수밖에 없었다. 이 때문에 MLB.com과 마이애미 지역 언론, baseball-fever.com 등에 스즈키 이치로는 입단 기자회견을 하면서 다른 팀에 가더라도 계속 응원을 부탁한다는 이상한 사람이 되고 만 것이다.

일본 야구의 상징 스즈키 이치로의 본뜻이 외국어로 통역되면

韓国エース「日本は100年経っても韓国に勝てない」から30年…日本は"永遠のライバル"とどう戦ってきたか？

일본의 〈스포츠 그래픽 넘버〉에 보도된 최순호 관련 보도기사 제목인 "한국의 에이스, '일본은 100년이 지나도 한국을 이길 수 없다'에서부터 30년… '일본은 영원한 라이벌'과 어떻게 싸워왔나?"

서 잘못 전해진 것처럼 우리나라 선수의 말이 일본에 잘못 전달된 사례도 있다. 1980년대 한국 축구의 간판 공격수로 여러 차례 일본을 상대로 뛰어난 활약을 펼친 최순호가 바로 그 주인공이다. 지난 2021년 3월 25일 일본의 스포츠 전문지인 〈스포츠 그래픽 넘버〉에는 "한국의 에이스, '일본은 100년이 지나도 한국을 이길 수 없다'에서부터 30년… '일본은 영원한 라이벌'과 어떻게 싸워왔나?"라는 눈을 의심할 만한 제목의 기사가 실렸다.

기사의 내용을 요약하면 1991년 일본에서 열린 한일 정기전에서 1대 0으로 승리한 뒤 최순호가 일본 축구에 대해 평가했는데, "일본은 100년이 지나도 한국을 이길 수 없다"라고 이야기했다

한국 축구의 전설 최순호(현 수원FC 단장)가 포항 스틸러스 감독 시절 KBS와 인터뷰하는 모습

는 것이다. 이것이 사실이라면 정말 충격적인 내용이다. 1980년대 와 1990년대 초반까지 한국 축구가 일본보다 월등한 실력을 갖추 었다고는 하지만 100년 동안 이기지 못한다니, 스즈키 이치로의 30년 발언보다 몇 배나 수위가 높은 발언이었기 때문이다. 그런데 조금만 생각해보면 최순호가 이런 말을 하지 않았다는 것을 쉽게 알 수 있다. 실제 1980년대 우리나라가 일본보다 강한 팀이었던 것은 분명했지만 국내에서 열린 한일전에서 이미 패한 적도 있어 100년과 관련된 발언은 앞뒤가 전혀 맞지 않기 때문이다. 사실 확 인을 위해 최순호 선수에게 문의했더니 예상대로 전혀 기억나지 않는다는 답변이 돌아왔다. 그는 "일본에 80년대 중반 한차례 진 적은 있지만 일본이 잘한 것보다는 우리나라가 못한 결과라고 생 각했고, 우리나라가 일본에 대해서는 자신감을 가지고 있었다. 하

지만 100년과 관련된 발언은 처음 듣는 말이고 기억 자체가 나지 않아 당황스러운데, 자칫 큰 문제가 될 소지가 있는 말을 굳이 하지는 않았을 것으로 생각한다"는 말을 전했다.

기사를 쓴 도쓰카 게이戸塚啓 기자는 기사에서 분명히 "통역을 통해 들을 만큼 100년 발언은 사실이라고 생각한다"라고 적었는데 여기서 자신이 직접 들은 것이 아니라 '통역'을 통해서라는 부분에 주목할 필요가 있다. 아마도 통역하는 과정에서 잘못 전달되었을 가능성이 클 것이다. 실제로 1991년 당시에도 일본 주요 언론에 보도되지 않았다는 사실 역시 최순호의 100년 발언 관련 기사의 신뢰성에 의문을 제기할 수밖에 없는 상황이다. 〈사랑도 통역이 되나요?〉는 영화일 뿐이지만 실제 국제경기에서 '스포츠도 통역이 되나요?'라는 상황이 일본 야구와 한국 축구의 에이스들에게서 모두 일어났을 정도로 쉽지 않은 문제라는 것을 알 수 있다.

통역 과정의 문제도 있지만 야구는 일본, 축구는 우리나라가 앞선다는 자부심이 간판선수들의 말을 통해 은연중에 드러난 측면도 분명 존재한다. 스즈키 이치로의 30년 발언 이후 우리나라는 월드베이스볼클래식에서 일본과 여러 차례 명승부를 펼쳤고, 2008 베이징 올림픽에서는 금메달을 차지하기도 했다. 또한 제1회 세계야구소프트볼연맹WBSC 프리미어12 대회에서도 9회에 극적인 역전 승부를 펼치며 우승해 일본 야구계를 깜짝 놀라게 했다. 1990년대 초반까지 우리나라에 뒤처졌던 일본 축구는 1990년대 후반 비약적으로 발전하면서 우리나라와 대등한 전력으로 올라셨고, 2020년대에 들어서는 우리나라와의 상대 전적에서 오히려 앞서고 있다.

야구는 일본, 축구는 한국이라는 공식은 이제 서서히 무너져가고 있고, 한일 간 상호 경쟁을 통해 전반적인 수준이 높아지는 긍정적인 효과로 이어지고 있다. 스포츠에서 통역을 거치면 많은 오해와 논란을 낳게 되지만 경쟁을 통한 실력 향상은 서로에게 도움이 된다는 것을 스즈키 이치로와 최순호의 사례를 통해 알 수 있었다. 실제 최순호는 한국이 1983년에 프로축구를 만들었는데 일본이 10년이나 준비한 뒤 1993년에야 J리그를 출범시키는 것을 보고 일본 축구에 대해 경계심을 가졌다고 한다. 포항제철 아톰즈 소속이던 최순호는 당시 박태준 포항제철 회장이 "일본은 기획할 줄 아는 나라이므로 일본 축구에 대비하지 않으면 안 될 것이다"라고 이야기한 것을 떠올리며 일본으로부터 자극받아 포항 스틸러스 구단에 한국 최초로 유소년팀을 만들게 된 배경을 설명했다. 한국과 일본의 라이벌 관계가 없었다면 한일 스포츠는 지금보다 한참 뒤처져 있을 가능성이 클 것이다.

밤에 해도 '조기 축구', 도쿄돔에서 하는 '동네 야구'

×

2022년 7월 잉글랜드 프리미어리그 득점왕에 빛나는 손흥민이 대한민국 조기 축구에 데뷔했다는 소식이 전해졌다. 손흥민은 서울에 거주하는 외국인 축구 모임 '서울 시티 워리어스'와의 경기에 국가대표 동료인 황의조, 정우영 등과 함께 출전해 동네 축구에서는 상상조차 할 수 없는 개인기를 보여주었다. 유튜브 채널인 고알레GOALE에 "손흥민 조기 축구 출전!! EPL 득점왕이 한국 조기 축구에서 뛴다면? ㅋㅋ"라는 제목으로 관련 동영상이 올라와 있다. 경기를 마친 손흥민이 "어렵게 한 골 넣었어요"라고 겸손하게 소감을 밝히자, 축구팀 감독은 손흥민에게 "확실히 느낀 건데요, 조기 축구 초짜 티가 나요. 과하게 패스해서"라고 대답했다.

여기서 주목해야 할 부분은 바로 '조기 축구'라는 용어이다. 해

손흥민이 야간 조명탑 아래에서 한국 주재 외국인 축구단과 조기 축구를 하고 있다.
(출처 : 유튜브 채널 GOALE)

당 영상이나 사진을 보면 두 팀의 대결은 아침이 아닌 밤에 조명
시설 아래에서 이루어졌다는 것을 알 수 있다. 밤에 열린 경기이
지만 '조기 축구'라는 용어를 사용한 것이다. '조기 축구'는 동네
축구나 아마추어 축구의 대명사이기 때문이다. 초등학교 시절 아
침에 등교하면 학교 운동장에서 축구를 마치고 돌아가는 아저씨
들을 볼 수 있었다. 지금처럼 풋살장 같은 시설이 많지 않았고, 조
명이 갖추어진 곳에서 축구를 한다는 것은 상상도 할 수 없던 시
절이었다. 축구 회원들은 평일에는 새벽 6시 전후로 모였고, 주말
에는 아침부터 저녁까지 온종일 학교 운동장이나 공터에서 축구
를 하는 것이 일반적이었다. 축구를 하는 장소가 주로 학교 운동장
이었으므로 아침에 일찍 일어나야만 축구를 할 수 있어 '조기 축
구'라는 용어가 탄생한 것이다. 이처럼 조기 축구는 프로나 전문

선수가 아닌 일반인이 하는 축구를 지칭하는 용어로 정착되었다.

다른 종목에서도 가끔 조기 야구나 조기 농구 같은 용어를 사용할 때도 있지만 조기 축구와는 달리 어딘지 어색하다. 익숙한 단어가 아닌데다 '조기 축구'의 위상이 너무나 높기 때문이다. 국가대표 손흥민이 조기 축구에 출전한 것과 다르게 국가대표 축구팀 선배인 구자철은 비시즌에 동네 야구에서 투수로 뛴 적이 있는데 아무도 조기 야구에 출전했다고 이야기하지 않는다. 생활체육 용어로 '조기'는 축구에만 사용되는 것이 일반적이기 때문이다. 새벽에 일어나 야구를 하더라도 '조기 야구'가 아닌 '사회인 야구'로 표현하게 된다.

실제 정부의 공식 용어에도 조기 축구와 사회인 야구를 구분해 사용한 적이 있다. 2021년 7월 23일 〈세계일보〉에는 "조기 축구도 사회인 야구도 못 한다… 수도권 '3인 모임 금지' 2주 더 연장"이라는 제목의 기사가 실린 적이 있다. "프로 경기뿐 아니라 일반인 스포츠 경기도 사적 모임 규제 대상에 넣는 등 일부 새로 강화된 조치를 담고 있다"라는 질병관리청의 발표를 보도할 때도 '조기 축구'와 '사회인 야구'를 나눠 보도했다. 2021년 10월 5일 〈동아일보〉에는 "새로운 사회적 거리두기 4단계 지침이 4일부터 시행돼 그동안 금지됐던 조기 축구와 사회인 야구 경기 등 스포츠 동호인 모임의 야외 경기가 가능해졌다"라는 내용이 사진과 함께 보도되기도 했다.

이와 같이 '조기 축구'라는 대표성을 가진 용어에서 나타나듯이 우리나라 생활체육에서 축구의 위상은 야구와 비교되지 않을 정도로 대단히 높다. 특히 우리나라 대부분의 남자들은 군대에서 축구를 경험하게 된다. 일명 '군대스리가'라고 불리는 군대 축구는 오랜 역사와 전통을 가지고 있다. 바쁜 병영생활 중에도 매주 수요일 전투체육의 날에는 연병장이 축구장으로 변신한다. 군대 축구는 선수 구성에서 소속팀에 장교나 고참이 얼마나 존재하느냐에 따라 이른바 접대 축구를 해야 할 때도 있지만 일반 축구에서는 보기 드문 과격한 몸싸움이 군대 축구 스타일로 자리잡았다.

사실 학교 운동장과 군대 연병장은 그 모습만 보아서는 구분하기가 쉽지 않다. 실제 일본이 과거 군사훈련을 하던 독일을 모델로 학교 체육시설을 만들었는데 그때의 방식이 지금까지 이어진 측면이 크다. 초등학교부터 고등학교까지 학교 운동장에는 대부분 축구 골대가 있고, 언제든지 축구를 경험할 수 있는 환경이 조성되어 있다. 뉴스에서 크기를 말할 때 축구장 ○○개에 해당한다는 표현을 쉽게 접할 수 있는 반면, 어떤 장소의 면적을 야구장 몇 개에 해당한다고 표현하는 것은 들어본 적이 없다. 이런 표현은 어쩌면 '조기 야구'라는 말과 비슷할지도 모른다.

'조기 축구'와 '축구장 ○개의 크기'가 일반화된 우리나라와는 달리 일본 뉴스에서는 '도쿄돔 ○개에 해당'한다고 표현해 대조를 이루고 있다. 우리나라 생활체육의 상징인 '조기 축구'처럼 야구의 나라 일본에는 '구사야큐(草野球, 동네 야구)'라는 단어가 있다. 야구 앞에 붙은 구사는 한자 풀초草 자를 읽은 것이다. 이 때문에

우리나라 야구계에서는 구사야큐를 풀잎 야구 또는 풀뿌리 야구라고 부르기도 하지만 이는 잘못된 해석이다. 일본의 동네 야구가 프로야구의 기본이고 풀뿌리라서 '구사草'라는 단어를 쓴 것이 아니라, 구사라는 단어가 전문적이지 않아 누구나 할 수 있다는 의미를 지니기 때문이다. 구사야큐는 동네 야구와 사회인 야구를 합친 말과 같은데, 우리나라에서의 '조기 축구'라는 단어와 비슷한 위상을 가지고 있다. 구사 축구草サッカ—라는 말이 없는 것은 아니지만 구사야큐만큼 일반적이지 않고 어딘지 어색한 느낌을 지울 수 없다.

우리나라의 조기 축구는 경기 시간이 프로축구보다 짧다는 점을 제외하면 경기 규칙에 차이는 없다. 하지만 일본의 구사야큐는 프로야구와는 다른 방식으로 치러지는 특징이 있다. 가장 큰 차이는 야구공이 프로가 사용하는 경식 야구공이 아닌 부드러운 연식 야구공을 사용한다는 점이다. 일본의 구사야큐에 해당하는 우리나라 사회인 야구에서는 프로처럼 경식 야구공을 사용하는 것과는 대조적이다. 사실 일본에서 연식야구는 초등학교 시절부터 활성화되어 있다. 연식 야구공을 사용하면 학교 운동장 한편에서는 야구를 하고, 다른 한편에서는 미니 축구를 비롯해 다른 운동을 할 수 있다. 또한 부상의 위험성이 줄어들기 때문에 학교에서는 연식야구를 즐겨하는 편이다. 초등학생이라도 리틀리그, 포니리그, 보이스리그 등과 같이 클럽팀에서 하는 야구는 주로 경식 야구공을 사용해 학교와 클럽 야구의 분리가 이루어지는 것이다. 초등학교에서부터 시작된 생활체육으로서의 연식야구가 연식 야구 공을 사용하는 성인들의 구사야큐로 이어지는 것이다.

이처럼 '구사야큐'는 일본의 생활체육에서 가장 큰 위상을 가진 용어이다. 야구의 나라답게 일본은 일본 야구의 심장이라 불리는 도쿄돔 야구장에서도 구사야큐를 할 수 있다. 인기가 워낙 높아 대관하는 것이 쉽지 않지만 소정의 금액만 지불하면 프로야구 최고의 선수들이 뛰는 꿈의 무대 도쿄돔에서 언제든지 야구를 할 수 있는 것이다. 우리나라로 치면 조기 축구 회원들이 상암 월드컵경기장에서 공을 차는 것과 비슷하다고 할 수 있다.

심지어 도쿄돔 대관 비용은 생각보다 비싸지 않다. 도쿄돔 홈페이지에는 "요금도 리저너블"이란 제목으로 양 팀 35명이 참가하면 1인당 1만 엔 정도의 금액으로 대관할 수 있다고 나와 있다. 매일 이 금액을 지불하며 야구를 한다면 부담이 크겠지만 평생에 한 번 또는 1년에 한두 번 도쿄돔을 경험하는 비용으로는 홈페이지의 내용처럼 합리적인 금액이라고 할 수 있다. 야간에는 평일 48만 엔, 주말과 휴일에는 58만 엔인데 눈에 띄는 것은 85만 엔을 내면 23시 30분부터 다음날 새벽 5시까지 올나이트로 5시간 30분이나 도쿄돔을 사용할 수 있다. 일본 구사야큐는 1시간 30분을 넘기게 되면 경기가 종료되는데, 5시간 30분이라면 3경기를 소화할 수 있는 시간이므로 6팀이 대관료를 나눠서 내는 경우가 많다고 한다.

야구에 진심인 일본은 프로야구뿐 아니라 구사야큐를 위한 시설까지도 우리나라 야구와는 비교할 수 없을 정도로 좋은 환경을 갖추고 있다.

손흥민의 조기 축구 경기는 영국 현지에서도 큰 화제가 되었는데, 레딧에 올라와 있는 토트넘 홋스퍼 팬들의 반응을 보면 대부분 손흥민과 경기를 한 조기 축구 회원들이 부럽다는 내용이 주를 이루고 있다. 여기서 영국인들은 조기 축구를 'Sunday league match'라는 표현을 사용했다. 미국에서는 동네 야구를 재미로 한다는 뜻의 'Sandlot baseball'이라고 하며, 동네 축구 역시 'Sandlot soccer'라고 표현한다. 축구의 본고장인 영국에는 '조기 축구'라는 말이 없고, 미국 야구에서는 일본의 구사야큐에 해당하는 용어가 존재하지 않는 것이다. 한국의 '조기 축구'와 일본의 '구사야큐'는 유럽이나 미국에서는 이해하기 어려운 생각보다 특별한 용어라고 할 수 있다.

양발을 자유자재로 쓰는 손흥민,
투수-타자로 두 역할을 하는 오타니 쇼헤이

×

2022년 대한민국을 대표하는 스포츠 스타는 단연 손흥민이다. 과거 축구의 본고장인 유럽에서 활약한 차범근과 박지성이라는 특급 선수가 있었지만 지금의 손흥민은 이른바 '차박손' 논쟁이 이제 더이상 의미 없는 수준으로까지 올라섰다. 2021-2022 시즌 프리미어리그 득점왕 손흥민, 그는 축구선수를 뛰어넘어 한국의 자랑이다.

일본 스포츠의 영웅은 누가 뭐래도 야구의 오타니 쇼헤이이다. 미국 프로야구 LA 에인절스의 에이스 투수이자 홈런왕 경쟁을 벌이는 중심 타자로 2021 시즌 만장일치로 메이저리그 최우수선수에 올랐다. 단순한 최고 선수를 넘어 야구의 전설 베이브 루스와 비교되는 유일한 선수 '오타니 쇼헤이'는 일본의 자부심이다.

파주 NFC에서 열린 국가대표 소집 훈련을 마친 손흥민이 축구팬들에게 하트로 고마움을 표시하고 있다.

투수와 타자로 활약하고 있는 일본의 메이저리거 오타니 쇼헤이의 소식을 KBS 뉴스에서 전하고 있다.

세계적인 스타 손흥민과 오타니 쇼헤이는 공교롭게도 한일 양국에서 가장 사랑받는 선수이다보니 자연스럽게 비교 대상이 되곤 한다. 손흥민과 오타니 쇼헤이는 축구 전통을 가진 우리나라와 야구에 진심인 일본을 상징하는 선수들로서 한국과 일본의 스포츠팬들은 손흥민과 오타니 쇼헤이 중 누가 더 뛰어난 선수인가를 놓고 논쟁을 벌이곤 한다. 또한 우리나라와 일본은 야구와 축구가 인기 1, 2위를 다투는 경쟁 종목이라는 점까지 겹치면서 기묘한 라이벌 구도가 형성되었다.

　흥미로운 것은 두 선수 중 누가 더 뛰어난 선수인가를 놓고 논쟁을 벌이다보면 한일 양국 네티즌들의 의견이 비슷해진다는 점이다. 오타니 쇼헤이의 손을 드는 사람들은 21세기 야구선수가 투타를 겸업하며 정상급 활약을 펼치는 것은 분명 만화에서나 볼 수 있는 존재라는 점에서 시대를 거스르는 특별한 선수라는 점을 강조한다. 반면 손흥민을 지지하는 사람들은 축구와 야구의 세계적인 인기 차이, 한·미·일 3국만이 제대로 된 프로리그가 있다는 점을 생각하면 세계적인 축구선수와 야구선수는 비교 대상조차 될 수 없다고 목소리를 높인다. 여러 가지 요인을 고려해 손흥민을 더 뛰어난 선수로 평가하는 의견이 우세하지만, 오타니 쇼헤이의 활약상을 평가절하하는 사람은 찾아보기 어렵다. 일본을 싫어하고 야구를 싫어하는 국내 축구팬들도 오타니 쇼헤이의 모습은 인정할 수밖에 없기 때문일 것이다.

　손흥민과 오타니 쇼헤이는 공통점이 많다. 손흥민은 프리미어

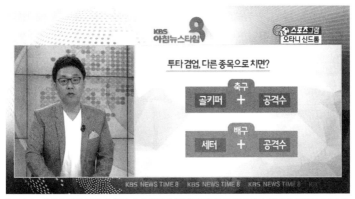

'KBS 뉴스'에 출연한 필자가 오타니 쇼헤이의 투타 겸업에 대해 배구와 축구의 사례를 들어 비교해 설명하는 장면

리그에서, 어쩌면 세계 축구계에서 드물게 양발을 자유자재로 구사하는 능력을 갖추고 있다. 그는 2021-2022 시즌 득점왕에 오를 때 23골 중 왼발로 12골, 오른발로 11골을 터트려 왼발과 오른발 골의 비율이 절반을 기록했다. 공동 득점왕에 오른 무함마드 살라흐가 페널티킥을 제외한 필드골을 모두 왼발로만 기록한 것과는 대조적인 모습이다. 사실 무함마드 살라흐뿐만 아니라 디에고 마라도나부터 리오넬 메시까지 대부분의 축구선수들은 주로 한쪽 발을 사용하고 다른 발은 보조 수단이거나 거의 사용하지 않는다. 손흥민처럼 양발을 완벽하게 구사하는 선수는 축구 역사에서 거의 찾아볼 수 없기에 그의 가치가 더욱 높다고 할 수 있다. 야구로 치면 핵심 포지션인 포수를 담당하면서 좌타석과 우타석을 오가며 상대 투수에 맞춰 자유자재로 타격하는 만화 주인공 같은 모습

을 펼치는 것이다.

오타니 쇼헤이는 투수로서 시속 160킬로미터에 가까운 빠른 볼과 타자 바깥으로 사라지는 슬라이더, 직구처럼 날아오다가 순식간에 떨어지는 포크볼까지 특급 투수의 모든 조건을 갖추고 있다. 그가 특별한 것은 여기에 타격 능력까지 갖추었다는 점이다. 실제 2021 시즌에는 시즌 막판까지 홈런왕 경쟁을 펼쳤을 정도로 투수와 타자로서 놀라운 모습을 보여주었다. 축구로 치면 전반에는 공격수, 후반에는 골키퍼로 뛰는 것과 비슷하고, 배구선수가 1세트는 세터로, 2세트는 공격수로 활약하는 것과 비교할 만한 현재 야구에서 불가능한 모습을 보여주고 있다.

손흥민의 양발 사용과 오타니 쇼헤이의 투타 겸업은 모두 아버지의 헌신적인 지도가 있었기에 가능했다는 공통점이 있다. 손흥민의 아버지 손웅정 씨는 프로축구 선수로 활약하기는 했지만 본인 스스로가 밝혔듯이 일류 선수가 아니었다는 점 때문에 아들에게 더욱 기본을 강조했다. 손흥민은 아버지의 헌신적인 지도 속에 철저한 반복 학습을 통해 기본기를 갖추는 데 주력했고, 정규 학교의 축구부가 아닌 클럽시스템 속에서 성장했다. 실패를 통해 교훈을 얻은 아버지의 경험이 아들의 노력과 어우러져 최상의 결과로 나타난 것이다.

손흥민의 아버지는 프로 선수의 경력이 있었지만 오타니 쇼헤이의 아버지는 사회인 야구선수로 뛴 것이 경력의 전부였다. 초등학교와 중학교 시절 오타니 쇼헤이의 아버지는 그가 속한 팀의 코

'KBS 뉴스'에서 일요일에는 투수, 주중에는 타자로 활약한 오타니 쇼헤이의 특별함에 대해 전하고 있다.

치렀는데, 야구장에서는 다른 선수들보다 더 엄격하게 그를 대했다고 한다. 하지만 집에서는 항상 같이 목욕을 하면서 아들의 고충을 세심하게 들어주고, 야구뿐 아니라 인생의 선배로서 많은 조언을 해주었다고 한다. 오타니 쇼헤이 부자는 중학교 2학년 때까지 함께 목욕을 했다고 하는데, 일본에서 아버지가 중학생 아들과 같이 목욕을 하는 것은 매우 드문 일이라고 한다. 이후 오타니 쇼헤이가 프로에 입단한 뒤 이 같은 그의 아버지의 교육방식은 일본 TV에 여러 차례 소개되기도 했을 정도이다.

손웅정 씨나 오타니 쇼헤이 아버지같이 헌신적으로 아들을 지도하는 모습은 유럽이나 미국 스포츠에서는 찾아보기 힘들다. 아들의 불투명한 미래를 위해 본인의 삶을 희생하면서 헌신적으로 뒷바라지하는 동양적인 사고방식이 있었기에 가능했을지도 모르는 일이다. 또한 엄격한 아버지 밑에서 성장한 손흥민과 오타니 쇼헤이가 실력뿐 아니라 뛰어난 인성으로 칭찬받는다는 점도 주목할 만한 부분이다. 아시아 문화에서 성장한 손흥민과 오타니 쇼헤이는 미국이나 유럽에서는 보기 힘든 예의를 중시하는 모습으로 많은 칭찬을 받고 있다. 경기중에 상대를 배려하는 행동이나 팬들을 대하는 태도 등에서 훌륭한 인성의 소유자라는 평가를 받고 있다. 나 혼자 노력해서 이 자리에 오른 것이 아니라 아버지의 희생이 있었다는 점을 너무나 잘 알고 있기에 나오는 자연스러운 모습이라고 할 수 있다.

손흥민은 어린 나이에 독일 함부르크에 진출하면서 한국 축구의 미래로 주목받았다. 오타니 쇼헤이 역시 고등학교 3학년 때 시속 160킬로미터의 강속구를 던지면서 일본 언론의 집중 조명을 받았다. 그러나 손흥민과 오타니 쇼헤이에게 모두가 따뜻한 시선을 보낸 것은 아니다. 원로나 선배의 조언이라는 명목 아래 두 선수에게는 비판적인 지적이 여러 곳에서 이어졌다. 손흥민은 2012 런던 올림픽 대표팀에 선발되지 못했다. 1년 전 손흥민의 축구 국가대표팀 차출 여부를 놓고 손흥민의 아버지와 축구계에 다소 오해가 생겼기 때문이다. 당시 축구계에서는 손흥민에 대해 측면 돌파 능력이 뛰어나지만 돌파 후 더 좋은 위치에 있는 공격수에게 패스하기보다는 본인이 직접 슛하는 경향이 높은 이기적인 플레이를 하며, 수비 가담에 소홀한 편이어서 조직력을 해칠 우려가 있다는 비판의 목소리가 터져나왔다.

또한 오타니 쇼헤이는 현대 야구에서 현실적으로 불가능한 투타 겸업에 지나치게 집착한다는 비판을 받았다. 현실을 정확히 보지 못하고 무리하게 투타 겸업을 계속하다가는 투수도 타자도 제대로 하지 못할 것이라는 지적이었다. 분명 귀담아들어야 할 내용이었다. 하지만 이런저런 지적에 흔들리게 되면 본인의 장점을 살리지 못하고 더이상 발전하지 못하게 되어 그저 그런 선수에 머물고 마는 경우가 많다. 다행히 손흥민과 오타니 쇼헤이는 이러한 비판에 흔들리지 않았다. 오히려 장점을 최대한 살리기 위해 더욱 노력하는 쪽을 선택했다. 중간중간 분명 위기도 있었지만 목표를 향해 뚜벅뚜벅 앞으로 나아갔고, 지금의 모습은 그들의 선택이 옳았다는 것을 증명하고 있다.

타고난 재능과 아버지의 헌신, 끊임없는 노력으로 유럽과 미국 무대를 평정한 손흥민과 오타니 쇼헤이에게 한일 양국은 완전히 빠져들었다. 이런 손흥민과 오타니 쇼헤이에게 국가 훈장과 같은 상이 수여되는 것은 어쩌면 당연하다고 할 수 있는데 이를 받아들이는 방식에서는 한일 양국의 문화 차이가 존재한다. 프리미어리그 득점왕에 오른 손흥민에게는 한국 스포츠 선수에게 수여하는 최고의 영예인 체육훈장 청룡장이 수여되었다. 청룡장은 올림픽을 비롯한 국제대회 수상 점수가 1,500점을 넘어야 하는 기준이 있어서 프로 선수가 받기는 어려운 상이다. 올림픽에서 금메달 1개, 은메달 1개를 딴(실질적인 금메달 2개) 김연아조차 점수가 모자랐을 정도이니 올림픽 같은 국제대회에서 성적을 내기 힘든 손

파주 NFC에서 국가대표 소집 훈련을 마친 손흥민이 득점 이후 보여온 촬영 세리머니를 선보이고 있다.

손흥민을 응원하는 축구팬이 '바보'라는 단어로 축약해 만든 재치 있는 응원 문구

홍민은 원칙적으로는 받기 어려운 상이다.

하지만 김연아 때와 마찬가지로 손흥민 역시 국민의 압도적인 지지로 체육훈장 청룡장을 수상했다. 선배인 차범근과 박지성도 받지 못한 청룡장을 축구선수 최초로 손흥민이 수상한 것이다. 손흥민은 마침 대표팀 경기가 펼쳐지는 축구 경기장에서 청룡장을 받아 더욱 뜻깊었고, 경기장에 모인 팬들과 뉴스로 접한 국민 모두 손흥민의 수상을 나의 일과 같이 기뻐했다. 손흥민은 그럴 자격이 충분했다.

반면 오타니 쇼헤이는 일본 정부에서 2021년 메이저리그에서 MVP를 수상한 뒤 '국민 영예상'을 수여하려고 했지만 이를 고사해 눈길을 끌었다. 그는 국민 영예상을 받기에는 아직 어리다는 이유로 정중하게 거절했다. 동갑내기인 일본의 피겨스케이팅 스타 하뉴 유즈루가 국민 영예상을 이미 받았기에 오타니 쇼헤이가 어리다고는 할 수 없지만 사실 그에게는 다소 복잡한 사정이 있었다. 국민 영예상은 1977년 일본 프로야구 선수 왕정치(오 사다하루)의 홈런 세계신기록을 기념해 제정된 상인데, 구로사와 아키라 감독 같은 영화인을 비롯해 가수나 바둑기사 등과 같은 스포츠와 문화계 인사 27명이 이 상을 수상하기도 했다.

이 상의 수상을 고사한 사례가 꽤 있다. 일본 프로야구에서 도루 세계신기록을 수립한 후쿠모토 유타카는 왕정치처럼 야구인의 모범이 될 자신이 없다는 이유로 수상을 거절했다. 무엇보다 일본 야구의 상징 스즈키 이치로는 2001년과 2004년, 2019년까지 3번이나 국민 영예상을 고사하며 지금이 아니라 인생의 막이 내려질 때 받을 수 있기를 바란다는 말을 남겼다. 실제로 일본 프로야구 요미우리 자이언츠의 상징으로 미스터 베이스볼이란 애칭으로 불린 나가시마 시게오는 77세에 국민 영예상을 받기도 했다. 또한 노벨문학상을 받은 소설가 오에 겐자부로처럼 다양한 이유로 훈장을 거절한 사례가 존재한다.

여러 사정을 고려해보면 아마도 오타니 쇼헤이는 선배 스즈키 이치로가 먼저 받은 뒤에 국민 영예상을 받게 될 것으로 보인다. 국민 영예상과는 별도로 오타니 쇼헤이는 이미 일본 국민의 마음 속에 영원한 영웅으로 남게 될 것이다. 이미 청룡장을 받은 손흥민 역시 마찬가지이다. 일본도 인정하는 손흥민과 우리나라에서 도 인기 높은 오타니 쇼헤이가 동시대에 존재하는 것은 한일 스포츠에 큰 축복이다. 우리는 지금 손흥민-오타니 쇼헤이 시대라는 어쩌면 다시 오기 힘든 행복한 시대에 살고 있다.

'득점왕 손흥민'과
'야구왕 루 게릭'의 특별한 인연

×

한국 축구 최고의 순간이 2002년 한일 월드컵 4강이었다면 한국 축구선수가 이룩한 최고의 업적은 2022년 손흥민의 프리미어리그 득점왕일 것이다. 손흥민은 무함마드 살라흐와 함께 공동 1위에 올랐지만 페널티킥 골이 한 골도 없는 것을 고려하면 실질적인 득점왕이라고 해도 틀리지 않을 것이다. 손흥민이 아시아 선수 최초로 득점왕에 오르자 일본과 중국 등 아시아지역 언론들도 열광했고, 축구의 본고장인 유럽 역시 손흥민의 위대한 업적을 칭찬하는 소식이 이어졌다. 일본 언론은 손흥민이 아시아 최초로 '득점왕'에 올랐다고 전했는데, 영국 언론의 보도를 보면 손흥민이 톱 골스코어러Top goalscorer가 되었다고 전했다. '득점왕'과 '톱 골스코어러'는 같은 의미이지만 느낌은 조금 다르다.

'득점왕'이란 말은 어떻게 탄생했을까? 그 유래를 살펴보면 미국 메이저리그의 전설적인 야구선수 루 게릭과 관련이 있어 흥미롭다. 네이버 뉴스 라이브러리를 검색하면 축구에서 득점왕이라는 말은 1970년 멕시코 월드컵 소식에서 서독의 게르트 뮐러가 10골로 득점왕을 차지했다는 내용이 처음으로 나온다. 그전에도 펠레나 에우제비우 같은 선수를 지칭할 때 '득점왕'이란 표현을 사용한 적이 있지만 이는 단일 대회나 단일 시즌에 가장 많은 골을 넣었다는 뜻이 아니라 득점을 아주 잘하는 최고의 선수라는 의미로 사용했을 뿐이다. 우리나라에서는 1972년 금융단 축구대회에서 주택은행의 헤딩을 잘하기로 유명했던 장신 선수 김재한이 6골을 넣어 득점왕에 올랐다는 보도가 실질적인 첫 득점왕 관련 기사라고 할 수 있다.

야구 뉴스를 검색하면 1961년 장훈 선수가 일본 프로야구 타격왕에 오른 소식을 보도한 것이 처음이다. 미국의 베이브 루스나 1950년대 한국 야구의 최고 타자인 박현식을 '홈런왕'이라고 일컬었지만 단일 시즌이나 단일 대회 1위를 왕이라고 표현한 것은 장훈 선수에 관한 보도가 처음이었다. 사실 타격왕은 타율 1위를 지칭하는 말로 2023년에도 여전히 사용되는 용어이기도 하다. 야구 통계분석의 발달과 함께 타율은 생각보다 중요한 기록이 아니라는 평가 속에서도 여전히 '타격왕'이라는 용어가 존재한다.

사실 타격왕이란 용어가 만들어진 것은 일본 프로야구 초창기 때 타자를 평가하는 요소가 타율 하나뿐이었기 때문에 가능했다.

미국 프로야구 뉴욕 양키스의 전설적인 타자 루 게릭을 다룬 영화 〈양키스의 자존심〉의 한 장면

1936년 출범한 일본 프로야구에서 홈런이 거의 나오지 않았기 때문에 홈런으로 타자를 평가하는 것은 별 의미가 없었다. 타점 역시 마찬가지였다. 자연스럽게 타율이 최고의 가치가 되었고, 타율 1위는 타격왕으로 통하게 된 것이다. 일본에서는 1950년대부터 반발력이 강한 배트가 도입되고 야구공 역시 품질이 개선되면서 홈런 숫자가 급격하게 늘어나자 비로소 홈런왕과 타점왕이란 용어가 만들어졌다. 그렇다면 '타격왕'이란 용어는 언제 처음 사용되었을까?

일본의 스포츠 작가인 우사미 테츠야에 따르면 일본에서 '타격왕'이란 용어는 루 게릭의 삶을 다룬 게리 쿠퍼 주연의 영화 〈양키스의 자존심The Pride of the Yankees〉에서 시작되었다고 한다. 1942년 미국에서 만든 〈양키스의 자존심〉은 1949년 일본에서 개봉되었는데 개봉 제목이 바로 〈타격왕打擊王〉이었기 때문이다. 영화 〈타격왕〉의 영향으로 야구를 가장 잘하는 타자를 타격왕으로 부르게 된 것이다.

그런데 영화 제목을 '양키스의 자존심'이라고 하지 않고 굳이 '타격왕'이라고 했을까? 일본은 외국 영화의 제목을 정할 때 자신들의 방식으로 재해석하는 문화가 있다. 때로는 원작의 제목보다 더 뛰어난 제목을 만들어내기도 한다. 대표적인 서부 영화라고 할 수 있는 존 포드 감독의 〈내 사랑 클레먼타인My Darling Clementine〉을 〈황야의 결투〉라는 더욱 비장한 제목으로 번역했다. 세계적인 미남 배우인 알랭 들롱 주연의 〈리플리Ripley〉는 단순한 등장인물의 이름을 〈태양은 가득히〉로 특정 장면을 묘사하는 방식으로 새롭게 정의하기도 했다. 폴 뉴먼과 로버트 레드퍼드의 연기가 인상적인 〈부치 캐시디와 선댄스 키드Butch Cassidy And The Sundance Kid〉는 〈내일을 향해 쏴라〉라는 도발적인 제목으로 변했고, 대공황시대의 은행 강도 이야기를 담은 범죄 영화 〈보니와 클라이드Bonnie And Clyde〉는 〈우리에게 내일은 없다〉라는 근사한 제목으로 탈바꿈했다. '우리에게 내일은 없다'는 청춘의 좌절감을 표현한 '자우림'의 노래 제목으로 사용되기도 했다. 이런 영화들은 우리나라에서도 대부분 흥행했는데 일본이 만든 일본식 제목을 그대로 번역해 사용했다.

1980년대 중반 이후는 우리나라 영화산업의 발전과 함께 일본식 제목을 그대로 사용하기보다는 한국식 제목을 사용하는 경우

일본 프로야구 요미우리 자이언 츠의 홈런 타자 왕정치가 특유의 외다리 타법으로 타격하는 모습

가 많아졌다. 최근에는 대부분의 외국 영화가 일본보다 먼저 개봉하는 경우가 많아 일본식 제목을 가져다 쓸 이유가 더욱 없어지기도 했다. 일본의 영화는 과거 오즈 야스지로, 구로사와 아키라, 미조구치 겐지와 같은 세계적인 거장들이 활약하던 시절에 비해 위상이 많이 약해졌다고 할 수 있다. 또한 일본 영화의 전성기와 함께 탄생한 원작보다 뛰어난 외화 제목을 만드는 문화 역시 퇴색하게 된 것이다. 1949년 루 게릭의 〈양키스의 자존심〉을 〈타격왕〉으로 번역하면서 유행한 '타격왕'이라는 용어를 시작으로 자연스럽

게 '홈런왕', '타점왕', '도루왕'이라는 용어도 만들어졌다. 특히 홈런왕이라는 말은 공교롭게도 일본 프로야구를 대표하는 홈런왕인 왕정치의 성에 왕이 들어가게 되면서 더욱 광범위하게 퍼지게 되었다.

야구에서 시즌이나 대회의 1위 기록 선수에게 왕이라는 말을 붙이게 되면서 축구나 농구에서도 자연스럽게 '득점왕'이라는 말이 유행하게 되었다. 일본에서 만든 타격왕이라는 용어는 우리나라의 실정에 맞게 정착되면서 더욱 확장되었다. 1980년대까지 '프로복싱 신인왕전'이라는 대회가 있었다. 프로복싱 경력이 많지 않은 선수들이 출전해 우승자를 가리는 대회였는데, 장정구나 박종팔 같은 미래의 세계 챔피언들을 배출한 신인들의 등용문이었다. 최고의 신인을 가리는 대회에도 '왕'이라는 표현을 사용할 정도로 '왕'은 스포츠 종목을 가리지 않고 다양하게 퍼지게 되었다.

'홈런왕'이나 '득점왕' 같은 화려한 역할뿐 아니라 '도움왕'이나 '수비왕' 같은 분야에도 왕이라는 표현을 사용하고 있다. 심지어 '삼진왕'이나 '병살왕', '실책왕' 같은 불명예스러운 분야에서도 왕이라는 표현을 사용할 정도이다. 최근에는 '왕별'이라는 용어가 스포츠 분야에서 다양하게 사용되고 있다. 보통 올스타전 MVP를 '별 중의 별'이라고 표현하는데, 최근에는 올스타전 MVP에게 '왕별'이라고 칭하는 경우가 많아졌다. 2022년 메이저리그 올스타전 MVP인 장칼로 스탠턴, KBO 퓨처스리그 올스타전 MVP인 나승엽을 '왕별'로 일컫는 기사를 쉽게 찾아볼 수 있다. 2022년 배구 V리그 최고 선수인 노우모리 케이타를 두고 V리그 '왕별'로 올라섰다고 평가했으며, 프로축구 K리그에서 9번 우승해 유니폼에 별 9개를 달고 있는 전북 현대 모터스는 10회 우승에 성공하면 별 10개 대신 왕별 1개를 달 전망이라는 보도가 나오기도 했다. 스포츠 분야뿐 아니라 '공부왕'이나 '요리왕' 같은 용어에서도 알 수 있듯이 '왕'이라는 말은 어떤 분야에서의 최고를 의미하는 뜻으로 사용된다. 또한 '왕오징어'나 '왕대포'처럼 큰 것을 의미할 때도 사용할 정도로 일상생활에서 매우 친숙한 말이기도 하다.

손흥민이 득점왕을 차지하고도 최우수선수 후보에서 빠져 우리나라 언론뿐 아니라 영국 언론에서도 비판적인 기사가 나온 적이 있다. 시즌이나 대회가 끝난 뒤 시상식을 할 때 최우수선수가 상위 개념인데 우리말로 MVP는 '선수'일 뿐이지만 톱 골스코어러는 '왕'이라는 부분도 흥미롭다.

우리나라는 과거 〈황야의 결투〉, 〈태양은 가득히〉, 〈내일을 향해 쏴라〉, 〈우리에게 내일은 없다〉처럼 일본 제목을 그대로 사용하는 경우가 많았지만 루 게릭 이야기인 〈양키스의 자존심〉은 〈타격왕〉이 아닌 〈야구왕 루 게릭〉이라는 제목으로 개봉되었다. 야구계에서는 일본의 타격왕을 그대로 받아들였지만 영화계에서는 나름 변형해서 만든 제목인데 〈타격왕〉보다는 〈야구왕 루 게릭〉이 더욱 적절한 표현이라고 생각된다. 단순히 타율이 높은 선수뿐만 아니라 불치병에 걸린 뒤에도 "지금 나는 세상에서 가장 행복한 사람입니다"라는 명언을 남긴 야구계 전체를 상징하는 인물이기 때문이다. 이탈리아에서는 〈대중의 우상L'idolo delle folle〉이라고 번역했으며, 프랑스는 〈운명의 승리자Vainqueur du destin〉라는 제목을 사용했다. 어쩌면 일본, 이탈리아, 프랑스에서 정한 제목의 모든 의미를 담고 있는 것이 바로 〈야구왕 루 게릭〉일 것이다.

손흥민이 지금처럼 매년 발전하는 모습을 보이면 프리미어리그의 '득점왕' 손흥민을 뛰어넘어 '축구왕 손흥민'으로 불릴 수도 있을 것이다. '야구왕 루 게릭'이라는 제목을 만든 한국에서 실제로 '축구왕 손흥민'이 탄생하게 된다면 영화와 스포츠가 만든 최고의 작품이 될 것이다.

박지성의 산책 세리머니와
아키야마 고지의 홈런 공중제비

×

아시아 선수 최초로 유럽 빅리그 득점왕에 오른 손흥민은 골을 넣을 때마다 사진을 찍는 동작을 취하는 것으로 유명하다. 2020-2021 시즌부터 시작한 손흥민의 이 동작은 '골을 넣은 지금의 순간을 사진으로 찍어 기억하고 싶다'는 의미를 담고 있다. 물론 상황에 따라 다른 동작을 취할 때도 있다. 유로파리그 경기에서는 손가락으로 영어 'W'를 만드는 동작을 선보였는데, 처음에는 당연히 승리를 의미하는 'WIN'이라고 생각했지만 영국 매체 〈풋볼 런던〉에 따르면 'W'는 백혈병을 앓고 있는 어린 환자와의 약속으로 만든 것이라고 한다. 또한 팬들에게 감사하는 의미를 담아 손으로 하트 모양을 만드는 동작을 선보이기도 한다.

　이렇듯 세계적인 스타이다보니 손흥민이 골을 넣은 뒤 어떤 동

한국에서 열린 토트넘 홋스퍼의 친선경기를 위해 방한한 안토니오 콘테 감독과 손흥민이 기자회견 이후 손흥민의 골 세리머니를 함께하고 있다.

작을 취하느냐도 대부분 기사화된다. 같은 동작을 놓고 우리나라에서는 '골 세리머니'라고 하지만 일본은 '골 퍼포먼스'로 표현하고, 영어권에서는 '골 셀러브레이션Goal celebration'으로 서로 다르게 표현하고 있어 눈길을 끈다. '골 세리머니'는 우리나라에서만 사용하는 표현으로 이른바 '콩글리시'라고 할 수 있다. 2002년 한일 월드컵 4강 신화를 이끈 거스 히딩크(휘스 히딩크) 감독의 '어퍼컷 세리머니'가 화제가 되자 취재진이 '어퍼컷 세리머니'에 대해 그에게 질문했을 때 히딩크 감독은 '세리머니'의 뜻을 이해하지 못한 적이 있다. 히딩크 감독은 네덜란드 출신으로 미국이나 영국 출신의 '네이티브 스피커'는 분명 아니었다. 실제 2002년 한일 월드컵 때 언론 담당관으로 그의 통역을 맡았던 외교관 허진 씨에 따르면 히딩크 감독은 영어를 아주 잘하는 편은 아니었는데, 처음에는 '말하다' 대신 '선언하다'라는 '매니페스토manifesto'를 쓰는 등 의도적으로 어려운 단어를 구사하려고 했지만 한국에 온 뒤 네덜란드어 대신 영어로 소통하면서 영어 실력이 더욱 향상되어 나중에는 네이티브 스피커 못지않은 영어 실력을 갖추게 되었다고 한다. 그런 히딩크 감독이 축구 용어라고 할 수 있는 '어퍼컷 세리머니'를 이해하지 못한 것은 영어권에서는 '세리머니' 대신 '셀러브레이션'을 사용하기 때문이다.

소설가이자 번역가인 안정효는 『가짜 영어사전』에서 "골 세리머니라는 어휘를 붙여주려면 골 앞에 차렷 자세로 줄지어 서서 국기에 대한 경례를 하고, 그동안 경기장에서 순직한 모든 축구인에 대한 1분간의 묵념을 거쳐 체육 헌장을 낭송하는 정도가 되어야 제격"이라는 글을 남기기도 했다. 이처럼 '골 세리머니'가 콩글리시라는 지적을 받자 국립국어원에서는 '골 세리머니'를 '득점 뒤풀이'라는 말로 대체할 것을 제안했지만 국내 언론에서는 여전히 '골 세리머니'를 사용하고 있다. 일본도 사정은 비슷하다. 일본에서는 '골 퍼포먼스'라고 표현하는데, 이 또한 영어권에서는 쓰지 않는 표현인 만큼 한국의 콩글리시에 해당하는 재플리시라고 할 수 있다. 일본축구협회에서는 골 셀러브레이션을 직역한 '득점의 환희'를 공식 용어로 사용하고 있다.

이처럼 한국과 일본에서 영어권과는 다른 표현을 사용하게 된 것은 생각보다 '골 셀러브레이션'의 역사가 짧기 때문이다. 지금은 골을 넣은 뒤 개성 넘치는 동작으로 기쁨을 표현하는 모습이 일반화되어 있지만 과거에는 그렇지 않았다. 한국 축구를 대표하는 손흥민이 '찰칵 세리머니'로 개성을 표현하는 반면, 한국 축구의 개척자라고 할 수 있는 차범근은 많은 골을 넣었지만 특별히 기억에 남는 동작을 선보인 적이 없다. 차범근 때만 하더라도 골을 넣으면 동료들과 얼싸안고 기쁨을 표현하는 것이 대부분이었기 때문이다.

축구에서 '골 셀러브레이션'은 1982년 스페인 월드컵 결승전에서 골을 넣은 이탈리아의 마르코 타르델리가 포효하는 동작을 선보인 이후 축구계에서 본격적으로 유행하기 시작했다. 과거 영국이나 독일 등 서유럽 국가나 한국, 일본 등 동아시아 국가에서는 성인이 공식적인 자리에서 과도한 기쁨을 표현하는 것을 꺼리는 문화가 있었기에 축구에서도 이런 보수적인 모습이 이어진 측면이 크다. 반면 이탈리아나 스페인, 남미 축구에서는 예전부터 골을 넣은 뒤 자신의 감정을 발산해온 역사를 가진데다 1982년 스페인 월드컵 결승전에서 펼친 마르코 타르델리의 포효가 화제를 모으면서 '골 세리머니' 문화가 거의 모든 나라로 확산하게 된 것이다. 특히 1994년 미국 월드컵 때 브라질의 베베토가 보여준 '요람 세리머니'는 세계적인 인기를 얻은 최고의 골 세리머니로 기억된다.

우리나라에서도 베베토 동작의 영향으로 1990년대 중반 이후 '골 세레모니' 또는 '골 세리머니'와 같은 단어들이 신문지상에 처음으로 등장하게 되었다. 1997년 10월 〈경향신문〉에는 '하석주의 비행기'를 비롯해 월드컵 대표팀 선수들의 다양한 골 세리머니가 화제를 모으고 있다는 내용의 기사가 실리기도 했다. 1998년 10월 〈조선일보〉에서는 "바지 속 당근 먹기, 관중 욕하기, 득점 축하 의식도 가지가지"라는 제목으로 브라질 축구의 다양한 세리머니를 소개했다.

> 광적인 축구 국가 브라질은 희한한 골 세리머니의 전통으로도 이름이 높다.
> 90년대 중반까지 인기를 끌었던 골 세리머니는 골대 뒤에 있는 전화 부스로 달려가 전화 거는 흉내내기. '게임은 이미 끝났고 지금 한가해졌다.' 이는 조롱의 뜻을 담고 있다. 대부분의 브라질 경기장 골대 뒤에 전화기가 있어 가능했다. 전화 걸기는 한때 선수들 사이에서 선풍적인 인기를 끌었지만 지나치게 시간을 끈다고 해서 95년부터 금지되었다.

기사에는 골 세리머니라고 되어 있지만 제목에서는 '득점 축하 의식'이라고 적은 것에서 알 수 있는 것처럼 그때까지만 해도 가능하면 영어로 된 '골 세리머니'를 사용하지 않으려는 흔적을 발견할 수 있다. 1998년 프랑스 월드컵을 계기로 축구 열풍이 불면서 '골 세리머니'는 축구팬들 사이에 널리 퍼져 있었고, 2002년 한일 월드컵 4강 신화로 '골 세리머니'는 일반인들 사이에서도 정식 축구 용어로 인정받게 되었다. 히딩크 감독의 어퍼컷 세리머니는 20년 뒤 대한민국 대통령 선거에서도 사용되었으며, 2002년 한일

2002년 한일 월드컵 미국전에서 골을 넣은 안정환과 동료들이 2002 솔트레이크 동계올림픽 쇼트트랙에서 보인 오노의 변칙 동작을 풍자한 세리머니를 펼치고 있다.

KBS 9시 뉴스에서 정세진 앵커가 이색적인 축구 골 세리머니에 대한 뉴스를 소개하고 있다.

월드컵에서 안정환과 이천수 등 우리나라 선수들이 미국전에서 선보인 이른바 '오노 세리머니'는 대한민국 스포츠를 상징하는 한 장면으로 기억될 정도이다. 박지성은 일본전에서 득점한 뒤 환호 대신 조용히 경기장을 도는 이른바 '산책 세리머니'로 더욱 큰 인상을 남기기도 했다. 올바른 한국어 사용에 앞장서고 있는 KBS는 2002년 한일 월드컵부터 '골 세리머니'라는 용어를 공식적으로 사용했다. 한일 월드컵 이전까지만 해도 '골 세레모니'를 더 많이 사용했지만 2002년 한일 월드컵 때부터는 '골 세리머니'가 한국식 공식 용어로 자리잡아 뉴스 화면에서도 사용하게 되었다.

우리나라에서는 '골 세리머니'가 축구 용어가 되었지만 득점제도를 가진 대부분의 구기 종목에도 '골 세리머니'가 존재한다고 할 수 있다. 미식축구의 '터치다운 세리머니'는 오랜 역사를 가지고 있으며, 농구나 배구 등에서도 득점에 성공했을 때 다양한 방식으로 기쁨을 표현한다. 마이클 조던의 주먹 올리기는 스포츠 역사에 남는 동작이고, 덩크슛을 성공시킨 뒤 포효하는 모습은 축구에서의 '골 세리머니'에 뒤지지 않는다. 한국 프로농구 초창기 때의 외국인 선수였던 존 스트릭랜드는 무려 31가지의 골 세리머니를 가지고 있다고 밝히기도 했다.

야구에서 홈런을 친 뒤 배트를 던지는 '배트 플립'도 일종의 축구의 골 세리머니와 비슷한 측면이 있다. 미국에서는 홈런을 친 뒤 배트를 던지며 환호하면 다음 타석에서 위협구가 날아온다. 이는 홈런을 치고 상대를 자극했다고 판단하기 때문이다. 하지만 일본이나 우리나라는 홈런을 친 뒤 환호하는 모습에 관대한 편이다. 실제 일본의 아키야마 고지는 홈런을 친 뒤 홈을 밟을 때 공중제비 동작을 여러 차례 선보이기도 했다. 한국 축구의 고종수가 전성기 시절 골을 넣은 뒤 선보였던 모습을 기억하면 쉽게 이해할 수 있을 것이다. 야구의 본고장 미국과는 달리 우리나라와 일본 야구에서는 자유롭게 기쁨을 표현해왔지만 메이저리그의 영향으로 이런 모습이 위축되어가는 경향이 있다.

야구 세리머니에 대한 오해가 만들어낸 재미있는 일화도 있다. 제3회 월드베이스볼클래식에 출전한 도미니카공화국의 마무리투수 페르난도 로드니는 월드베이스볼클래식 우승이 확정되자 마운드에서 '활시위 세리머니'를 선보였는데, 이것의 '나비 효과'로 한국 땅에서 야구 소년들과의 만남이 성사되기도 했다. 페르난도 로드니는 월드베이스볼클래식 우승 후 1년 뒤인 2014년 리틀야구 월드시리즈 결승전에서 한국 소년들이 자신의 '활시위 세리머니'를 흉내내는 모습을 보고 감격한 나머지 자비를 들여 우리나라를 방문해 리틀야구 선수들과 만남을 가진 적이 있다.

2014년 리틀야구 월드시리즈 결승전에서 보인 우리나라 선수들의 '활시위 세리머니'는 2013년 한국시리즈에서 선보인 오승환과 삼성 라이온즈 선수들의 동작을 통해 배운 것으로 페르난도 로드니와 직접적인 관련은 없다고 할 수 있다. 하지만 페르난도 로드니를 시작으로 오승환의 영향을 받아 리틀야구 선수들이 선보인 것인 만큼 페르난도 로드니의 '착각'으로 발생한 일이었지만

한국 리틀야구 선수들을 오해(?)하여 방한한 메이저리그 투수 페르난도 로드니의 세리머니 동작을 함께하고 있는 모습

한국의 어린 야구선수 소년들과 '세리머니' 인연으로 뜻깊은 만남을 갖게 되었다.

'득점 뒤풀이'로 쓰라는 국립국어원의 권고와 '득점의 환희'를 고수하는 일본축구협회의 노력에도 한국의 '골 세리머니'와 일본의 '골 퍼포먼스'는 축구 용어로 더욱 굳어져가고 있다. '골 셀러브레이션'이 외국어이기 때문에 '짜장면'과 '자장면' 논쟁처럼 표기법 논쟁이 벌어지지도 않는다. '골 세리머니'와 '골 퍼포먼스'는 아마도 득점 이후 포효하는 선수들의 모습을 상징하는 단어로 한일 양국에서 오랫동안 사용될 것이다. 점점 화려해지는 한국 야구의 홈런 뒤풀이는 메이저리그에 수출되어 보수적인 메이저리그의 문화를 서서히 바꾸어가고 있다.

'Hope'
혈액형 분석이 유행한 나라,
한국과 일본만이 공유하는 스포츠 문화

세계에서 한국과 일본만이 혈액형을 통해 성격을 분석하는 문화가 발달해 있다. 혈액형으로 성격을 판단하는 것은 비과학적이지만 혈액형 관련 문화가 한국과 일본에서만 유행한데에는 분명 이유가 있다. 국가별 혈액형 분포를 보면 한국과 일본은 세계적으로 특이하게 주요 4개의 혈액형이 고르게 분포해 있고 RH-의 비율은 매우 적다. 병원이나 학교에서의 혈액형 검사로 본인의 혈액형을 모르는 사람도 거의 없다. 이런 생물학적 특징과 사회적 관습으로 혈액형 문화가 탄생한 것이다. 혈액형처럼 스포츠에서도 세계에서 두 나라만이 공유하는 여러 가지 흥미로운 특징을 가지고 있다.

똑같이 '감독'으로 통하는 히딩크와 봉준호, 스포츠와 영화의 특별한 존재

×

피겨의 여왕 김연아가 2010 밴쿠버 동계올림픽에서 금메달을 목에 걸고 한 달 뒤에 펼쳐진 이탈리아 토리노 세계 피겨스케이팅 선수권대회 취재 도중 일어난 일이다. 현지 상점에 갔는데 유난히 '친콴타'라는 말을 자주 듣게 되었다. 당시 국제빙상연맹ISU 회장이 이탈리아 출신의 오타비오 친콴타였는데, 목에 세계 피겨스케이팅선수권대회 ID카드를 착용하고 있어 우리를 취재진으로 알고 친콴타 회장에 대해 이야기한 것이라고 생각했다. 그런데 ID카드 없이 외출했을 때도 '친콴타'라는 말이 들려왔다. 무언가 이상한 느낌이 들어 통역 담당자에게 물어보았다. "토리노 사람들은 친콴타 회장에 대한 자부심이 대단한가 보네요. 여기저기서 친콴타 회장에 대해 이야기하는 것을 보니." 통역 담당자는 나의 말을 정확하게 이해하지 못했다. "아니 상점에 갈 때마다 계속 친콴타 회장의 이름이 많이 들려서요." 통역 담당자는 친콴타가 회장이냐고 물었고, 내가 그렇다고 대답하자 그는 웃음을 터뜨렸다. "친콴타는 이탈리아어로 '50'이라는 뜻입니다. 상점 같은 곳에서 말한 친콴타는 아마 50유로 지폐 또는 거스름돈 50센트를 말한 것 같네요. 이곳에서 국제빙상연맹의 회장 친콴타는 그렇게 유명하지 않거든요."

이탈리아어를 전혀 몰랐기 때문에 국제빙상연맹의 회장 이름인 친콴타가 50이라는 숫자를 뜻한다는 것은 상상조차 할 수 없었다. 2010년 세계 피겨스케이팅선수권대회가 이탈리아에서 열리지 않았다면, 현지 취재 도중 들렀던 상점에서 '친콴타'라는 익숙한 단어를 듣지 않았다면 어쩌면 친콴타가 '50'이라는 사실을 영원히 알지 못했을 것이다.

그렇다면 '친콴타'와 같은 비슷한 일이 한국어에서도 발생할 수 있지 않을까라는 생각이 들었다. 축구를 좋아하는 이탈리아 영화 담당 기자가 부산국제영화제를 취재하러 방한한 상황을 가정해보자. 기자는 〈달은 해가 꾸는 꿈〉을 시작으로 매혹적이며 철학적인 이야기 〈헤어질 결심〉까지 이제는 국제 무대에서 거장으로 인정받는 박찬욱 감독을 온종일 인터뷰하면서 한국어로 '감독'이라는 단어의 발음과 의미를 알게 되었을 것이다. 저녁식사를 위해 들른 식당 TV에서 마침 안정환 '감독'이라는 단어를 듣게 될지도 모른다. 이탈리아 기자는 '2002년 한일 월드컵에서 이탈리아를 울린

그 안정환이 영화감독? 이건 정말 대단한 특종이네!'라고 생각했다가 상황 설명을 듣고 어이없어할 수도 있다. "영화감독과 축구감독이 모두 감독이라니!!!"

우리나라는 스포츠와 영화의 책임자를 감독이라고 일컫는다. 거스 히딩크 감독과 박찬욱 감독은 축구와 영화라는 전혀 다른 분야에서 일하고 있지만 똑같이 감독으로 불린다. 일본 역시 고레에다 히로카즈와 왕정치 감독을 부르는 호칭은 같다. 그러나 같은 한자 문화권이지만 중국은 조금 다르다. 영화 〈붉은 수수밭〉, 〈인생〉의 엔딩 크레디트에는 연기 지도를 뜻하는 도연導演 장이머우라고 나온다. 한때 비정상적인 방법으로 세계 육상계에 충격을 주었던 마군단의 대부 마쥔런 감독은 교련敎练으로 통했다. 교련은 연습을 지도하는 사람이란 뜻으로 스포츠 관련 감독을 지칭할 때 사용된다. 스포츠감독과 영화감독을 아우르는 '감독'이란 호칭은 한일 양국에서만 사용하는 용어이다. 일반적으로 영화감독은 디렉터Director, 스포츠감독은 헤드 코치Head coach로 불리지만 좀더 깊이 들어가면 스포츠감독의 세계는 매우 복잡하다.

메이저리그에서 야구감독은 헤드 코치가 아닌 매니저Manager라고 불린다. 한국 야구에서 과거 매니저라는 용어는 '고생', '허드렛일'을 하는 사람을 지칭하는 말로 주로 사용되었다. 연예인 매니저가 하는 일과 비슷했다. 한국 야구에서 다소 천대받는 느낌이었던 '매니저'라는 용어가 메이저리그에서는 야구감독을 뜻한다는 것을 알고 문화 충격을 받은 야구 관계자가 있을 정도였다. 메이저리그에서 감독은 매니저, 단장은 총괄 매니저General manager로 불린다. 야구감독은 연습과 선수 기용, 작전 같은 현장의 영역을 담당하고, 단장은 선수 영입과 구단 운영을 맡는 등의 업무 분화가 이루어져 있는 것이다.

야구와 같이 감독을 매니저로 부르는 또 하나의 스포츠는 영국 프로축구이다. 영국에서는 감독을 매니저라 부르기도 하고, 헤드 코치로 부르기도 한다. 헤드 코치는 선수들의 훈련과 전술에 대한 권한과 책임을 가지고 있는 반면, 매니저는 좀더 포괄적인 개념이다. 경기적인 측면과 더불어 메이저리그 단장의 업무에 해당하는 선수 영입이나 구단 운영의 권한까지 갖는 사람을 말한다. 연습과 선수 기용, 작전 같은 전술적인 역할에만 그치는 사람은 '헤드 코치'로, 선수단 운영의 역할까지 담당하는 사람은 '매니저'라고 부르는 것이다. 그래서 우리말로는 같은 감독이라도 과거 아스널FC의 아르센 벵거 감독은 매니저였지만, 2022년의 감독인 미켈 아르테타는 헤드 코치로 불리는 것이다. 축구계의 대표적인 명장으로 손꼽히는 조제 모리뉴 감독은 FC포르투와 인터 밀란 시절에는 헤드 코치였지만 첼시와 레알 마드리드, 맨체스터 유나이티드에서는 매니저 역할을 맡았다. 손흥민이 몸담고 있는 토트넘 홋스퍼의 감독이 되었을 때는 헤드 코치였으나 매니저로의 승격을 노렸지만 결국 팀을 떠나게 되었다.

이처럼 매니저는 헤드 코치보다 상위 개념이라고 할 수 있다. 우리나라도 과거에 비해 단장General manager의 역할이 중시되고 있지만, 미국 메이저리그의 감독과 단장의 적절한 업무 분할은 이루어지기 쉽지 않을 것이다. 영화감독과 스포츠감독을 아우르는 '감독'이라는 호칭에서 나오는 범접할 수 없는 권위가 존재하는데다 각종 규제 등을 담당하는 감독Supervisor의 역할까지 더해져 감독이라는 단어는 절대 권력에 가까운 용어가 되었다. 여기에 유교문화의 스승과 연장자에 대한 높임 문화까지 더해진 만큼 감독에 대한 의존도는 미국과는 비교할 수 없을 정도이다. 프로야구 두산 베어스와 KT 위즈 감독을 역임한 김진욱 감독은 해설 도중 이런 말을 한 적이 있다. "선수를 감독이 키운다는 것은 오만한 생각이다. 기본적으로 능력이 있는 선수들이 있었을 뿐이고 코치는 그 선수들에게 조언을 할 뿐이며 감독은 그냥 기회를 줄 뿐, 감독이나 코치는 연금술사가 아니다. 감독 자신이 본인이 연금술사라는 착각을 하게 되면 악순환이 반복될 뿐이다."

실제 야구감독은 축구나 농구 감독과 비교하면 역할이 제한적이라는 평가가 많다. 축구나 농구 같은 종목은 감독이 전술을 통해 팀을 만들어낼 수 있지만 야구에서는 쉽지 않다. 순간순간 신출귀몰한 작전을 통해 상대의 빈틈을 공략하는 것은 만화에서나 가능한 일일 뿐 현실에서는 감독의 작전 성공 비율은 크게 차이가 나지 않는다. 미국 스포츠에서 야구감독이 미식축구나 농구 감독에 비해 훨씬 적은 연봉을 받는 것도 바로 이런 이유 때문이다.

그런데 우리나라와 일본에서는 감독이 연금술사를 뛰어넘어 신적인 존재로까지 올라서는 경우도 있다. 김성근 감독은 과거 야구의 신이란 말을 줄인 '야신'이란 별명으로 불린 적이 있다. 또한 일본 프로야구 요미우리 자이언츠의 9년 연속 우승을 이끌었던 가와카미 데쓰하루 감독은 '프로야구의 살아 있는 신'으로 추앙받는 존재였다. 야구뿐만 아니라 다른 종목도 사정은 비슷하다. 일본의 경우 대표팀을 지칭할 때 감독의 이름을 따서 부르는 경우가 많다. 일본 축구 국가대표팀은 모리야스 하지메 감독의 이름을 따서 모리야스 재팬이라고 불린다. 배구나 럭비 같은 다른 종목들도 비슷하다.

이는 우리나라 역시 마찬가지이다. 축구의 파울루 벤투 감독을 비롯한 주요 종목들의 경우 감독의 이름을 전면에 내세운다. 단순히 이름을 넣어 ○○○ 재팬이라고 부르는 일본보다 추가되는 것이 하나 더 있다. 축구 국가대표팀을 지칭할 때 벤투 한국이 아니라 '벤투호'라고 표현하는 것이 일반적이다. 대한민국 축구 국가대표팀이라는 배의 선주이자 선장 같은 역할을 하는 사람이 감독이기 때문에 붙은 이름이다. 과거에도 축구 국가대표팀 감독의 비중이 높기는 했지만 김정남호, 이회택호 같은 명칭은 없었다. 1994년 축구 국가대표팀 감독은 김호 감독이었는데 김호호 같은 어색한 명칭은 당연히 존재하지 않았다.

대한민국 축구 국가대표팀을 감독의 이름을 따서 ○○○호라고 부르는 전통은 1998년 차범근호부터 시작되었다. 당시 한 신문에서 얼마 전 출항한 차범근호에 사생활 문제가 있는 △△△선수가 승선했다는 기사가 실린 적이 있다. 이런 표현이 히트하자 다른 종목에서도 ○○○호라는 이름으로 탄생하게 된 것이다. 마치 2016년 말 언론에서 '탄핵 열차'가 출발한다는 표현을 사용한 뒤 정치권 관련 보도를 할 때 ○○열차라는 말을 자주 사용한 것과 비슷하다고 할 수 있다. 여러 차례 출항했던 ○○○호 가운데 가장 성공적이었던 것은 단연 히딩크호이다. 또한 2008 베이징 올림픽 야구 금메달을 따낸 김경문호 역시 대표적인 성공 사례였다.

이름을 내세우는 것에 그치지 않고 출항하는 배에 비유하는 표현까지 등장하면서 우리나라에서 감독의 위상은 더욱 과도하게 포장되었다. 모든 일에는 빛과 그림자가 존재하는 것처럼 감독을 절대적인 존재로 높이다보니 대표팀 감독의 자리는 '독이 든 성배'에 비유될 정도로 위태로운 모습까지 갖추게 되었다. 그 위대했던 히딩크 감독도 자신이 맡았던 모든 팀에서 성공하지는 못했다. 베이징의 기적을 만들어낸 김경문 감독은 도쿄에서는 치욕적인 경험을 맛보아야만 했다. 팀보다 위대한 선수는 존재할 수 없듯이 아무리 뛰어난 감독이라도 실패는 당연히 뒤따르게 마련이다. 문제는 선수단의 체질 개선 같은 근본적인 처방을 외면한 채 이름 있는 감독 한 명만 영입하면 팀이 바뀔 수 있다고 믿는 것이다.

최근 한국 프로야구에서는 명선수 출신의 이름 있는 감독보다 선수 시절 지명도는 떨어졌지만 더 많이 공부한 실속형 감독의 성공 사례가 조금씩 쌓이고 있다. 시대의 변화에 따라 우리나라에서도 과거에 비해 감독에 절대적으로 의지하는 풍토는 조금씩 변하게 될 것이다. 하지만 영화감독·기술감독·음악감독·금융감독까지 사회 여러 분야에서 사용되는 감독이라는 호칭의 권위가 높은 우리나라와 일본은 세계 스포츠에서 감독의 영향력이 가장 높은 나라로 남게 될 것이다.

국제빙상연맹의 오타비오 친콴타 회장은 1994년부터 2016년까지 무려 22년이나 장기 집권했으며, 2022년부터 우리나라의 김재열 회장이 국제빙상연맹 회장을 맡게 되었다. 피겨스케이팅 담당 기자 시절 친콴타가 50이라는 것을 몰랐듯이 외국 기자들도 김재열 회장의 열이 '10'과 발음이 같다는 것을 모를 것이다. 친콴타와 관련된 경험이 있는 만큼 누군가 빙상에서 10을 주제로 신박한 기사를 쓰게 된다면 너무 재미있을 것이다.

심장이 두근두근,
극적인 순간을 표현하는 단어 '극장'

×

프로야구 넥센 히어로즈의 마무리투수로 활약했던 손승락이 지난 2015년 11월 롯데 자이언츠로 이적하면서 야구팬들 사이에서는 '롯데 시네마 승락 극장'이라는 말이 탄생했다. 안타깝지만 야구에서 '극장'이라는 말은 좋은 의미가 아니다. 롯데 자이언츠는 전통적으로 마무리가 약한 팀인데, 마무리투수가 9회에 동점을 허용하거나 역전당하는 경우가 많은 것을 '영화의 반전'에 비유해 롯데 시네마라고 일컬은 것이다. 손승락은 구원왕을 여러 차례 차지한 정상급 마무리투수였지만 출루를 많이 허용하며 아슬아슬하게 승리를 지키는 경우가 많아 '승락 극장'이라고 불렸다. 나란히 '극장'으로 불린 롯데 자이언츠와 손승락이 마침내 한 팀에서 뛰게 되었다는 점에서 더욱 화제를 모으게 된 것이다.

마무리투수가 약한 롯데 자이언츠뿐만 아니라 다른 팀에도 손승락처럼 불안하게 세이브를 따내는 선수가 많았지만 '극장'이라고 불리지 않았던 것은 '극장'이라는 표현이 일본 프로야구에서 처음 만들어졌기 때문이다. '극장'에 비유한 것은 1999년부터 2002년까지 후쿠오카 다이에 호크스의 마무리투수로 활약했던 로드니 페드라자가 시발점이었다. 로드니 페드라자는 평범하게 삼자범퇴로 세이브를 올리는 경우가 거의 없어서 등판할 때마다 드라마 같은 상황이 전개되어 '극장형 마무리'라는 말을 듣게 되었다. 이승엽의 지바 롯데 마린스 시절 마무리투수였던 고바야시 히로유키 역시 세이브왕을 차지하기는 했지만 등판할 때마다 불안한 상황을 연출하는 것으로 유명해 '극장왕'이라는 명예롭지 않은 별명을 얻기도 했다. 반면 소프트뱅크 호크스의 철벽 마무리로 불린 데니스 사파테는 극장형 마무리와는 반대의 의미로 '절망형 마무리'라는 명예로운 별명을 얻었다.

2000년대 초반부터 일본에서 마무리투수를 '극장'에 비유하는 표현이 늘어난 가운데 우리나라 프로야구에서도 2000년대 중반 이후 마무리투수를 '극장'에 비유하기 시작했다. 마침 롯데 자이언츠 구단이 실제로 '롯데 시네마'를 운영하고 있었기 때문에 롯데 자이언츠 투수진의 불안한 마무리와 맞물려 '극장'은 단기간에 야구팬들에게 익숙한 용어로 자리잡았다. KBO리그에서는 불안한 상황을 전개하는 마무리투수에게 '극장'이라는 표현을 사용하지만 일본 야구에서는 더욱 특별한 의미의 '극장'도 존재한다.

일본 프로야구 니혼햄 파이터스의 신조 쓰요시가 서커스를 연상시키는 퍼포먼스로 관중을 열광시키고 있다.

2022년부터 니혼햄 파이터스의 감독으로 활약하고 있는 신조 쓰요시는 2006년 등록 이름의 알파벳 표기를 '신조 극장SHINJO, 劇場'이라고 변경했다. 그리고 4월 시즌 1호 홈런을 터뜨린 뒤 수훈 선수 인터뷰에서 돌연 이번 시즌을 끝으로 은퇴하겠다는 의사를 전했다. 이후 신조 쓰요시는 매 경기마다 관중에게 다양한 퍼포먼스를 선보였고, 일본 언론은 그의 등록 이름처럼 연일 '신조 극장'이라며 대대적으로 보도했다. 영화 속 복장을 선보이기도 하고, 개구리 모자를 쓴 채 경기에 나서는 등 외형적인 퍼포먼스뿐 아니

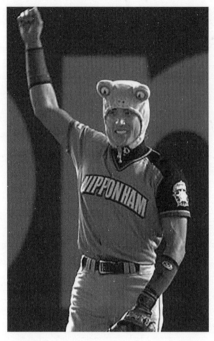

일본 프로야구의 외야수 신조 쓰요시가 개구리 모자를 쓴 채 경기에 출전하기도 했다.

라 은퇴 시즌에 보인 모든 행위가 '신조 극장'이었다. 신조 쓰요시는 야구 인생에서 한 번도 경험하지 못한 우승을 '신조 극장'을 표방한 마지막 2006년에 차지하면서 '신조 극장'은 행복하게 마무리되었다. 성공한 영화의 시즌 2가 존재하는 것처럼 그는 2022년 감독으로 복귀해 '신조 극장 2'의 서막을 열었다. 자신을 감독이 아닌 '빅보스'로 불러달라면서 유니폼에 이름 대신 '빅보스BIGBOSS'라고 새긴 '신조 극장'은 시즌 2의 모습으로 여전히 상영되고 있는 셈이다.

한국 스포츠에는 '신조 극장'이 없지만 신조 극장과 비슷한 의미를 가진 축구의 '극장골'이라는 표현이 있다. 야구에서 '극장'이 마무리투수의 불안한 모습을 나타낼 때 쓰는 부정적인 의미라면 축구에서 '극장'이라는 표현은 명승부와 같은 말로 통한다. 승부가 거의 확정된 상황에서 경기 종료 직전 승부를 뒤엎는 결정적인 골을 우리나라에서는 '극장골'이라고 표현하는데, 용어 자체가 이해하기 쉽고 설득력이 높아 이제는 축구 용어로 완전히 자리를 잡았다. 한국 축구에서 가장 유명한 '극장골'은 2002년 한일 월드컵 이탈리아전에서 나온 안정환의 골든골일 것이다. 또한 1대 0으로 뒤진 상황에서 터진 설기현의 동점골 역시 한국 축구사에 한 획을 긋는 의미 있는 골이다.

그런데 2002년 한일 월드컵 때는 '극장골'이라는 표현이 존재하지 않았기 때문에 당시 '극장골'이라고 보도한 자료를 찾아볼 수 없다. '극장골'은 프로야구에서 마무리투수의 불안한 모습을 '극장'이라고 일컫은 이후에 등장하기 시작했다. 축구 관련 커뮤니티에서는 2000년대 후반부터, 네이버 뉴스 검색에서는 2013년 무렵부터 '극장골'이라는 표현이 등장하고 있다. KBS 영상 검색시스템에는 2014년부터 뉴스 보도에서 '극장골'이라는 표현을 사용한 것으로 나온다. K리그에서는 수원FC 구단이 극적인 골을 많이 넣는다고 해서 '수원 극장'이라는 표현이 사용되면서 더욱 대중화되어 중계방송 캐스터들이 '극장골'이라는 말을 공식적으로 사용하고 있다.

2018년 러시아 월드컵을 거치면서 '극장골'이라는 용어는 완전히 대중화되었다. 특히 3대 2로 끝난 벨기에와 일본의 명승부는 대표적인 '극장골'로 통했다. 벨기에전에서 '극장골'을 내주었던 일본은 2022년 카타르 월드컵 예선 호주와의 경기에서 '극장골'을 넣으며 월드컵 출전을 확정짓기도 했다. 공교롭게도 벨기에 리그에서 뛴 적이 있는 미토마 가오루가 그 주인공이었는데 그의 골을 통해 일본 언론에서 '극장골'이라는 표현을 처음으로 사용했다. '극장골'이라는 표현이 존재하지 않는 일본은 한국 언론이 미토마 가오루의 골을 '극장골'로 표현했다고 보도하면서 '극장골'이라는 용어를 사용하게 된 것이다. 2022년 카타르 월드컵 출전을 확정지은 미토마 가오루의 골과는 반대로 1994년 미국 월드컵에서 경기가 종료되기 불과 몇 초 전 일본이 이라크의 움란 자파르에게 골을 내줘 월드컵 출전이 좌절된 것 역시 이라크의 '극장골'이 터진 것이라고 할 수 있다.

일본은 축구에서 이 같은 골이 나올 때 글자 그대로 '극적인 골'이나 막판을 의미하는 '도탄바土壇場'에서 나온 골이라는 표현을 사용한다. '도탄바'는 에도시대 죄인에게 참수형을 집행하던 장소로, 지금은 의미가 확대되어 막다른 골목이나 막판 같은 의미로 사용되고 있다. 축구에서의 '극장골'뿐만 아니라 모든 스포츠에서 경기 마지막의 승부처와 같은 의미로 사용되고 있는 용어이다. 야구에서 결정적인 순간 터진 홈런을 '도탄바 홈런'이라고 표현하는 식이다. 영어권에서는 '극장골' 같은 상황이 발생할 때 '마지막 순간

골Lastminute goal'이라는 표현을 사용하고 있다. 우리나라의 '극장골'처럼 축구에 한정되어 사용되는 표현은 드물다고 할 수 있다. 축구의 '극장골'은 이제 야구의 '극장'보다 더 널리 사용되는 용어가 되었다. 야구의 영향을 받아 만들어진 용어이지만 축구 용어로 완전히 정착된 것이다.

최근 일본에서는 드라마 〈이태원 클라쓰〉가 많은 인기를 얻어 〈롯폰기 클라쓰〉로 리메이크되었고, 젊은이들 사이에서 한국말을 섞어 쓰는 말투가 유행하고 있다고 한다. J리그 축구에서는 드라마 〈이상한 변호사 우영우〉에 나오는 우영우식 인사를 따라 하는 골 세리머니가 등장하기도 할 정도로 제4차 한류붐이 강하게 일고 있다. 이런 추세라면 '극장골'이라는 표현 역시 일본 축구에서도 사용하게 될지 모른다. 사실 '극장'이라는 단어를 스포츠에 사용한 것이 일본 프로야구이기 때문에 어쩌면 한류와는 전혀 상관없는 일본 야구에서 일본 축구로의 이동이라고 할 수도 있다.

손승락이 롯데 자이언츠로 이적하면서 만들어진 '롯데 시네마 승락 극장'은 2017년 하반기 역대급 흥행 성적을 기록했다. 롯데 자이언츠는 후반기가 시작되는 8월의 팀 성적이 7위였지만 손승락을 비롯한 구원투수진의 호투 속에 정규 시즌을 3위로 마감해 5년 만에 가을 야구 진출이라는 기적을 만들어냈다. 이 정도면 '롯데 시네마 승락 극장'은 제작비를 모두 회수한 것이라는 평가를 받았다. KBO리그와 일본 프로야구에서 마무리투수의 불안을 이야기할 때 '극장'이란 표현을 사용하는 것처럼 일본 축구에서도

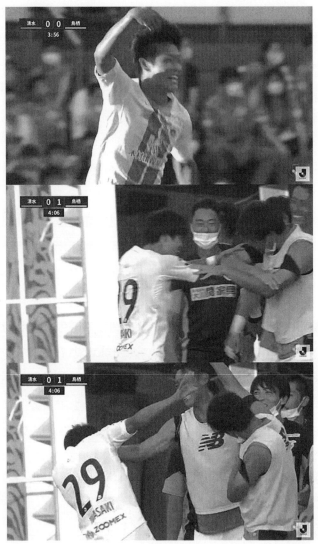

일본 프로축구 J리그 선수가 한국 드라마 〈이상한 변호사 우영우〉의 인사 동작에서 따온 골 세리머니를 동료들과 함께 선보이고 있다.

'극장골'이라는 표현을 사용하게 된다면 한일 양국에서 가장 인기 있는 스포츠인 야구와 축구에서 모두 '극장'이라는 표현을 사용하게 되는 것이다. '월드컵 4강' 신화를 뒷받침한 축구감독 거스 히딩크도 감독이고, 〈헤어질 결심〉을 비롯한 많은 명작을 만든 영화감독 박찬욱도 감독으로 부르는 세계에서 유이唯二한 나라인 한국과 일본은 '극장'이라는 표현 역시 공유하고 있다. 영화감독의 영화는 극장에서 상영되고, 축구감독의 명승부는 '극장'이라고 불린다. '감독'을 유난히 중시하는 한국과 일본 스포츠에서 '극장'이라는 단어가 탄생하게 된 것은 우연이 아닌 필연일지도 모른다.

한일 탁구선수들이 나란히 외치는
마법의 단어 '초레이'

×

지난 2020 도쿄 올림픽을 통해 여자 탁구의 신유빈은 '삐약이'라는 특이한 별명을 얻었다. 득점을 기록할 때마다 함성을 질렀는데, 신유빈의 앳된 모습과 마치 병아리가 '삐약' 하고 우는 듯한 목소리가 겹치면서 '삐약이'로 불리게 된 것이다. 그런데 신유빈은 왜 '삐약'과 비슷한 함성을 지르는 것일까? 신유빈은 올림픽 이후 방송에 출연해서 자신이 '삐약이'가 된 배경에 대해 설명했다. 득점할 때 '좋아'라는 함성을 지르는데 '좋아'를 빠르게 발음하다보니 '챠'가 되고, 경기가 계속 진행되고 득점에 비례해 '챠'를 계속하면서 목이 쉬어 쉰 목소리가 '삐약'처럼 들린다는 것이다. 실제 신유빈이 의도한 함성은 '좋아'이지만 '챠'로 변형되어 다른 사람들에게는 '삐약'으로 들린 것이다.

2020 도쿄 올림픽을 통해 한국 탁구의 에이스로 떠오른 신유빈이 소속팀에서 훈련하고 있다.

신유빈처럼 대부분의 탁구선수들은 공격이 성공했을 때 함성을 지르며 기쁨을 표현하는데 마치 마법의 언어처럼 오랫동안 사용되는 말이 있다. 중국을 시작으로 한국과 일본 선수들 사이에서 여전히 유행하고 있는 '초레이'라는 구호이다. '초레이'는 중국어로 하오추好球, 즉 좋은 공이란 뜻을 발음할 때 앞의 발음이 생략되고 뒤의 발음을 강하고 짧게 외치면서 '초Cho'라는 말이 시작되었고, 다시 한번이라는 뜻의 짜이再와 합쳐진 뒤 영어식 발음으로 변형되면서 '초레이Cho-Lei'로 정착되었다고 한다. 결국 초레이는 '한번 더 좋은 공'이란 뜻의 자기암시와도 같은 표현이다. '초레이'는 2000년대 초반 중국 남자 탁구선수인 왕하오와 왕리친 등이 주로 사용했으며, 장지커와 마롱, 쉬신 같은 선수들이 본격적으로 사용하면서 더욱 유명해진 용어이다.

중국의 남자 탁구가 세계 최강을 차지하면서 국제 무대에서 영향력이 크기에 중국 선수들의 '초레이'라는 구호는 다른 나라 선수들에게도 빠르게 퍼지게 되었다. 독일의 탁구선수 티모 볼도 득점 이후 구호를 외치지만 '초레이'를 사용하지는 않는다. '초레이'는 우리나라와 일본 선수들에게 유난히 인기가 많은 구호이다. 한국 탁구의 차세대 에이스로 불리는 안재현은 공격에 성공할 때마다 '초레이'라고 외치며 포효하는 버릇이 있다. 1980년대의 김완, 유남규부터 1990년대의 김택수를 거쳐 2004 아테네 올림픽에서 금메달을 획득한 유승민까지 선배들이 대부분 '좋아', '그렇지' 등을 외친 것과 달리 안재현은 우리말은 아니지만 탁구계에서 유행하고 있는 '초레이'를 선택한 것이다.

일본 남자 탁구의 천재로 불리는 하리모토 도모카즈는 중국 선수들보다 '초레이'를 더 많이 사용한다. 심지어 코로나의 유행 속에 치러진 2020 도쿄 올림픽 일본 대표 선발전에서도 경기중에 연이어 '초레이'를 외쳐 심판으로부터 자숙 요청까지 받은 적이 있다. 심판의 요청을 받은 뒤에도 평소 버릇을 하루아침에 바꾸기는 어려웠는지 하리모토 도모카즈는 득점을 올리면 자연스럽게 '초레이'를 외쳤고, 심판으로부터 다시 한번 주의를 받기도 했다. '초레이'의 논란 속에서 하리모토 도모카즈가 패하자 일본 언론에서는 하리모토 도모카즈의 '초레이 자숙'이라는 제목으로 경기 결과보다 하리모토 도모카즈와 '초레이'의 관련된 부분을 더욱 크게 보도했을 정도로 많은 화제를 모으기도 했다.

2020 도쿄 올림픽 탁구에서 혼합복식 금메달, 여자 단체 은메달, 여자 개인 동메달로 3개의 메달을 따낸 일본의 이토 미마

또한 일본 여자 탁구의 간판선수인 이토 미마 역시 여자 선수로는 드물게 '초레이'를 외친다. 이토 미마는 2016 리우데자네이루 올림픽에서 동메달을 딴 것에 이어 2020 도쿄 올림픽에서 혼합복식 금메달을 차지한 일본 여자 탁구의 영웅이다. 그는 한국 출신의 지도자와 친분이 깊은데다 한국의 '소녀시대' 열성팬으로 유명한데, 한류를 좋아하는 것뿐만 아니라 중국에서 유래한 구호 '초레이'를 사용하는 점이 더욱 눈길을 끄는 선수이다. 이처럼 '초레이'는 세계적인 탁구선수들뿐 아니라 국내의 탁구 동호인들 사이에서도 득점할 때마다 '초레이'를 외치는 모습을 흔히 볼 수 있을 정도로 탁구계에서는 유명한 용어이기도 하다. 실제 KBS 프로그램 〈우리 동네 예체능〉에 출연한 배우 조달환은 뛰어난 탁구 실력

과 함께 득점할 때 '초레이 하'라고 외치면서 탁구에 관심이 적은 시청자들에게도 '초레이'라는 용어를 익숙한 단어로 만드는 데 중요한 역할을 하기도 했다.

'초레이'는 2000년대부터 중국 선수들이 주로 사용한 것은 맞지만 사실 중국어가 아닌 영어와 결합해 탄생한 정확한 유래를 알 수 없는 말이라는 주장도 나온다. 실제 신유빈의 '챠'가 '삐약'으로 들리는 것처럼 '초레이'가 아닌 '샤레이'라고 외치는 선수도 많을 뿐만 아니라 그냥 '차'나 '초'라고 외치는 의성어인데, 중국 선수들이 자주 사용했다는 이유로 억지로 '초레이'와 엮는다는 것이다. 실제 일본 여자 탁구의 신동으로 불렸던 후쿠하라 아이는 득점할 때 '사'라고 외치는 버릇이 있었는데, 처음에는 '타'로 들린다는 의견이 있어 일본 방송에서 목소리를 분석하는 프로그램을 제작했을 정도로 탁구선수가 순간적으로 내는 함성을 정확히 듣기는 쉽지 않다.

2021년 4월 일본의 탁구 칼럼니스트 이토 조타伊藤条太는 초레이의 어원에 대해 흥미로운 기사를 쓴 적이 있다. '초레이'가 알려진 것처럼 중국어와 영어가 결합되어 만들어진 표현이 아니라 일본어의 영향으로 탄생했다는 주장이다. 예전에는 탁구에서 득점할 때마다 함성을 지르는 선수가 거의 없던 상황에서 1954년 세계선수권대회에서 일본 선수가 '좋아'라는 뜻의 '요시'를 외쳤는데 매너 위반으로 실점 처리된 기록이 남아 있다고 한다. 중국 탁구가 세계 무대에 등장하기 전에는 일본이 세계 탁구의 중심이었던 관계로 일본 선수가 함성을 지르는 것이 다른 나라 선수들에게 영향을 미쳐 탁구에서 '함성'을 지르는 버릇이 탄생했다는 것이다. 일본 선수가 외친 '요시'를 외국 선수들이 흉내내면서 '요'나 '샤'를 거쳐 '쇼'로 변형되었는데 시간이 흐르면서 '레'와 결합하면서 '쇼레이'가 되었고, 이것이 결국 '초레이'로 바뀌게 되었다고 설명하고 있다. 그의 주장도 어느 정도 설득력이 있지만 '초레이'의 어원을 완벽하게 설명하지는 못한다. 지금까지 '초레이'가 탁구에서 오랫동안 유행하고 있지만 시간이 지나면 새로운 물결 속에서 역사의 뒤안길로 사라질 수도 있을 것이다.

'초레이'를 비롯해 탁구에서 득점할 때마다 함성을 지르는 것은 그저 감탄사에 불과하지만 때로는 상대방을 자극하고, 상대 국가의 국민을 자극하는 상황으로 이어지기도 한다. 과거 중국 대표 출신으로 일본으로 귀화한 여자 탁구의 고야마 지레는 1994 히로시마 아시안게임에서 중국 선수들을 모두 물리치고 금메달을 획득했는데, 득점할 때마다 일본어로 '요시'를 연발하며 '마녀'로 불렸던 덩야핑을 물리치고 아시아 정상의 자리를 차지했다. 중국에서 '허즈리'라는 이름으로 1987년 세계탁구선수권대회 여자 단식 금메달까지 획득했던 고야마 지레는 1988 서울 올림픽에서 중국 탁구의 악습으로 불렸던 '승리 몰아주기'의 희생양이 되면서 금메달을 놓친 뒤 일본으로 귀화했다. 아무리 귀화를 선택했다고는 하지만 득점할 때마다 일본어 '요시'를 외치면서 우승한 뒤에는 일장기까지 들고 환호하는 모습을 지켜본 중국인들은 그의 '요시'라는 단어에 더 크게 분노하기도 했다. 한국 야구팬들에게 '요시'는 이승엽이 일본 프로야구에서 활약할 때 그의 경기를 중계방송하던 중 나온 이른바 '요시 그란도 시즌'이라는 말이 인터넷 밈이 되면서 재미있는 표현으로 통하지만, 고야마 지레의 '요시'는 중국인들에게는 상처를 안겨주었다. 많은 비난을 받은 그는 1995년 중국 텐진에서 열린 세계탁구선수권대회 참가를 포기해야만 했다.

고야마 지레가 일본에서 성공한 뒤 중국 출신 선수들은 잇달아 귀화를 선택해 세계 각국의 대표 선수로 올림픽 등 주요 대회에 출전하고 있다. 실제로 여자 탁구의 경우 20개국이 넘는 나라에서 중국 출신의 선수들이 대표 선수로 활약하고 있을 정도이다. 우리나라 역시 중국 출신의 전지희가 대표팀 에이스로 활약하고 있다. '초레이' 열풍과 중국 여자 탁구의 해외 진출에서 볼 수 있듯이 중국 탁구는 여전히 막강한 영향력을 자랑하고 있다. 일본의 이토 미마, 한국의 신유빈 같은 스타 선수들의 존재가 더 귀하게 느껴질 정도이다.

공교롭게 이토 미마는 '초레이'를 자주 사용하고, 신유빈 역시 가끔 '초' 같은 감탄사를 내뱉기도 한다. '초레이'가 확실한 중국어는 아니지만 '초레이'를 외치는 선수가 중국 선수를 상대로 이긴다면 고야마 지레가 외친 '요시'와는 또다른 느낌일 것이다. 그렇다면 '초레이'나 '요시'는 그저 단순한 감탄사가 아닌 더욱 특별한 의미로 다가올 것이다.

이색적인 등록명과 기상천외한 별명으로 흥미로운 한일 스포츠

×

2002년 한일 월드컵은 브라질의 호나우두를 위한 무대라고 해도 과언이 아닐 것이다. 당시 요코하마에서 열린 월드컵 결승전을 취재했을 때 가장 인상 깊었던 것은 세계 최고의 축구선수 호나우두의 모습이었다. 마침 필드에 있었기에 독일전에서 골을 넣은 뒤 정면으로 달려오는 그의 모습을 그대로 포착할 수 있었다. 호나우두와 함께 브라질을 우승으로 이끌었던 호나우지뉴는 호나우두와 이름이 같아 '작은 호나우두'라는 뜻인 호나우지뉴가 되었다는 사연은 국내에도 잘 알려져 있다. 그런데 축구 황제 호나우두 역시 한때 호나우지뉴로 불렸다는 사실은 웬만한 축구팬이 아니면 알기 어려울 것이다. 호나우두는 열일곱 살이던 1994년 미국 월드컵 출전 선수 명단에 이름을 올렸고, 이후 1996 애틀랜타 올림픽에

브라질의 축구선수 호나우두가 2002년 한일 월드컵에서 우승한 후 우승컵을 들고 환호하고 있다.

출전했는데 2번 모두 동료 중에 '호나우두'라는 이름이 존재해 '호나우지뉴'라는 이름을 사용할 수밖에 없었다고 한다.

'호나우지뉴'는 작은 '호나우두'라는 뜻이라도 있지만 사실 꽤 많은 브라질 축구선수들이 본명과 관련 없는 이름을 사용하고 있다. 원조 축구 황제 펠레가 진주를 뜻한다는 것은 널리 알려진 사실이지만 카레카, 지쿠, 둥가, 카카 같은 전설적인 축구선수들의 이름은 모두 등록명이다. 위대한 공격수 카레카는 '대머리', 하얀 펠레로 불렸던 지쿠는 '말라깽이'이며, 영원한 주장 둥가는 『백설공주』에 나오는 난쟁이의 포르투갈식 이름이다. 한때 축구선수의 롤 모델로 불렸던 카카는 아무런 뜻도 없는 의성어에 가까운 표현이다. 브라질의 축구선수들이 본명을 사용하지 않는 것은 실제 이름이 너무 길기 때문이다. 또한 가정이나 회사에서도 본명보다는 별명을 부르는 것이 일상화된 문화를 가지고 있기도 하다. 이런 브라질 출신의 선수들이 세계로 진출하면서 축구에서 등록명 문화가 더욱 활발하게 이루어졌다.

한국의 K리그와 일본의 J리그에서도 이색적인 등록명을 찾아볼 수 있다. 경남FC에서 뛰었던 까보레는 '혼혈 소년'과 '땅딸이'라는 뜻으로 통하는데, 이름과 다르게 날쌘돌이 같은 모습으로 K리그에서 성공시대를 개척했다. 대전하나시티즌에서 뛰었던 타이슨은 권투선수 타이슨과 비슷하다는 이유로 타이슨이란 별명이 생겼는데 K리그에서 별명을 그대로 사용했다. 타이슨처럼 강한 모습을 기대했던 바람과는 달리 특별한 활약을 펼치지 못하고 국내 무대를 떠나게 되었다. 반면 브라질 출신의 뽀뽀는 친근한 이름을 원한 부산아이파크의 바람으로 탄생했는데 특급 공격수다운 모습으로 부산의 팬들이 뽀뽀해주고 싶은 선수 대열에 오르게 되었다. 이 밖에도 예술적인 축구를 위해 아트, 멋진 모습을 기대하며 아톰이란 이름으로 등록한 선수들이 있었지만 이름값을 하지는 못했다. 또한 울산 현대에는 '수호자'라는 브라질 출신의 선수도 있었는데 울산을 수호하는 임무에 실패하고 말았다.

일본의 J리그도 사정은 비슷하다. 특히 J리그는 브라질 출신의 외국인 선수들 비중이 높다보니 등록명도 특이한 경우가 많다. 브라질 대표 선수를 지낸 헐크는 어머니가 〈두 얼굴의 사나이〉에 나오는 헐크를 좋아해 헐크라는 예명을 등록명으로 사용했는데, 일본에서는 훗키라고 불렸다. 헐크는 포르투갈어로 '우르크'에 가깝지만 J리그 입단 당시 발음이 어려워 '훗키'로 정했는데 훗키는 부귀富貴와 복귀復歸라는 단어와 같은 발음을 가지고 있다. 또한 브라질에서 태어난 지역의 이름을 그대로 사용해 마라논으로 불린 선수도 있다. 심지어 브라질에서 유명한 음료의 이름을 등록명으로 사용한 선수까지 있을 정도이다. 일본을 상징하는 스포츠인 스모에서는 본명 대신 시코나四股名라는 등록명을 사용해왔기 때문에 일본에서는 예전부터 색다른 이름에 익숙하다.

또한 베이브 루스나 새철 페이지에서도 볼 수 있듯이 메이저리그 역시 오래전부터 별명을 등록명으로 인정해왔다. 잘 알려진 것처럼 베이브는 어린이 같은 외모에서 비롯되었고, 새철은 여행용 가방이란 뜻인데 어린 시절 어머니가 그를 여행용 가방에 넣고 기차를 탄 것에서 유래되었다고 한다. 이처럼 스모의 시코나 전통에 메이저리그식 별명이 더해진 가운데 일본 프로야구의 역대 외국인 선수의 사례를 찾아보면 본명 대신 등록명으로 부르는 경우가 상당히 많다.

프로야구 LG 트윈스의 에이스 투수 출신으로 일본 주니치 드래건스에서 활약했던 이상훈은 일본에서는 '삼손 리'라는 이름으로 통했다. 당시 머리를 길게 기른 그의 외모에서 연상되는 '삼손'을 아예 이름으로 사용한 것이다. 이상훈이 메이저리그로 떠난 뒤 주니치 드래건스에 입단한 호주 출신의 데이브 닐슨은 메이저리그에서 성공적으로 활약한 경력이 있는데, 2000 시드니 올림픽에

긴 머리로 인해 '삼손 리'라는 등록명으로 뛰었던 일본 프로야구 주니치 드래건스 시절의 이상훈

메이저리거가 출전할 수 없게 되자 올림픽 출전을 위해 일본 무대로 뛰어든 선수이다. 메이저리그에서는 본명인 '닐슨'으로 활약했지만 일본에서는 '딩고'라는 이름으로 불렸다. 딩고는 호주대륙에서만 서식하는 개와 비슷한 동물로, 구단에서는 '딩고'처럼 강력한 모습을 기대했지만 메이저리그에서의 명성과는 어울리지 않는 모습으로 일본 무대에서는 실패한 이름으로 남게 되었다.

또한 1980년대 한큐 브레이브스-오릭스 브레이브스에서 뛰었던 부머 웰스는 붐을 일으켜달라는 의미로 창작된 이름인데, 이름처럼 성공적인 외국인 선수로 남은 흔치 않은 사례라고 할 수 있다. 부머의 성공으로 자신감을 얻은 한큐 브레이브스는 1986년 마무리투수로 계약한 선수의 이름을 애니멀이라고 지었는데, 이 선수는 공교롭게도 이름처럼 과격한 퍼포먼스로 인기를 끌어 은퇴 후 연기자로 활약하기도 했다. 반면 오텐조 주니어는 미국 출신이지만 이름과 같은 발음의 한자 오텐조王天上라는 등록명을 사용했다. 이름만 보면 미국이 아니라 중국이나 대만 출신처럼 보이지만 사실 오텐조는 홈런왕 왕정치를 뛰어넘는 선수가 되기를 바라는 의미로 다소 무리하게 지은 이름이었는데, 결과적으로는 이름과 실제 활약이 어울리지 않는 대표적인 사례로 남게 되었다.

한국 프로야구에서는 일본처럼 외국인 선수의 이름을 파격적으로 변경한 사례는 거의 없다. K리그에서는 뽀뽀와 아톰뿐 아니라 수호자까지 등장했지만 KBO리그의 외국인 선수는 대부분 본명을 그대로 사용한다. 성 대신 이름을 사용하는 경우나 발음하기 쉽게 약간 고친 것을 제외하면 특이한 이름을 발견하기 어렵다. 2022년 KIA 타이거즈에 입단한 소크라테스는 너무나 유명한 철학자의 이름인데다 2020년 나훈아의 〈테스형〉 열풍과 맞물리면서 사용한 등록명으로 생각하기 쉽지만 소크라테스 브리토가 실제 이름으로, 성 대신 이름을 사용한 경우이다. 특이하게도 KIA 타이거즈 구단은 2000년 아르키메데스 포조라는 선수를 영입했다가 별 재미를 보지 못하기도 했다. 아르키메데스 역시 그리스의 철학자로 유명하지만 당시에는 아르키메데스가 아닌 포조를 등록명으로 사용해 2022년 소크라테스처럼 실력과 인기 두 마리 토끼를 모두 잡지는 못했다.

파격적이고 개성 넘치는 이름의 외국인 선수들처럼 일본 선수들도 별명으로 등록명을 사용할 수 있지만 실제 적용하는 사례는 많지 않다. 2008 베이징 올림픽에서 우리나라와의 경기에서 뜬 공을 놓쳤던 GG 사토는 특이한 경우라고 할 수 있다. 본명이 사토 다카히코인 GG 사토는 어릴 때부터 노안이어서 노인네 같다는 의미인 지지쿠사이라고 불렸는데 여기에서의 지지를 GG라고 표현한 것이다. 지지쿠사이에서 일본어가 아닌 GG를 등록명으로 사용하게 된 것은 일본에서는 유니폼에 이름을 영어로 표기하기 때문이다. 일본은 한자를 사용하기 때문에 획수를 비롯해 복잡한 이름이 많고, 히라가나를 사용하기에도 적절치 않다고 판단해 유니폼에는 영어로 이름을 표기하고 있다. 우리나라가 한글로 이름을 쉽게 표기하는 것과는 대조적인 모습이다.

한국과 일본 선수들 중 개성 넘치는 별명을 가진 선수들이 꽤 있다. 가장 대표적인 선수는 KIA 타이거즈의 타자 이정훈인데 그는 '바람의 손잔'이라는 별명을 가지고 있다. 이 별명은 설명이 조금 필요하다. 과거 이종범은 빠른 발의 상징으로 '바람의 아들'이라는 별명으로 불렸다. 이종범의 아들인 이정후는 자연스럽게 '바람의 손자'가 되었는데, 이정후라는 이름에 받침 하나가 추가된 이정훈을 누군가가 '바람의 손잔'으로 부른 것이다. '바람의 손잔'이라는 별명은 한국 프로야구 역사에 남을 재치 있는 별명으로 통한다. 가능성은 희박하지만 올스타전 같은 이벤트 경기에서 '바람의 손자'와 '바람의 손잔'이라고 표기된 한글 유니폼을 입게 된다면 인상적인 장면이 될 수도 있을 듯하다.

일본 프로야구를 대표하는 인상적인 별명은 세이부 라이온스의 중심 타자 나카무라 다케야를 지칭하는 '오카와리군'이다. 나카무라 다케야가 입단했을 때 좋아하는 단어가 무엇이냐는 질문에 '밥 한 그릇 더 주세요'로 통하는 '오카와리'라고 대답했는데 이후 자연스럽게 그의 별명은 '오카와리군'이 되었다. '오카와리군'은 나카무라 다케야가 홈런 타자로 이름을 떨치자 '홈런 한 개 더 쳐주세요'를 뜻하는 마법의 별명으로 통하게 되었다. 너무나 잘 어울리는 별명이지만 '오카와리군'을 일본어가 아닌 영어로 표기한다면 그 뜻이 잘 전달되기 어려울 것이다. 스포츠에서도 세종대왕에게 감사할 일은 정말 많다.

기발한 숫자 유희
'머선 129'와 야구의 89번

×

2021년 1월 프로야구 SK 와이번스 구단이 신세계 이마트로 매각
된다는 소식이 전해지자 야구계는 충격에 빠졌다. 몇몇 야구단의
재정 상태가 심각한 수준이어서 매각을 고려하고 있다는 소문이
있었지만 그 대상이 신흥 명문이자 불과 몇 년 전 비밀리에 KBO
총재의 자리까지 제안받은 SK 와이번스라는 사실은 아무도 예상
하지 못했다. SK가 KBO 총재의 자리를 제안받은 사실은 야구계
에서 극소수만 알고 있는 비밀이었다. 모두를 놀라게 한 소식이
전해지자 인터넷과 SNS에서는 '머선 129'라는 표현이 이어졌다.
SK 와이번스 구단의 매각도 당황스러운 소식인데, 이어지는 '머선
129'가 도무지 무슨 뜻인지 알지 못하는 사람들에게는 답답함이
더했을 것이다. '머선 129'는 천하장사 출신 방송인 강호동이 "무

'머선 129'라는 유행어를 만들어낸 방송인 강호동의 프로그램 홍보 포스터

슨 일이고?"라고 묻는 장면에 자막으로 등장해 폭발적인 인기를 얻게 되었다.

이는 숫자 '129'를 '일이구'라고 읽는 것에서 변형된 표현으로, 이와 같이 원래의 표기법 대신 같은 발음의 숫자로 표기하는 방법을 일본어로 '고로아와세語呂合わせ'라고 한다. 일본어의 특성상 고로아와세가 발달해 있으며 스포츠 분야에서도 쉽게 찾아볼 수 있다. 우리나라도 삐삐를 사용하던 시절 '빨리빨리'를 '8282'로 쓰곤 했고, 이삿짐센터 전화번호는 대부분 2424가 들어갈 정도로 우리

말에도 일본의 '고로아와세' 같은 숫자 유희가 꽤 존재하는 편이다. 최근에는 '오구오구'라는 동작을 '5959'로, '귀여워'를 초성인 'ㄱㅇㅇ'과 비슷한 숫자인 '700'으로 표현하는 등 숫자 유희가 늘어나고 있다.

중국어 역시 다양한 숫자 유희가 가능한데 일본은 같은 숫자도 읽는 방법이 워낙 다양해 다른 언어보다 다양한 조합이 가능하다는 특징이 있다. SBS 프로그램 〈골 때리는 그녀들〉에 등장하는 일본인 후지모토 사오리는 등번호 '452'를 달고 있다. 한국어로 발음한 사오리를 아라비아숫자로 표기해 만든 등번호이다. JTBC 프로그램 〈뭉쳐야 찬다〉에는 스키점프 국가대표 출신 강칠구가 등장하는데, 강칠구의 등번호는 63번이다. 이름인 칠(7)과 구(9)를 곱하면 63이 나오는 것을 등번호로 표기한 것이다. 칠구라는 이름을 따서 79라고 붙일 수도 있었는데, 나름대로 63번도 의미 있는 번호라고 생각하던 차에 강칠구의 스키점프 제자인 박제언이 추가로 합류하면서 스승인 강칠구의 이름에서 유래한 79번을 사용하게 되었다.

이런 등번호는 예능 프로그램에서만 사용하는 것으로 생각하기 쉽지만 국내 스포츠에서도 비슷한 사례를 찾아볼 수 있다. 인하대학교 시절 국가대표로 활약했으며, 프로야구 초창기 MBC 청룡의 에이스였던 오영일은 이름에 대한 애착이 강했다. 오영일은 501이라는 아라비아숫자로 표현이 가능한 이름이어서 등번호 501번을 원했으나 KBO 규정상 어렵게 되자 501번에서 가운데 0을 뺀 51번을 선택했다. 투혼 넘치는 플레이로 유명했던 롯데 자이언츠의 공필성은 본인의 성인 공과 발음이 같은 0을 등번호로 사용했다. 0번은 프로야구 원년 한국시리즈 만루 홈런의 주인공인 김유동이 처음 선택한 번호로 다른 선수들도 사용했지만, 이름에 0이 들어가는 공필성이 가장 잘 어울린다는 평가를 받았다. 2022년부터 공필성의 롯데 자이언츠 후배인 김유영이 0번을 달게 되었는데, 공필성이 '공'이라는 성으로 0을 선택했다면 김유영은 이름에 '영'이 들어가는 이유로 0번을 사용해 감각적인 선택이라는 평을 받고 있다.

 이런 사례들은 일본 프로야구의 전설적인 선수 스즈키 이치로를 국내 야구 커뮤니티에서 한때 이름 대신 275라는 숫자로 불렀던 것과 비슷한 경우라고 할 수 있다. 우리나라는 2008 베이징 올림픽에서 금메달을 획득한 8월 23일을 '야구의 날'로 지정했고, 2022년 KBO 총재로 취임한 허구연 총재가 그동안 명목상으로만 이어지던 야구의 날에 다양한 행사를 펼치고 있다. 일본도 야구의 날이 있는데, 2020 도쿄 올림픽에서 금메달을 획득한 날이 아닌 8월 9일을 야구의 날로 지정했다. 일본어에서 8을 읽는 방법은 하치はち와 야や, 바ば와 에え이며, 9는 큐きゅう와 쿠く, 고코노ここの와 구ぐ로 다양한데 8을 야や로 9를 큐きゅう라고 읽으면 야큐, 즉 야구가 되는 것이다. 실제 등번호 89번은 우리나라나 미국에서는 별 의미 없는 번호이지만 일본에서는 '야큐'로 발음되는 뜻깊은 번호로 통한다.

선수 시절의 등번호 대신 '야구'와 발음이 같은 89번을 선택한 다이에 호크스 시절의 왕정치 감독

89번 하면 가장 먼저 떠오르는 사람은 홈런 세계신기록의 주인공인 왕정치이다. 왕정치는 요미우리 자이언츠에서 홈런 신기록을 세우며 눈부신 활약을 펼친 일본 야구의 전설적인 선수이다. 요미우리 자이언츠 시절에 1번을 달았던 그는 후쿠오카 다이에 호크스의 감독으로 취임하면서 선수 시절의 1번 대신 89번을 선택했다. 야구의 근본을 생각하자는 의미로 '야큐'로 발음되는 89번을 등번호로 사용한 것인데 그의 등번호는 그대로 현실이 되었다. 만년 하위팀이던 후쿠오카 다이에 호크스는 왕정치가 감독으로 부임한 이후 달라졌고, 구단명이 소프트뱅크 호크스로 바뀐 뒤에는 요미우리 자이언츠를 능가하는 명실상부한 일본 최고의 구단이 되었다. 소프트뱅크 호크스는 왕정치 감독의 89번처럼 야

구 그 자체를 나타내는 구단으로 성장했다.

이런 89 앞에 55가 붙으면 고교야구로 변한다. 고교야구는 고코야큐로 읽는데 숫자로 간단하게 '5589'로 표현할 수 있다. 일본의 여자 고교야구대회에서도 89번을 등번호로 사용하는 선수가 있다. 2021년 여자 고교야구대회에서 팀을 우승으로 이끈 천재 소녀 시마노 아유리의 등번호는 89번이다. 남자 고교야구 선수는 1번부터 18번까지만 등번호를 사용할 수 있지만 여자 야구는 특별한 제한이 없다. 중학교 때까지 남자들과 같이 야구를 하면서 에이스 번호인 1번을 사용한 시마노 아유리가 고등학교 진학 이후 89번을 선택한 것은 야구 그 자체를 원한다는 뜻까지 담고 있어 깊은 울림을 준다.

이 외에도 프로야구 니혼햄 파이터스 감독을 역임한 오사와 게이지는 감독 시절 86번을 사용했는데 그 이유가 재미있다. 햄을 만드는 모기업인 니혼햄에서 햄은 일본에서 '하무'라고 발음하는데, 8을 하ㅏ로 읽고, 6을 무ㅁ라고 발음하면 86번을 '하무'로 표현할 수 있는 것에서 착안한 등번호라고 한다. 강속구와 정면 승부로 국내에도 많은 팬을 보유하고 있는 한신 타이거즈의 마무리투수 후지카와 규지는 신인 시절 92번을 사용했는데, 규지를 숫자로 나타낸 것이 92이기 때문이었다. 이승엽이 지바 롯데 마린스에서 활약하던 시절 동료였던 사브로는 성과 비슷한 발음의 36번을 사용했는데, 공교롭게도 이승엽이 삼성 라이온즈에서 사용했던 36번과 일치한다.

우리나라도 마찬가지이지만 일본에서도 4의 발음이 죽을 사死와 같다는 이유로 4번을 포함해 40번대의 번호를 피하는 경향이 뚜렷하다. 특히 죽을 사와 괴로울 고苦 자가 합쳐진 49번은 일본에서 가장 싫어하는 번호로 통한다. 요미우리 자이언츠의 외국인 선수 워런 크로마티가 49번을 달고 성공한 적도 있지만 일본 선수는 여전히 49번이 최대 기피 번호이다. 실제 한신 타이거즈는 팀 창단 이후 38년 동안 49번을 선택한 선수가 단 한 명도 없을 정도이다. 일본 프로야구에서 40번대의 등번호는 죽을 사 자를 신경쓰지 않는 외국인 선수들이 대부분 차지하게 되었다.

또한 외국인 선수들이 꺼리는 숫자인 13은 일본 프로야구에서도 환영받지 못하는 편이다. 일본 프로야구 초창기에는 13번을 사용한 선수가 거의 없었는데 야구단 규모가 늘어나면서 어쩔 수 없이 선택하게 되었지만 여전히 인기 없는 번호이다. 앞에서 이야기한 스키점프 선수 강칠구가 63번을 선택한 것과 같은 사례도 실제 일본 프로야구에 존재한다. 1990년대 중반부터 요미우리 자이언츠의 내야수로 활약하며 선동열과 이상훈을 상대했던 니시 토시히사는 등번호 8번을 사용했는데 니(に)는 2, 시(し)는 4로 발음되기에 이 두 숫자를 곱한 8을 선택한 것이다. 프로야구 삼성 라이온즈에서 2년간 활약하며 한국시리즈 MVP까지 차지했던 야마이코 나바로는 2016년 일본 지바 롯데 마린스로 이적했는데, '나바로'라는 이름이 일본에서는 786으로 통했다. '7'을 '나'(な), '8'은 '바'(ば), '6'을 '로'(ろ)라고 읽을 수 있기 때문이다. 비슷한 사

례를 국내 농구계에서도 찾아볼 수 있는데, 전자랜드 엘리펀츠에서 활약했던 정영삼이 바로 그 주인공이다. 정영삼은 농구 규정상 03번을 사용하지는 못했지만 농구팬들 사이에서는 숫자 '032'로 통했다. '032'는 마침 전자랜드 엘리펀츠 구단의 지역 전화번호인 '032'와도 일치해 더욱 친근한 별명으로 통했다.

이처럼 '삼'이나 '영', '구' 등이 들어간 이름은 숫자로 표시할 수 있다. '머선 129'를 시작으로 숫자 유희가 늘어나고, 인터넷 문화가 더욱 확산되면서 이런 이름을 가진 선수들이 등번호나 별명으로 숫자를 사용할 가능성이 더욱 커질 것이다. 1984년 한국시리즈에서 극적인 홈런을 치며 MVP로 선정되었던 유두열이 지금 시대에 활약했다면 '20'과 관련된 등번호나 별명으로 불릴 확률이 높을 것이다. 프로야구 초창기 시절 재일교포로 뛰어난 활약을 펼쳤던 이영구 역시 아마도 숫자와 관련된 일화가 나오지 않았을까 싶다. 숫자를 읽는 방법에서 탄생한 재미있는 '숫자 유희'는 스포츠의 이야기를 더욱 풍성하게 만드는 좋은 재료로 무궁무진한 가능성을 가지고 있다.

여기가 차붐의 나라입니까?
한일 스포츠의 도시 전설

×

2022년 KBO리그 드래프트를 거부하고 메이저리그 도전을 선언한 심준석과 일본 프로야구에서 퍼펙트게임을 달성한 지바 롯데 마린스의 사사키 로키는 공통점을 가지고 있다. 바로 '괴물 투수'라는 별명으로 통한다는 것이다. 류현진의 별명 역시 괴물이며, 봄·여름 고시엔에서 모두 우승하며 만화 같은 활약을 펼친 마쓰자카 다이스케는 사사키 로키보다 20년 전부터 괴물로 불렸다. 이처럼 최고 투수의 대명사가 된 괴물 투수의 원조는 1970년대 초반 일본을 열광시켰던 에가와 스구루이다. 그가 명성을 얻게 된 것은 뛰어난 실력뿐 아니라 시대상으로 인한 도시 전설 같은 이야기가 대거 퍼지게 된 것도 하나의 이유라고 할 수 있다.

일본의 야구 전문 주간지 〈슈칸 베이스볼〉은 2017년 7월 26일

"에가와 스구루는 왜 '괴물'로 불리게 되었는가?"라는 내용의 칼럼을 실었는데, 에가와 스구루가 괴물이 된 이유를 설명하면서 도시 전설 같은 이야기가 뒷받침되었다고 소개했다. 1970년대 초반은 야구 영상을 쉽게 접할 수 있는 시대가 아니었다. 프로야구도 아닌 고교야구, 그것도 도쿄나 오사카 같은 대도시가 아닌 도치키 지역의 고등학교에 다니는 학생의 투구를 볼 수 있는 방법은 경기 직관이 사실상 유일했다. 도치키현에 믿기 어려울 정도로 강속구를 던지는 고등학생이 있다는 도시 전설 같은 이야기가 야구팬들 사이에 퍼지게 되었다고 한다. 지금처럼 누구나 영상을 찍어 공유할 수 있는 시대가 아니었으므로 에가와 스구루는 초고교급 투수를 넘어 이미 일본을 대표하는 투수 반열에 오르게 되었다.

그런 상황에서 에가와 스구루는 고등학교 1학년 때 지역대회에서 퍼펙트게임을 기록했고, 2학년 때는 퍼펙트게임을 포함해 3경기 연속 노히트노런이라는 믿기지 않는 투구를 이어갔다. 이런 활약에도 불구하고 팀은 대회 우승에 실패해 전국대회인 고시엔 진출에 실패하면서 에가와 스구루는 더욱 전설이 되어갔다. 3학년이 된 1973년 봄 고시엔대회에 에가와 스구루가 모습을 드러내자 야구장은 그를 보기 위한 5만 8000명의 관중으로 가득찼다. 그가 고시엔 데뷔전에서 22개의 공을 던지는 동안 상대팀은 한 번도 공을 맞추지 못하고 헛스윙만 남발했다.

이처럼 에가와 스구루는 인상적인 첫 경기를 펼쳤지만 고시엔 대회에서 끝내 우승을 차지하지는 못했다. 대신 당시 유행하던 만화 『괴물군』의 주인공과 닮았다는 이유로 '괴물'이라는 애칭으로 불릴 정도로 명성을 얻었는데, 대학 입학 과정에서 또 하나의 도시 전설이 만들어졌다. 1973년 프로야구 한큐 브레이브스의 지명을 거부하고 게이오대학에 응시했지만 낙방하자 이 소식을 TV 뉴스에서 속보로 다룰 정도로 일본에서 큰 화제를 모았다. 에가와 스구루가 본 시험은 야구부 선발로 아주 간단한 작문만 하면 되는 것이었지만 작문의 기본을 갖추지 못해 낙방했다는 도시 전설이 탄생하기도 했다. 에가와 스구루는 호세이대학에 진학했다.

도시 전설이란 증명되지 않았지만 사실처럼 떠도는 현대의 민담 같은 이야기를 의미하는 것으로, 도시 전설이라는 단어 자체가 일본에서 만들어진 표현이다. 일본인은 영어의 'I love You'처럼 '나는 당신을 사랑합니다'라는 직접적인 표현을 하지 않는다면서 대신 '달이 참 예쁘네요'라고 번역했다는 소설가 나쓰메 소세키의 일화 역시 일본에서는 도시 전설에 가까운 이야기로 통한다. 도치키현의 괴물 투수 에가와 스구루의 활약이 과대 포장된 것처럼 스포츠에서도 사실과 과장이 뒤섞인 도시 전설 같은 이야기가 전해지곤 한다.

먼저 우리나라 야구팬들도 한번쯤은 들어보았을 만한 것은 바로 도쿄돔의 '공기조절 홈런'이다. 도쿄돔에서는 가볍게 스윙한 타구도 담장을 넘는 경우가 꽤 많은데 이런 홈런이 나오면 일본 야구팬들은 '또 나왔다. 공기조절' 같은 표현을 자주 쓰곤 한다. 도쿄돔에서 요미우리 자이언츠가 공격할 때 공기조절을 통해 타구 비

일본 프로야구에서 원조 괴물로 불리는 에가와 스구루의 이야기를 다룬 NHK 방송 프로그램

일본 스포츠에서 '괴물'의 모태가 된 만화 『괴물군』의 캐릭터

거리를 늘린다는 주장이다. 이런 이야기는 이승엽이 요미우리 자이언츠 4번 타자로 활약하던 시절 국내 야구팬들에게도 널리 알려졌다. 물론 근거는 희박하다. 실제 배드민턴에서는 개최국에 유리한 상황을 만들기 위해 에어컨 바람을 조절한다는 이야기가 관계자들 사이에서 널리 퍼져 있기도 하다. 하지만 체육관이 아닌 야구장에서, 셔틀콕이 아닌 야구공을 대상으로 공기조절을 통해 비거리를 늘린다는 것은 사실상 불가능하다고 할 수 있다.

일본 프로야구 소프트뱅크 호크스의 아카시 겐지는 우리나라의 이용규처럼 파울 타구를 많이 치는 선수로 유명하다. 그는 2012년 무려 15개의 파울을 기록한 끝에 19구 만에 볼넷으로 출루한 적이 있는데, 파울을 계속 이어갔다면 어떻게 되었을까라는 호기심에서 출발한 논쟁에서 시작되어 파울에 얽힌 소프트뱅크 호크스 홈구장만의 이색 규정이 존재한다는 이야기가 떠돌았다. 아카시 겐지는 파울 15개에 그쳤지만 만일 36개의 파울을 쳤다면 자동으로 아웃된다는 주장이다. 경기 시간 단축을 위한 소프트뱅크 호크스 홈구장의 특별 규정이라는 설명이 이어졌는데, 역시 확실한 근거가 없는 도시 전설의 하나일 뿐이다.

또한 일본 프로야구에서 구단 애칭으로 남미지역을 대표하는 새인 '콘도르'로 결정했음에도 결국 좌절된 이유에 대한 추측도 전해지고 있다. 하나는 구단주가 대머리여서 검은 대머리의 '콘도르'가 부적절했다는 주장, 또 하나는 국유철도인 고쿠테츠가 콘도르라는 명칭을 고려했지만 '콘도르스'가 '혼잡하다混んどる'라는 말의 발음과 같아 국유철도사의 이름으로는 적절치 않았다는 것이다. '콘도르스' 대신 사용한 '스왈로스Swallows'는 '제비'라고 알려졌지만 사실은 국유철도답게 '앉자'라는 뜻을 가진 '스와로座ろう'를 사용했다는 내용의 도시 전설이다.

이 외에도 일본의 피겨스케이팅 선수 오다 노부나리의 음주운전 사건에서 탄생한 이야기도 있다. 오다 노부나리는 일본 전국시대의 장수로 유명한 오다 노부나가의 후손이라고 한다. 오다 노부나가는 부하였던 아케치 미쓰히데의 배신으로 세상을 떠났다. 오다 노부나가의 부당한 명령에 반발한 아케치 미쓰히데는 오다 노부나가가 있던 혼노지를 습격해 그를 죽였는데 당시 아케치 미쓰히데가 했다고 알려진 "적은 혼노지에 있다"라는 말은 일본에서 매우 유명한 표현이다. 이 말은 '다른 일을 하는 척하며 배신한 뒤 본래의 목적을 달성하려고 한다'는 의미로 여전히 쓰이고 있는데, 오다 노부나가가 아케치 미쓰히데의 머리를 때려 가발이 떨어진 것에 원한을 품게 되었다는 도시 전설도 전해지고 있다. 어쨌든 배신당한 오다 가문으로서는 아케치 미쓰히데가 원수처럼 느껴질 수밖에 없는데, 공교롭게도 오다 노부나리의 음주운전을 적발한 경찰관 이름이 '아케치'라는 소문이 널리 퍼졌지만 사실은 아케치와는 전혀 관계없는 네티즌들이 만들어낸 도시 전설일 뿐이었다.

또한 일본 야구 국가대표팀 유니폼만 입으면 더 위력적인 투구를 했던 우에하라 고지는 2006년 제1회 월드베이스볼클래식에서 약체 중국팀에게 홈런을 맞는 등 꽤 고전을 했는데, 당시 우에하라 고지에게 홈런을 날린 선수가 전문 야구선수가 아닌 교사라는 이야기가 떠돌았다. 우에하라 고지는 재일교포 야구선수 출신인 모리모토 히초리가 진행하는 유튜브에 출연해 이 같은 내용을 밝혔는데, 모리모토 히초리의 취재 결과 홈런을 날린 왕웨이라는 선수는 교사가 아닌 전문 야구선수였다. 이에 우에하라 고지는 "아, 다행이다"라며 안도의 한숨을 쉬기도 했다. 그동안 "교사에게 홈런을 맞았다"라며 놀림을 당했다는 것이다.

이와 비슷한 상황이 우리나라에서도 발생한 적이 있다. 2006 도하 아시안게임에서 우리나라는 류현진과 이대호, 오승환 등 최고의 선수들이 출전했지만 일본 사회인 야구팀에 패해 동메달에 그쳤는데, 당시 일본 사회인 야구선수들은 '오뎅장수', '택배기사'와 같은 직업에 종사하고 있다는 이야기가 전해졌고, 실제 일부 언론은 이런 풍문에 편승해 기사까지 작성하기도 했다. 일본 선수들은 오뎅장수와 택배기사로 일하면서 취미로 야구를 하는데, 우리나라 프로야구 선수들이 이런 선수들에게 패한 것은 말도 안 된다는 이야기였다. 당시 오승환에게 홈런을 날린 선수는 오뎅장수가 아니라 프로야구 요미우리 자이언츠에 입단하기 위해 사회인 야구에서 뛰었던 선수였으며, 당시 일본 국가대표팀은 우리의 실업야구에 해당하는 사회인 야구의 최고 선수들로 구성되었기에 '오뎅장수'와는 전혀 관련이 없었다.

우리나라에서만 전해지는 대표적인 도시 전설은 바로 맨체스터 유나이티드의 앨릭스 퍼거슨 감독의 "트위터는 인생의 낭비이다"

라는 말이다. 앨릭스 퍼거슨 감독은 지난 2011년 웨인 루니가 SNS에서 한 팬과 논쟁을 벌인 일에 대해 "선수들은 트위터에 올린 내용에 대해 책임을 져야 한다"라고 말하며, "트위터를 하는 이유를 이해하지 못하겠다. 차라리 도서관에서 책을 한 권 읽기 바란다. 그건 시간 낭비이다"라고 말한 바 있다. 앨릭스 퍼거슨 감독은 단지 '시간 낭비Waste of Time라고' 대수롭지 않게 이야기했는데 우리나라에서는 '인생의 낭비'로 소개되면서 인터넷 밈으로 확대되었다. 그의 말은 SNS의 위험성을 경고하는 측면에서 참고할 부분이 많지만 '시간 낭비'와 '인생의 낭비'는 전혀 다른 어감을 가지고 있다. 앨릭스 퍼거슨 감독과 '인생의 낭비'는 우리나라에서만 통하는 말이라고 할 수 있다.

또한 독일의 축구 스타 미하엘 발락의 말이라고 전해지는 "여기가 차붐의 나라입니까?" 역시 사실과 다를 가능성이 크다고 생각된다. 미하엘 발락이 분데스리가의 전설인 차범근을 실제로 존경한다는 사실과는 별개로, 2002년 한일 월드컵 당시 방한한 그가 이런 말을 했을 가능성은 당시 취재 경험상 매우 희박하다고 할 수 있다. 2002년 한국 축구가 월드컵 사상 첫 승리를 거두자 월드컵의 분위기가 후끈 달아올랐고, 우승 후보 포르투갈마저 물리치자 분위기는 더욱 고조되었다. 모든 업무가 한국 축구 국가대표팀과 히딩크, 거리 응원에 쏠려 있던 상황에서 우리와는 관계가 없는 독일 축구 국가대표팀의 입국을 굳이 취재할 이유가 없었다.

더구나 독일은 일본에서 조별 예선을 치른 뒤 16강전을 위해 제주도로 입국했기 때문에 한국 대표팀 취재도 벅찬 상황에서 독일 축구팀을 취재할 여력이 있는 국내 언론사는 존재하지 않았다. 만일 독일 대표팀을 취재하려는 언론사가 있었다고 해도 월드컵에서 외국 선수들을 개별 인터뷰한다는 것은 현실적으로 불가능한 일이었다. 독일은 울산에서 미국과 8강전을 치렀고, 당시 울산 현장에서 직접 취재했기에 여전히 기억에 생생한데 경기 후 독일 선수들을 인터뷰하는 것은 불가능했다. 독일은 8강전 이후 베이스캠프인 제주도로 돌아갔다. 제주도에서의 훈련도 딱 한 번 15분만 공개했을 뿐 전면 비공개로 진행했다. 또한 일본에서 열린 월드컵 결승전에서도 독일 선수들을 만날 수 있었지만 중계방송사라는 특권을 가지고도 독일이나 브라질 선수들의 개별 인터뷰는 불가능했다.

이런저런 정황을 고려하면 2002년 미하엘 발락이 방한했을 때 한국 기자가 했다는 인터뷰는 사실이 아닐 가능성이 크다. 무엇보다 "여기가 차붐의 나라입니까?"라는 도시 전설만 전해질 뿐 2002년 한일 월드컵 당시 미하엘 발락과 관련된 인터뷰 기사를 찾아볼 수 없다는 사실이 이런 추측을 뒷받침한다. 물론 이런 말을 하지 않았다고 해도 차범근이 위대한 선수라는 사실은 변하지 않는다. 일본의 괴물 투수 에가와 스구루 역시 도시 전설로 시작되었지만 자신의 실력을 보여주었기에 일본 정상급 투수로 거듭날 수 있었던 것이다. 생각해보면 이런 도시 전설로 인해 피해를 보는 사람이 없고, 스포츠 발전에 도움이 된다면 어쩌면 도시 전설은 때로는 필요한 부분일 수도 있을 것이다. 도시 전설이 사람들 사이에서 유행한다는 것은 그 이야기가 상품성이 있다는 것을 의미하기 때문이다.

자동차와 KFC, 도시락까지
한일 야구의 이색 '저주 문화'

×

2019년 아시아축구연맹AFC 아시안컵 축구를 단독 중계하는 JTBC는 한국 방송 사상 초유의 이른바 '셀프 디스' 광고로 많은 호응을 얻었다. 해설자로 낙점된 신태용 위원이 TV로 축구를 보는 장면이 나오고, 부인 역할을 하는 사람이 충격적인 말을 내뱉는다. "JTBC가 중계하면 맨날 진다며?" 이후 신태용 위원이 "그런 게 어딨어!"라고 말하면서 중계방송 예고가 종료된다. 그동안 중계방송 예고는 대부분 자사의 해설위원을 홍보하거나, 자사 중계방송의 특별한 점을 강조한 것과 비교하면 JTBC의 예고 방송은 시청자들의 눈길을 사로잡기에 충분했다. 이 광고를 통해 그동안 스포츠팬들 사이에서만 알려졌던 'JTBC의 저주'가 공식적으로 수면 위로 떠오르게 되었다. JTBC는 2013년 월드베이스볼클래식 독점 중계

를 시작으로 스포츠 중계방송에 본격적으로 뛰어들었는데 JTBC
가 중계방송하는 대회에서 우리나라 대표팀이 유난히 부진한 모
습을 보였다. 이런 사례가 이어지다보니 'JTBC의 저주'라는 말까
지 나왔고, 신태용 위원이 셀프 디스 광고를 한 2019년 AFC 아시
안컵 역시 우리나라는 8강에서 탈락해 이번에도 저주를 푸는 데
실패하고 말았다.

　스포츠에서 이른바 '저주' 문화는 메이저리그에서부터 시작되
었다. 1900년대 초반 5번이나 우승했던 명문 구단 보스턴 레드삭
스는 1919년 홈런왕 베이브 루스를 뉴욕 양키스로 트레이드한 이
후 공교롭게도 우승과 멀어지게 되었다. 특히 1986년 우승을 눈앞
에 둔 상황에서 수비 실수로 우승에 실패하면서 베이스 루스의 별
명을 딴 '밤비노의 저주'라는 말이 탄생했다. 지난 2004년 마침내
보스턴 레드삭스가 우승하면서 '밤비노의 저주'가 풀렸다는 표현
이 언론의 주요 뉴스로 다루어지기도 했다. 또한 지난 2016년 시
카고 컵스의 우승은 1908년 이후 무려 108년 만에 이루어졌다. 염
소의 동반 입장이 거부된 뒤 야구팬이 구단에 "시카고는 두 번 다
시 우승하지 못할 것이다"라는 저주를 퍼부었다는 '염소의 저주'
가 드디어 풀린 것이었다.

　'밤비노의 저주'를 시작으로 탄생한 스포츠의 저주 시리즈 중
한국과 일본의 비슷한 사례가 있어 눈길을 끈다. 앞에서 언급한
'JTBC의 저주'와 비슷한 경우가 일본에도 있는데 주간 야구 잡지
인 〈슈칸 베이스볼〉의 저주'이다. 〈슈칸 베이스볼〉은 1958년에 창

간되었는데 야구계에 큰 영향력을 발휘하는 잡지로 유명하다. 뉴욕 양키스의 에이스로 활약했던 다나카 마사히로는 〈슈칸 베이스볼〉에 실린 외국인 투수 브라이언 폴켄보그의 포크볼 그립을 보고 포크볼을 배우기도 했을 정도로 팬들과 야구 관계자뿐 아니라 선수들도 즐겨보는 잡지이다. 그런데 〈슈칸 베이스볼〉 표지 모델로 선정되어 특집 기사가 나가면 이후 성적이 부진해지는 징크스가 2015년부터 이어지면서 야구팬들 사이에서는 '〈슈칸 베이스볼〉의 저주'라는 말이 탄생하게 되었다. 일본의 〈슈칸 베이스볼〉도, 한국의 JTBC도 당연히 좋은 성적을 거두기를 희망하지만 반대의 결과로 이어지는 경우라고 할 수 있다.

한국의 롯데 자이언츠와 일본의 한신 타이거스는 비슷한 점이 유난히 많은 팀이다. 부산과 오사카라는 제2의 도시를 연고지로 삼고 있는데다 유난히 야구 열기가 높다는 것도 닮은 점이다. 아쉬운 점 역시 비슷한데 롯데 자이언츠는 1992년 이후 한국시리즈에서 우승한 적이 없으며, 한신 타이거스도 1985년 일본시리즈에서의 우승이 마지막이다. 이렇게 높은 인기에도 불구하고 우승에 실패하면서 롯데와 한신 모두 저주를 풀어야 한다는 목소리가 커지고 있다. 롯데 자이언츠는 '엠블럼의 저주', 한신 타이거스는 '커널 샌더스의 저주'로 통한다.

롯데 자이언츠는 최동원의 투혼이 절정에 달했던 1984년 7차전까지 가는 명승부 끝에 객관적인 전력에서 앞서 있던 삼성 라이온즈를 물리치고 첫 우승을 차지했다. 1992년에도 신예 염종석의 역투 속에 팀 타선이 위력을 보이면서 두 번째 챔피언에 올랐다. 롯데 자이언츠는 1993년 구단 엠블럼을 교체했는데 공교롭게도 그 이후 단 한 번도 우승을 차지하지 못했다. 2000년대에 들어와서는 우승은 고사하고 대부분의 시즌을 하위권에 머물며 오랜 암흑기를 겪고 있다. 가장 열광적인 야구팬을 보유하고도 우승권에서 멀어지자 '엠블럼의 저주'라는 표현까지 탄생하기에 이르렀다.

일본의 한신 타이거스는 '커널 샌더스의 저주' 또는 'KFC의 저주'라는 탄생 배경을 가지고 있다. 만년 하위팀이었던 한신 타이거스가 1985년 가케후 마사유키, 랜디 바스, 오카다 아키노부로 이어지는 강타선을 앞세워 리그 우승을 차지하자 오사카의 도톤보리 강가는 축제 분위기에 휩싸였다. 흥분한 한신 타이거스의 팬들은 각 선수들의 이름을 한 명씩 외친 뒤 닮은 사람을 강에 빠뜨렸는데 외국인 선수 랜디 바스와 닮은 사람을 찾지 못했다. 그러자 근처에 있던 KFC의 상징인 커널 샌더스의 동상을 발견하고 헹가래를 친 뒤 도톤보리강으로 던져버렸다. 물론 당시 KFC 직원들이 제지했지만 흥분한 한신 타이거스의 팬들은 KFC 직원을 폭행한 뒤 강제로 동상을 가져간 것이었다. 이후 한신 타이거스가 우승에 번번이 실패하자 '커널 샌더스 동상의 저주'라는 말이 나오기 시작했고, 급기야는 2009년 도톤보리강에서 커널 샌더스의 동상을 인양하기에 이르렀다. 당시 커널 샌더스 동상의 인양 소식은 주요 뉴스로 보도되었을 정도로 큰 화제를 모았다. 이런 노력에도 불구하고 '커널 샌더스의 저주'는 여전히 풀리지 않아 2022년에도

프로야구 출범 원년인 1982년 당시 롯데 자이언츠 앰블럼과 현재 사용되고 있는
롯데 자이언츠의 앰블럼

'커널 샌더스의 저주'를 풀기 위해 2009년
오사카 도톤보리강에서 인양한 커널 샌더
스의 동상

한신 타이거즈는 우승과 인연을 맺지 못했다.

선수를 격려하기 위해 만든 것이 오히려 저주 시리즈로 이어지는 경우도 있다. KIA 타이거즈의 홈구장 외야석에는 기아자동차의 차량을 전시하고 있는데, 홈런으로 자동차를 맞춘 선수는 그 자동차를 받을 수 있다. 그런데 자동차를 받는 것은 분명 행운이지만 자동차를 맞춘 뒤 크고 작은 불운을 겪는 경우가 많아 '홈런존의 저주'로까지 발전했다. 2014년 홈런존 1호의 주인공인 두산 베어스의 김재환은 홈런존을 맞춘 뒤 1군과 2군을 오가며 부진한 모습을 보였고, 두 번째로 차량을 맞춘 KIA 타이거즈의 최희섭은 자동차를 받은 뒤 허리 통증으로 고생하다 그해 은퇴하고 말았다. 2017년 두산 베어스의 오재일은 한국시리즈에서 홈런존을 맞췄지만 팀은 우승에 실패했고, 4호 홈런의 주인공인 KIA 타이거즈의 프레스턴 터커는 시즌이 종료된 뒤 퇴출 조치되고 말았다. 5호의 주인공 LG 트윈스의 김현수 역시 포스트시즌에서 부진했으며, 여섯 번째로 홈런존을 맞춘 KIA 타이거즈의 나성범은 홈런왕에 오를 가능성이 충분했지만 자동차를 받은 뒤 페이스가 떨어져 홈런왕 등극에 실패하고 말았다.

KIA 타이거즈에 홈런존이 있다면 일본 지바 롯데 마린스에는 '도시락의 저주'가 있다. 지바 롯데 마린스의 에이스 투수였던 이라부 히데키의 투구에 영감을 받아 이라부 도시락을 처음 출시했는데, 이라부 히데키는 구단과의 불화 속에 다음 시즌 팀을 떠나고 말았다. 이라부 히데키를 시작으로 구로키 도모히로와 같은 선수들의 도시락을 출시했지만 주인공인 선수들은 다치거나 팀을 떠나는 등 결과가 좋지 못했다. KBO리그 삼성 라이온즈에서 활약하기도 했던 외국인 선수 훌리오 프랑코의 도시락도 만들었지만 도시락 출시 이후 부진에 빠져 퇴단하고 말았다. 우리나라의 홈런왕인 이승엽도 예외는 아니었다. 지바 롯데 마린스는 2005년 이승엽 소고기덮밥 도시락을 출시하면서 일본과 한국 팬들을 사로잡으려고 했지만 이승엽은 시즌 종료 후 요미우리 자이언츠로 이적하게 되었다. 이런 상황이 이어지자 지바 롯데 마린스의 간판타자였던 후쿠우라 가즈야와 사토자키 도모야는 자신의 이름을 딴 도시락 출시를 거부하기에 이르렀다.

이승엽이 이적한 요미우리 자이언츠에는 '요미우리 7번의 저주'라는 것이 존재한다. 이승엽의 동료였던 니오카 도모히로가 불미스러운 일에 휘말리는 등 등번호 7번을 달았던 선수들의 마지막이 좋지 않았기 때문이다. 2019년에는 7번을 달았던 초노 히사요시가 FA 인적 보상으로 히로시마 도요 카프로 이적하게 되면서 7번의 저주가 다시 한번 떠오르게 되었다. 초노 히사요시는 요미우리 자이언츠 입단을 위해 사회인 야구를 경험했을 정도로 요미우리 자이언츠에 대한 애정이 강한 선수였던 만큼 충격은 더욱 컸다. 행운의 번호로 알려진 7번이 요미우리 자이언츠에서만큼은 저주의 번호가 된 것이다.

한국 프로야구에서는 두산 베어스의 10번이 요미우리 자이언츠의 7번과 비슷한 경우라고 할 수 있다. 10번은 주로 강타자의 번호로 통하는데 윤동균 이후 문희성, 강혁, 심재학 등이 기대에 미치지 못했기 때문에 '두산 베어스 10번의 저주'라는 말까지 나오게 되었다. 한국 야구에는 노히트노런을 달성한 외국인 선수는 다음 시즌에 팀을 떠나게 되는 '노히트노런의 저주'와 아마추어 최고의 타자에게 주어지는 이영민 타격상을 받은 선수는 프로에서 별 활약을 하지 못한다는 '이영민 타격상의 저주'까지 다양한 저주 시리즈가 존재한다. 일본에도 주니치 드래건스가 우승하는 시즌에는 총리가 바뀌거나 정치적인 격변이 일어난다는 '주니치 우승의 저주' 같은 다양한 저주 시리즈가 있다.

한때 한국 야구 최고의 저주는 삼성 라이온즈와 '달구벌의 저주'였다. 1984년 이른바 져주기 경기를 한 뒤 한국시리즈만 나서면 번번이 준우승에 그친 징크스 때문에 생긴 말인데, 삼성 라이온즈가 2002년 극적으로 한국시리즈 첫 우승을 차지하면서 '달구벌의 저주'는 사라졌다. 일본에서도 노무라 가쓰야가 난카이 호크스를 떠난 뒤 20년간 하위권에 머물러 노무라 가쓰야의 별명인 '무스의 저주'라는 표현이 등장했지만 이후 구단명이 소프트뱅크 호크스로 바뀌면서 일본 최강팀으로 변신했다.

시간이 지나면 저주는 풀리기 마련이고, 저주와 관련된 이야기는 야구 역사의 한 페이지를 장식하게 된다. '저주'라는 단어는 섬뜩한 느낌을 주지만 야구에 얽힌 '저주'는 야구 문화를 뒷받침하는 자양분 역할을 하고 있다.

'Questions'
크레용과 크레파스의 차이처럼,
비슷하지만 다른 한국과 일본 스포츠

어린 시절 크레용과 크레파스가 같은 말이라고 알고 있었는데 사실은 다른 재료라는 사실을 알고 깜짝 놀란 적이 있다. 크레용은 불어로 연필이며, 색채가 선명하고 광이 나지만 만졌을 때 느낌이 좋지 않고 덧칠이 쉽지 않다. 크레파스는 크레용과 파스텔을 합쳐 일본에서 만든 도구로, 오일 성분이 함유되어 있어 덜 선명하지만 부드러운데다 덧칠도 가능하다. 다른 나라에서는 한국과 일본 스포츠를 비슷하게 바라보지만 안으로 들어가면 한국과 일본 스포츠는 매우 다르다는 것을 알 수 있다. 한일 스포츠는 크레용과 크레파스의 차이를 넘어 마치 수묵화와 유채화를 연상시킬 정도이다.

스포츠 문화 차이의 상징,
당기는 씨름과 밀어내는 스모

×

테크노 골리앗이라는 별명으로 불리며 대한민국 씨름 천하장사에 올랐던 최홍만은 스물네 살이라는 어린 나이에 이종격투기 K-1 진출을 선언해 한국 스포츠계를 깜짝 놀라게 했다. 일본 단체인 K-1은 최홍만에게 어울리는 데뷔전 상대를 찾기 위해 노력했는데 일본 스모선수 출신인 와카쇼요를 최홍만의 상대로 결정했다. 최홍만은 서른아홉 살의 와카쇼요를 KO로 꺾은 뒤 스모의 최정상에 올랐던 하와이 출신 아케보노와 3차례 대결해 모두 승리했다. 최홍만과 아케보노가 3번이나 대결한 것은 씨름의 '천하장사'와 스모의 '요코즈나'라는 한국과 일본에서 최고의 자리에 오른 선수의 대결이라는 상징성이 흥행에 도움이 된다고 판단했기 때문이다.

한국의 씨름과 일본의 스모는 얼핏 비슷해 보이지만 모래판에서의 대결이란 점을 제외하면 하나부터 열까지 완벽하게 다른 스포츠라는 사실을 알 수 있다. 최홍만은 와카쇼요와의 데뷔전을 앞두고 "아마도 스모의 미는 힘을 이용해 막무가내로 밀고 들어올 것이다. 상대를 많이 연구했으며 승부를 빨리 내는 쪽으로 경기를 펼칠 것이다"라고 이야기했는데, 여기서 주목할 점은 '스모의 미는 힘'이라는 대목이다. 씨름 경기를 취재할 때 감독이나 선수로부터 가장 많이 들었던 말은 "씨름은 당기는 힘, 스모는 미는 힘을 사용하는 종목이어서 전혀 다른 근육을 바탕으로, 전혀 다른 방식으로 힘을 사용합니다"라는 것이었다. 씨름은 모래판 안에서 상대를 넘어뜨려야 이기는 종목이다. 과거에는 밀어내기를 반판으로 인정하기도 했는데, 주 기술을 밀어내기로 사용하는 선수들이 좋은 성적을 거두면서 씨름의 재미를 떨어뜨린다는 평가 속에 밀어내기 기술을 폐지하고 모래판에 상대를 넘어뜨려야만 이기는 방식으로 규정을 변경했다.

씨름은 힘으로 상대를 들어올리거나 다리를 거는 동작 모두 샅바를 당기는 힘을 통해 기술이 시작된다. 또한 상대를 더 많이 당기는 쪽이 절대적으로 유리하기 때문에 당기는 힘을 기르기 위한 연습에 주력한다. 반면 스모는 도효土俵라는 모래판 안에서 상대의 몸이 땅에 닿을 때도 승부가 결정되지만 대부분은 도효 밖으로 밀어내는 방식으로 승패가 가려진다. 스모에서는 씨름의 샅바와 비슷한 모양의 마와시回し를 착용하지만 마와시는 그저 복장일 뿐 이

일본 출신으로 19년 만에 요코즈나에 오른 기세노사토 유타카의 경기 장면

를 샅바처럼 사용하지는 않는다. 씨름은 두 선수가 무릎을 꿇은 상태에서 샅바를 잡고 균형이 이루어지면 심판이 경기 시작을 선언한다. 서로 샅바를 유리하게 잡기 위한 샅바 싸움이 펼쳐지기도 하는데 이런 신경전이 계속되면 심판은 경기를 중단시켜 선수에게 경고를 한다. 모든 준비가 끝나면 심판의 시작 구호와 함께 경기가 시작되는데 스모는 경기를 시작하는 방식도 씨름과는 매우 다르다.

씨름선수를 '장사'라고 부르는 것처럼 스모선수는 '리키시力士'라고 부른다. 리키시가 입장한 뒤 도효 옆에 놓인 물을 마시면서 목을 축이는 것부터 경기가 시작된다고 할 수 있다. 물을 마신 뒤에는 도효에 등장해 소금을 뿌리는 행위를 하는데 이는 소금이 액

운을 막고 맑은 기로 채운다는 의미를 담고 있다. 도효에 오르면 두 팔을 벌리고, 양다리를 한 발씩 힘있게 높이 들어 땅을 구르거나 쪼그린 자세로 상대방을 노려보는 의식을 치른 뒤 선 앞에서 얼굴을 마주보고 준비 동작을 취한다. 도효에 오른 뒤부터 준비 동작까지는 꽤 많은 시간이 소요된다. 씨름이 심판의 구호와 함께 시작되는 것과는 달리 스모는 두 선수가 실제 부딪혀야 시합이 성립된다. 스모 경기는 심판이 준비만을 선언할 뿐 리키시들이 서로의 눈빛을 통해 정면으로 부딪히면서 시작되는 것이다.

준비 자세에서 두 선수가 서로 맞붙는 과정을 다치아이立ち合い라고 하는데, 두 선수 중 한쪽이 준비되지 않으면 다치아이가 성립되지 않는다. 몽골 출신의 요코즈나 하쿠호 쇼는 일본의 기세노사토 유타카와의 경기에서 상대의 공격에 2번 연속 대응하지 않아 다치아이가 무산된 뒤 세 번째에는 상대가 돌진하자 정면충돌하지 않고 옆으로 슬쩍 피하면서 돌진하는 상대를 넘어뜨린 적이 있다. 이 경기는 돌진하던 기세노사토 유타카가 넘어지면서 하쿠호 쇼의 승리로 끝났지만 그는 많은 비난을 받았다. 이처럼 정면 대결인 다치아이를 피해 변칙으로 대결하는 것을 헨카変化라고 하는데, 최고 등급인 요코즈나가 헨카를 사용하면 경기는 이길 수 있지만 비난은 피할 수 없다. 요코즈나라는 최고의 자리는 오르기도 힘들지만 자리에 어울리는 품격을 요구하기 때문이다.

스모는 최정상인 요코즈나부터 오제키大関, 세키와케関脇, 코무스비小結, 마에가시라前頭, 주료十両까지 1부 리그로 부른다. 이 같은 등급은 성적에 따라 결정되는데, 성적을 기준으로 승격과 강등이 이루어지지만 요코즈나로 한번 승격되면 아래 등급으로 강등되지 않고 영원히 요코즈나의 자리를 유지할 수 있다. 씨름에서는 천하장사라는 명예로운 이름에 걸맞은 대우를 받는다고 하기 어렵다. 천하장사대회가 끝나면 과거의 천하장사는 기록으로만 남을 뿐 별다른 혜택을 누리지 못한다. 천하장사를 이기더라도 단순히 한 명의 선수를 이긴 것에 불과하다. 반면 스모의 요코즈나는 다른 선수들과는 달리 본인의 사정에 맞게 대회 출전을 선택할 수 있으며, 도효에 입장할 때도 요코즈나만의 특전을 부여받는다. 스모에서는 승리를 하얀 별이라는 뜻인 시로보시白星, 패배를 검은 별을 의미하는 구로보시黒星라고 표현하는데, 요코즈나를 이긴 경우는 금별이라는 뜻을 가진 긴보시金星라고 특별하게 기록한다. 이처럼 특별 대우를 받는 요코즈나이지만 요코즈나의 명성에 어울리지 않게 부진한 성적이 이어지거나 요코즈나의 품격을 유지하지 못한다면 곧바로 은퇴하게 된다.

스모에서 상위 등급으로 올라가려면 한 대회에서 좋은 성적을 거둬야 하는 것뿐만 아니라 꾸준히 성적을 유지해야 한다. 언제든 천하장사가 될 수 있는 씨름과는 다른 부분이다. 씨름은 백두급과 한라급, 태백급과 금강급처럼 체중별로 체급이 구분되어 있지만 스모에는 체중에 따른 체급 구분이 존재하지 않는다. 스모에도 가끔 가벼운 체중의 선수가 존재하지만 체중의 한계를 극복하고 최고의 등급에 오르기는 쉽지 않다. 그렇기 때문에 200킬로그램이 넘는 선수들과 맞대결을 펼치는 168센티미터에 97킬로그램에 불과한 엔호는 특별한 존재로 주목받는 선수이다.

또한 씨름은 3판 2승을 기본으로, 결승전은 5판 3승으로 치러진다. 반면 스모는 모든 경기가 단판 승부로 끝난다. 스모의 단판 승부는 사무라이 문화가 반영된 측면이 크다. 지역 간 전쟁이나 사무라이들의 결투에서 한 번의 실수가 죽음으로 이어지는 것처럼 일대일 대결인 스모는 단판으로 결정되는 문화의 영향을 받은 것이다. 또한 심판에게 절대복종을 요구한다. 씨름에서는 잘못된 판정이 나올 경우 선수나 감독이 심판에게 강하게 항의하지만 스모에서는 이런 모습을 볼 수 없다. 우리나라는 공정한 판정을 더 중요하게 생각하지만, 일본은 권위자의 결정에 따르는 것을 더 가치 있는 행동이라고 여긴다.

이 외에도 스모에서는 상대를 자극하는 행동을 해서는 안 된다는 규칙이 있을 뿐만 아니라 승리 후에 환호하는 것도 철저하게 금지되어 있다. 우리나라 씨름에서 과거 이준희 장사는 '모래판의 신사'로 불렸다. 이준희는 지나친 샅바 싸움을 하지 않았고, 경기에서 승리한 후에도 크게 환호하는 대신 상대의 손을 잡아주며 격려했으며, 패했을 때도 상대에게 축하를 보내는 모습으로 '모래판의 신사'로 통하며 많은 인기를 얻었다. 반면 강호동처럼 경기 전이나 후에 환호하는 캐릭터 역시 비판받기보다는 인기를 끄는 요소로 작용했다. 이준희와 강호동은 씨름판에서 정반대의 모습을 보였지만 나란히 인기를 누렸다는 공통점을 가지고 있다. 스모에

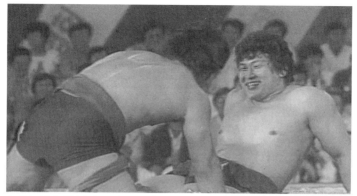

승패와 관계없이 품위 있는 모습을 보여 '모래판의 신사'로 불렸던 이준희 장사

서는 모두가 이준희처럼 행동하는 것을 당연하게 받아들이기 때문에 스모판의 강호동은 존재할 수 없다.

씨름이 하루에 모든 경기를 치르는 것과 달리 스모는 보름에 걸쳐 풀리그 경기를 치러 우승자를 가린다. 매년 씨름대회 장소가 바뀌는 우리나라와는 달리 일본 스모는 매년 6번의 개최 시기와 장소가 정해져 있다. 씨름은 과거 KBS가 독점으로 중계했지만 씨름협회의 내분으로 최근에는 지상파 방송에서 중계하지 않는 것과는 다르게 스모는 공영방송 NHK가 모든 경기를 중계방송한다. 씨름과 스모의 가장 결정적인 차이는 바로 인기에 있다. 과거 이만기, 강호동이 이끌던 전성기가 지난 뒤 씨름은 침체기를 겪어왔다. 최홍만이 잠시 인기를 끌었지만 이른 나이에 씨름판을 떠난 뒤에는 이렇다 할 스타가 등장하지 않고 있다. 스모 역시 외국인 선수들이 요코즈나를 독식하면서 위기를 겪기도 했지만 여전히 국기國技라는 말에 어울리는 인기를 유지하고 있다.

씨름과 스모는 한국 고교야구의 쇠락과 비교되는 일본 고시엔 야구의 여전한 인기를 떠올리게 한다. 21세기 들어 시대가 다원화되었지만 스모와 고교야구를 비롯해 여전히 스포츠의 인기가 높은 것은 바로 일본의 저력에서 나오는 것이다. 우리나라에서는 시대에 뒤처지는 종목으로 여겨지는 씨름과 고교야구가 일본에서는 어떻게 높은 인기를 유지하고 있는지에 대한 정확한 분석이 뒷받침되어야 한다. 그것이 위기의 한국 스포츠가 살아날 수 있는 마지막 기회이기 때문이다.

한국의 트럭 시위와
일본의 인터넷 댓글 문화

×

2021년 6월 흥국생명 본사 앞에 LED 스크린을 장착한 트럭이 나타나 일대를 배회하는 모습이 포착되었다. 전광판에는 흥국생명 배구단 소속이던 이재영과 이다영 쌍둥이 자매의 복귀를 반대한다는 문구가 적혀 있었다. 학교폭력 가해자로 지목되어 무기한 출전 정지를 받은 두 선수가 복귀하려는 움직임이 보이자 배구팬들이 비용을 모아 트럭 시위에 나선 것이다. 프로야구 롯데 자이언츠와 한화 이글스, 두산 베어스의 팬들 역시 소극적인 구단 운영을 비판하며 트럭 시위를 진행했으며, 키움 히어로즈의 중심 타자로 활약했던 박병호가 팀을 떠나게 되자 히어로즈의 팬들은 메인 스폰서인 키움증권 앞에서 트럭 시위를 통해 분노를 표출하기도 했다. 미국과 캐나다 등 세계적으로 트럭 시위가 유행하고 있

학교폭력으로 퇴출된 여자 배구 이재영, 이다영 선수의 복귀 움직임에 맞서 배구팬들이 진행한 트럭 시위

구단의 무성의한 박병호 선수의 FA 협상에 분노한 키움팬들이 펼친 트럭 시위

지만 스포츠 구단이나 협회를 대상으로 트럭 시위를 펼치는 것은 2022년까지 우리나라가 유일하다. 트럭 시위는 한국 스포츠의 새로운 문화로 정착되고 있다.

트럭 시위는 2019년부터 아이돌 팬들이 소속사에 대한 항의를 표출하면서 시작되어 게임업계를 거쳐 스포츠 분야로 이어졌다. 2020년 코로나19가 유행하면서 오프라인 집회가 제한되자 트럭 시위는 더욱 인기를 끌게 되었는데 이는 신문이나 방송용에 잘 어울리는 시위방식이다. 사진 한 컷으로 시위 목적을 쉽게 설명할 수 있고, 트럭이 거리를 이동하면서 진행되기 때문에 언론이 주목할 만한 요소를 갖추고 있어 파급력도 매우 크다. 또한 다른 사람들에게 피해를 주지도 않을뿐더러 상대적으로 저렴한 비용으로 큰 효과를 얻을 수 있어 트럭 시위가 효과적인 의사 표출방식으로 큰 인기를 끌게 된 것이다.

IBK기업은행 배구단은 감독에 대한 항명과 무단이탈, 선수와 구단의 소송 등으로 시즌 내내 큰 혼란을 겪으면서 이를 제대로 처리하지 못한 구단에 대한 불만이 쏟아졌다. 국가대표를 3명이나 보유하고도 팀 분위기가 어수선해지면서 팀은 연패에 빠졌고, 분노한 IBK기업은행 배구단 팬들은 트럭 시위까지 감행하기에 이르렀다. 트럭 시위로 언론의 관심이 높아지자 구단은 새 감독을 선임하는 등 사태 해결을 위해 노력하는 모습을 보였고 팀 분위기도 좋아졌다. 팬들 역시 마지막에는 웃으면서 시즌을 마무리할 수 있었다. 또한 여자 프로배구단 KGC 인삼공사가 고희진 감독을 새로운 사령탑으로 결정하자 팬들은 감독 선임에 반대하는 트럭 시위에 나섰다. 남자 프로배구단 삼성화재에서 좋은 성적을 올리지 못한데다 그동안 여자팀과의 인연이 전혀 없는 감독을 선임한 것에 대해 분노를 표현한 것이다. 선수 시절부터 사람 좋기로 유명했던 고희진 감독은 팬들을 향해 입장문을 발표하고, 반대 목소리를 내는 팬들과 직접 만나기도 했다. 다음 시즌 반드시 플레이오프에 진출해 감독 선임에 반대한 팬들을 초대하겠다는 말을 하기도 했다.

이런 배구계의 변화가 반드시 트럭 시위 때문이라고 하기는 어렵지만 어느 정도 영향을 미쳤다고 할 수 있다. 물론 트럭 시위를 하는 일부 팬들의 목소리가 전체 팬들의 의사를 대변하지 않는다는 비판 역시 설득력이 있지만 이런 비판적인 부분에도 불구하고 구단과 팬들의 소통 수단으로서 효과적인 역할을 하고 있음은 분명하다. '트럭 시위'로 상징되는 한국 스포츠의 역동적인 모습을 두고 일본 스포츠팬들은 부러움의 목소리를 내고 있다. 일본 스포츠에서 구단이나 협회를 비난하는 트럭 시위를 한다는 것은 사실상 불가능하기 때문이다. 일본은 스포츠뿐 아니라 정치를 비롯한 대부분의 분야에서 기득권 세력에 대해 '반대'하는 문화를 찾아보기 어렵다. 일본은 다른 사람에게 피해를 주지 않는 이른바 '메이와쿠迷惑' 문화가 뿌리깊게 남아 있다. '메이와쿠'는 다른 사람을 배려하는 긍정적인 면이 있지만 조직과 사회 분위기를 해치는 행동을 하지 말라는 부정적인 의미로 사용되기도 한다.

'메이와쿠'와 함께 '사무라이'로 상징되는 칼의 문화가 지배해온 사회인데다 지진이나 화산 등 많은 자연재해까지 겪으면서 일본 국민은 기득권에 순응하는 면이 유난히 강하다. 우리나라는 왕조가 바뀌거나 현대에서도 대통령 탄핵 같은 정치적인 대격변을 겪었지만 일본 역사에서는 한 번도 이른바 역성혁명이 일어나지 않았다. 순응하는 자세만이 살아남을 수 있는 방식으로 통하게 되면서 기득권을 비판하기보다는 자기 합리화를 선택할 정도이다. 일본 전문 유튜브 채널인 '박가네'에 따르면 일본인들은 고속도로에 폭설이 내려 오랜 시간 갇히는 상황에 처해도 고속도로 회사를 비판하기보다는 이런 날씨에 고속도로에 자동차를 가지고 나온 자신을 책망하는 경향이 있다고 한다. 또한 산에서 휴대전화가 잘 터지지 않으면 통신사를 비판하기보다는 산에 올라간 자신이 문제라는 식으로 자책을 습관화하고 있다고 한다.

이런 일본인의 특징은 다른 나라의 젊은 세대와 비교하면 더욱 확연하게 구별된다. 일본재단이 한국, 일본, 미국, 영국, 중국, 독일, 인도, 인도네시아, 베트남까지 9개국의 17세부터 19세까지 국가별 1000명을 대상으로 '내가 나라와 사회를 변화시킬 수 있는가?'라는 설문조사를 실시했는데, 그 결과 일본은 9개국 중 가장 적은 18.3퍼센트만이 '그렇다'라고 대답했다. 반면 한국은 39.6퍼센트, 미국은 65.7퍼센트가 '그렇다'라고 대답했다. 세계적으로 MZ세대가 사회문제에 관심이 적은 추세이지만 일본은 유독 사회 변화에 부정적인 견해가 더 강하다는 사실이 구체적인 수치로 나타난 것이다. 실제 일본에서 소비자의 권리를 내세우는 모습은 찾아보기 힘들다.

사정이 이렇다보니 스포츠협회나 구단에 대한 비판 역시 드문 편이다. 댓글 문화 또한 우리나라와는 다른 모습으로 나타난다. 우리나라의 경우 스포츠 기사에 대한 댓글은 대부분 욕설이나 일방적인 비난에 가깝다. 협회나 구단, 선수, 기사를 쓴 기자까지 모든 대상을 비난하는 댓글이 대부분을 차지하면서 여러 부작용이 발생했고, 급기야 스포츠와 연예 뉴스에 대한 댓글을 폐지하게 되었다. 반면 야후 재팬을 비롯한 일본 스포츠 뉴스의 댓글에서는 일방적인 비난을 찾아보기 어렵다. 심지어 숙명의 한일전 축구에서 패했을 때도 일본 스포츠 뉴스의 댓글은 욕설이나 비난 대신 경기 내용을 차분히 분석하면서 어떤 점이 잘못되었는지를 지적하는 내용이 주를 이룬다. 비난보다 분석적인 댓글이 많은 관계로 댓글은 대부분 6줄이 넘는 장문의 내용으로 채워진다. 또한 기사에서 놓친 전문적인 내용도 꽤 많은 편이다.

물론 일본에도 비난하는 댓글이 존재한다. 포털 사이트의 기사가 아닌 구단 커뮤니티 같은 곳에서는 우리나라처럼 짧은 내용의 비난 댓글을 찾아볼 수 있다. 일본은 스포츠팬이라면 구단이나 선수가 잘하는 경우뿐 아니라 성적이 부진하더라도 비난 대신 응원하는 경우가 대부분이다. 그러므로 일본에서는 비난 댓글에 익숙하지 않은 편이므로 인터넷에서 비난하는 댓글을 접하면 더욱 충격을 받기도 한다. 일례로 일본 야구의 호시노 센이치 감독은 선수 시절부터 '열혈남아'로 불리면서 높은 인기를 누려왔고, 주니치 드래건스, 한신 타이거즈의 감독으로도 존경받아왔다. 그런 호시노 센이치 감독이 일본 국가대표팀 감독으로 2008 베이징 올림픽에서 메달 획득에 실패하자 큰 비난을 받게 되었다. 일본에서는 비난받는 것을 배싱Bashing에서 유래한 '밧싱구'라는 표현을 사용하는데, 호시노 센이치 감독은 성적이 부진한 선수를 격려하면서 자신도 올림픽 이후 심한 '밧싱구'를 받아 힘들었던 적이 있었지만 잘 이겨냈다면서 후배 선수에게 위로의 마음을 전한 적이 있다. 호시노 센이치 감독 입장에서는 인생에서 처음 받아본 큰 비난이었지만 우리나라 기준에서 보면 그리 큰 비난이라고 하기는 어렵다.

실제 우리나라 야구감독들은 대부분 댓글이 존재하던 시절 댓글을 보지 않는다고 이야기하곤 했다. A감독은 자신의 기사에 대한 댓글은 피하는 대신 다른 뉴스에 대한 댓글은 참고한 적이 있었는데, 다른 기사에서 전혀 관련이 없는 자신에 대한 비난 댓글을 접하고 충격을 받은 적이 있다는 일화를 밝힌 적이 있다. 욕설과 비난 일색이던 댓글 시절과 비교하면 우리나라의 트럭 시위는 긍정적인 부분이 더 많다고 할 수 있다. 이 트럭 시위와 비슷한 것이 바로 드라마 제작 현장에서 볼 수 있는 커피 트럭이다. 일본 야후에서 커피 트럭을 검색하면 대부분 한국 드라마 현장에 배우를 응원하기 위해 팬들이 보낸 것이라는 내용이 나온다. 커피 트럭 역시 일본 네티즌들의 부러움의 대상이다. 커피 트럭은 한국 드라마를 상징하는 일부분이 된 것이다. 커피 트럭과 비슷한 한국 스포츠의 트럭 시위는 세계 스포츠에서 유일한 한국의 문화로 통하고 있는데, 부정적인 면을 줄이고 긍정적인 부분을 극대화할 수 있다면 스포츠 한류를 상징하는 모습으로 발전할 수도 있을 것이다.

파도타기 응원에 열광하는 한국,
파도타기 응원을 금지하는 일본

×

2018 평창 동계올림픽에서 남북 단일팀을 구성한 여자 아이스하키팀이 출전하는 경기에는 북한 응원단이 합류하면서 자연스럽게 남북 공동 응원이 펼쳐졌다. 힘내라는 구호를 외치며 열렬하게 응원하다가 골을 터뜨리면 다 같이 환호하며 함성을 질렀다. 북한 응원단과 남한 관중이 함께한 남북한 응원전의 압권은 '파도타기' 응원이었다. 응원을 주도하는 사람이 '파도타기'라는 문구를 들고 관중에게 파도타기를 예고한 뒤 옆으로 달리면서 '파도타기'를 시작하자 북한 응원단이 파도를 일으켰고, 남한 관중이 이어받아 관중석 전체를 한 바퀴 돌면서 경기장에 있던 관중은 모두 하나가 되었다.

눈에 띄었던 것은 북한 응원단이 파도를 만드는 방식이었다. 파

남북 공동 응원이 펼쳐진 2018 평창 동계올림픽 여자 아이스하키 경기에서 관계자가 파도타기 응원을 유도하고 있다.

도타기는 아래에서 위로 손을 올리면서 진행되는데 보통 파도타 기를 할 때 좌우 방향에는 관계없이 아래에서 위로 손을 올리지 만, 북한 응원단은 손동작을 왼쪽 아래에서 오른쪽 위로 향하며 마치 반원을 만드는 동작으로 파도타기를 진행했다. 남북 분단으 로 파도타기의 응원방식에도 차이가 있다는 사실을 느끼는 한편, 서로 다름을 인정하는 가운데 공동 응원이라는 작은 성과를 만들 어냈다는 것을 상징적으로 나타낸 장면이었다.

코로나19의 영향으로 중단되었다가 3년 만에 개최된 2022년 프로야구 올스타전에서는 축제의 무대답게 파도타기 응원이 펼쳐 져 관중을 즐겁게 했다. 파도타기는 올스타전 같은 이벤트 경기뿐 아니라 정규 시즌에서도 종종 볼 수 있다. 특히 코로나19 이후 오 랜만에 경기장을 찾은 사람들은 '파도타기' 응원을 본 뒤 감격했다는 소감을 밝히기도 했다. 또한 부산 사직구장의 파도타기 응원은 한국 프로야구를 대표하는 응원으로 유명하다. 관중이 대부분 롯데 자이언츠를 응원하는 홈팬들이어서 더 열광적이고 조직적인 형태로 파도타기 응원을 펼친다.

반면 잠실구장은 원정팀의 팬들이 꽤 많아서 사직구장처럼 일사불란한 모습으로 파도타기를 진행하기는 쉽지 않다. 잠실구장에서 이루어지는 파도타기 응원은 홈팀 응원단장의 구호에 맞춰 시작되는데 원정팀의 팬들이 받아주느냐에 따라 성공 여부가 결정된다. 파도타기 응원 도중 홈런이 나오거나 중요한 상황이 전개되면 파도타기가 중단되기도 한다. 경기에서 별다른 상황이 발생하지 않고, 원정팀 팬들의 도움으로 경기장을 한 바퀴 도는 데 성공하면 모두가 박수를 치면서 더욱 환호한다. TV 중계방송에서 파도타기 응원 모습이 카메라에 잡히면 캐스터나 해설자는 대부분 멋진 장면이라는 말을 하면서 파도타기 응원에 동참한다.

한국인의 특성에 딱 맞아떨어지는 듯한 파도타기 응원이지만 1970년대 후반과 1980년대 고교야구 전성기 때에는 파도타기 응원을 볼 수 없었다. 파도타기 응원은 1980년대 초반 미국에서 시작되어 세계적으로 퍼진 문화이기 때문이다. 파도타기는 1981년 미국 프로야구 뉴욕 양키스와 오클랜드 애슬레틱스의 경기에서 치어리더 조지 헨더슨이 처음 주도한 것이라고 전해지고 있다. 일부에서는 야구가 아닌 대학 미식축구 응원을 위해 시작했다고도 한다. 1980년대 초반 미국 스포츠에서 시작된 파도타기 응원은

뜨거운 응원 열기로 유명한 부산 사직구장에서 사람들이 파도타기 응원을 펼치고 있다.

1984 LA 올림픽 축구 결승전이 열린 로즈볼 스타디움에서 10만 명의 관중이 파도타기를 하면서 세계적으로 주목받았고, 1986년 멕시코 월드컵 때부터는 파도타기 응원이 대중화되었다. 파도타기 응원을 '멕시칸 웨이브Mexican wave'라고 부르기도 하는데 이는 멕시코 월드컵에서 유래했기 때문이다.

1986년 멕시코 월드컵 이후 파도타기 응원이 얼마나 유행했는지는 영화 〈해리가 샐리를 만났을 때〉를 통해서도 잘 알 수 있다. 주인공인 해리는 친구와 미식축구를 보러 갔는데 관중석에서 부인과 이혼하려 한다고 친구에게 아무 일도 아닌 것처럼 담담하게 이야기한다. 무언가 어색해지는 상황에서 파도타기가 시작되고 차례가 다가오자 이야기를 멈춘 채 파도타기 대열에 동참하는 모습이 그려졌다. 1989년 제작된 〈해리가 샐리를 만났을 때〉의 한 장면을 통해 1981년에 시작된 파도타기가 비교적 짧은 기간에 미국 스포츠의 응원 문화로 자리잡았다는 것을 알 수 있다.

　우리나라에서는 1980년대 후반부터 파도타기 응원이 본격적으로 시작되어 프로야구와 국가대표 축구팀 경기를 비롯해 국가 대항전에서 주로 파도타기 응원을 펼치고 있다. 프로야구의 경우에는 홈팀의 응원단장이 주도하지만 국가 대항전에서는 관중이 자발적으로 진행하는데, 외국처럼 경기가 지루할 때 분위기 전환을 위해 하는 것이 아니라 이기고 있거나 응원 열기가 최고조에 달했을 때 등장하는 것이 바로 파도타기 응원이다.

　파도타기 응원에 열광하는 우리나라와는 달리 일본에서는 파도타기 응원을 보기 어렵고 공식적으로 금지된 경우도 많다. 일본 역시 1980년대 중반 이후 파도타기 응원이 유행한 적이 있었다. 프로야구에서는 1989년 요미우리 자이언츠의 나카하타 기요시가 다이요 웨일스전에서 대타로 나와 2루타를 치면서 리그 우승이 사실상 결정되자 관중이 모두 일어나 파도타기를 한 것이 처음이라고 전해진다. 1989년 시즌 이후 은퇴한 나카하타 기요시는 공교롭게도 다이요 웨일스를 계승한 요코하마 DeNA 베이스타스의 감독을 맡으며 괴짜 감독으로 큰 인기를 얻었는데, 항상 자신이 일본 야구에서 파도타기의 1호 주인공이라는 말을 자주 하곤 했다.

그러나 나카하타 기요시를 시작으로 야구장에서 한동안 유행했던 파도타기 응원은 이제 일본 프로야구에서는 볼 수 없게 되었다. 심지어 히로시마 도요 카프 구단처럼 구단 홈페이지에 '파도타기' 응원 금지라는 문구를 명시해놓은 구단도 있을 정도이다. 과거 야구장에서 파도타기 응원을 하게 되면 해설자들이 '이건 좀'이라면서 불만의 목소리를 내기도 했다. 이닝과 이닝 사이가 아닌 플레이가 진행될 때 파도타기를 하게 되면 선수들의 경기력에 영향을 미친다는 점을 지적한 것이다. 해설자들의 이러한 지적과 함께 일부 선수들 역시 파도타기에 부정적인 의사를 표했다. 히로시마 도요 카프의 간판선수인 기쿠치 료스케는 파도타기 응원을 하게 되면 공이 잘 보이지 않고, 집중력이 흐트러지는 느낌이 든다며 파도타기 응원 자제를 요청한 적도 있다.

파도타기 응원에 부정적인 목소리가 늘어나면서 지금은 일본 프로야구에서 파도타기 응원을 볼 수 없게 되었다. 사실 일본 야구의 응원방식은 응원단장이 주도하는 우리나라와는 달리 내야석과 외야석이 철저하게 구분되어 있다. 경기 내내 열광적인 응원을 보내는 서포터즈는 야구장의 외야석에 위치해 그들만의 응원을 진행하지만, 내야석에서 야구를 관람하는 사람들은 대부분 조용하게 박수치는 것이 응원의 전부일 뿐이다. 우리나라는 외야석 관중도 내야석에서 응원하는 관중의 구호에 맞춰 막대풍선을 흔들며 응원가를 따라 부르지만, 일본에서는 '응원'하려는 외야석 관중과 '감상'하려는 내야석 관중의 성향이 확연히 구분되는 편이다. 이렇게 성향이 다른 사람들이 '파도타기'를 함께하는 것이 쉽지 않은데다 일본 특유의 다른 사람에게 폐를 끼치는 것을 극도로 싫어하는 문화까지 겹쳐 내야석 관중과 외야석 관중의 성향이 극단적으로 나뉘게 된 것이다.

한국 야구에서 응원가를 모두가 따라 부르는 것과 일본 야구에서 일부만 따라 부르는 것은 응원가 자체와도 관련이 있다. 우리나라에서는 응원가를 대부분 기존의 익숙한 리듬을 개사해서 부른다. 인기 높았던 두산 베어스의 정수빈 응원가 〈서핑 유에스에이Surfing USA〉나 롯데 자이언츠의 강민호 응원가 〈리버스 오브 바빌론Rivers of Babylon〉은 너무나 익숙한 팝 음악을 개사한 것으로 가사만 몇 번 들으면 쉽게 부를 수 있다. 반면 일본은 세계에서 저작권에 가장 민감한 나라이므로 야구 응원가를 가사와 곡 모두 새로만들기 때문에 열성적인 야구팬이 아닌 1년에 몇 번 야구장을 찾는 관중이라면 선수들의 응원가를 따라 부르기는 쉽지 않다.

실제 요미우리 자이언츠 시절 이승엽 응원가는 짧은데다 따라부르기 어렵지 않았는데, 일본 취재 도중 내야석 관중에게 혹시이승엽 응원가를 부를 수 있냐고 물었을 때 절반 정도가 모른다고답한 적이 있다. 반면 외야석의 서포터즈석으로 이동해 똑같은 질문을 하자 한 명도 예외 없이 큰 목소리로 "뜨거운 아시아의 대포에 뜨거운 혼을 담은 이 노래여 닿아라 홈런 이승엽"이라는 노래를 목놓아 부르는 모습을 볼 수 있었다.

우리나라 관중은 공연장에서 이른바 '떼창'을 하는 것으로 유명하다. 영어 가사를 따라 부르는 것은 물론이고 기타 연주 부분까지 리듬에 맞춰 따라 부를 정도이다. 그러나 일본은 '떼창'보다는 '감상'하는 문화가 더 널리 정착되어 있다. 내가 큰 목소리로 따라 부르면 다른 사람의 감상에 피해를 줄 수 있는 만큼 공연장에서도 다른 사람들을 많이 의식하는 편이다. 심지어 야구 경기가 진행중인 상황에서 '파도타기'를 하는 KBO리그의 모습은 일본인의 사고방식으로는 선수들의 플레이에 피해를 주는 행동일 수 있다.

일본 야구장은 공연장에서의 가수와 관중의 관계처럼 선수의 '공연'을 '감상'하는 것으로 여기는 문화를 가지고 있다. 한국 야구장은 공연장에서 떼창을 하는 관중처럼 선수와 관중이 함께하는 문화를 가지고 있다. 야구장을 경기장으로 보느냐, 축제의 무대로 보느냐라는 관점의 차이가 응원방식의 차이로 나타나게 된 것이다. 한국식의 열정과 일본식의 배려 응원의 장점을 합쳐, 경기가 진행될 때는 자제하며 흥겹게 '파도타기' 응원을 한다면 관중은 즐겁고, 선수들은 경기에 지장이 없을 것이다. 열정과 배려를 합친 더 큰 '파도타기' 응원을 만들어갈 수 있을 것이다.

그랜드슬램에 열광하는 한국, 3관왕에 주목하는 일본

×

KBO리그 현역 타자 중 가장 정교한 타격으로 유명한 이정후는 2019년 WBSC 프리미어12에서 일본 투수 야마모토 요시노부에게 8회 초 타석에서 3구 삼진을 당했다. 그동안 일본을 상대로 유난히 8회에 역전 승부를 많이 만들어냈기에 '약속의 8회'를 기대했지만 믿었던 첫 타자 이정후가 무너지면서 승부를 되돌리지 못했다. 2020 도쿄 올림픽 준결승전에서 이정후는 다시 만난 야마모토 요시노부를 상대로 안타 2개를 터뜨리면서 2년 전의 아픔을 설욕했다. 이번에도 한국 야구는 일본의 벽에 막혔지만 한국 최고의 타자가 일본 최고의 투수를 무너뜨리며 다음을 기약할 수 있게 되었다.

1998년생인 이정후와 야마모토 요시노부는 최고의 무대인 월드베이스볼클래식 출전 경험이 없는 선수들이다. 흥미로운 부분은 2023년 한일 야구 천재들의 첫 월드베이스볼클래식 출전을 두고 한국과 일본 언론이 서로 다른 표현을 사용했다는 점이다. '그랜드슬램'에 열광하는 한국과 '3관왕'에 주목하는 일본 스포츠의 한 단면을 보여주는 대목이다. 2022년 5월 〈일간 스포츠〉는 이정후가 월드베이스볼클래식에 출전하면 WBSC 프리미어12와 아시안게임, 올림픽에 이어 야구 국제대회 그랜드슬램을 달성한다고 보도했다. 반면 일본 언론에서는 야마모토 요시노부가 첫 월드베이스볼클래식 출전을 앞두고 있다며 WBSC 프리미어12와 올림픽에 이어 야구 국제대회 3관三冠에 오른다고 표현했다.

그랜드슬램은 카드 게임에서 사용하던 용어로, 한 번의 게임에서 모든 것을 다 가져가는 것을 의미한다. 이것이 야구로 넘어가 모든 주자를 불러들이는 만루 홈런의 공식 명칭으로 통하게 되었다. 야구의 그랜드슬램은 세계적인 대회에서 한 번씩 우승하는 것을 나타내는 명칭으로 발전했으며, 테니스와 골프에서는 메이저대회를 모두 석권하는 것을 '그랜드슬램'을 달성했다고 표현하게 되었다. 그랜드슬램은 한 시즌의 메이저대회에서 모두 우승하는 것을 의미하는데, 시즌에 관계없이 선수생활 동안 4대 메이저대회에서 한 번 이상 우승하게 되면 '커리어 그랜드슬램'이라고 부른다.

남녀 테니스와 남자 골프의 4대 메이저대회가 오랜 기간을 거쳐 정착된 것과는 달리 여자 골프는 대회 변동이 잦았던데다 2013년부터 아문디 에비앙 챔피언십이 다섯 번째 메이저대회가 되면서 그랜드슬램 개념이 모호해진 측면이 있다. 아문디 에비앙 챔피언십이 메이저대회로 승격되기 전인 2012년에 우승한 박인비가 2015년 디 오픈 챔피언십(브리티시 오픈) 우승으로 커리어 그랜드슬램을 달성하자 해석을 놓고 논란이 일기도 했지만, 미국여자프로골프LPGA는 박인비의 그랜드슬램을 공식적으로 인정했다. 박인비는 2016 리우 올림픽에서 금메달을 획득해 골프 사상 최초로 골든 그랜드슬램을 달성하게 되었다. 골든 그랜드슬램이란 테니스에서 처음 만들어진 용어로 4대 메이저대회와 함께 올림픽에서 금메달을 획득하는 것을 말한다.

그랜드슬램은 야구의 만루 홈런과 테니스나 골프에서 주로 사용하는 표현이지만 한국 스포츠에서는 개인 종목에서도 그랜드슬램이라는 표현을 자주 사용하곤 한다. 레슬링의 심권호나 김현우처럼 올림픽과 아시안게임, 세계선수권과 아시아선수권 등 4개 대회에서 우승하면 '그랜드슬램'을 달성했다고 표현한다. 수영의 박태환이나 역도의 장미란도 마찬가지이다. 국제대회뿐만 아니라 MVP 수상을 놓고도 '그랜드슬램'이라는 표현을 사용하기도 한다. 2021년 6월 〈경향신문〉은 프로야구 NC 다이노스의 양의지가 사상 처음으로 MVP 그랜드슬램에 도전한다는 내용의 기사를 싣기도 했다. 양의지는 2010년 신인상을 시작으로 2016년과 2020년 한국시리즈 MVP, 2020년에는 올스타전 MVP에 올랐는데, 정규 시즌 MVP만 차지하면 한국 야구 최초의 MVP 그랜드슬램을 달성하게 된다는 내용이었다. 양의지는 2019년 이후 정규 시즌 MVP

못지않은 활약을 펼쳤지만 조시 린드블럼과 멜 로하스 주니어 등 외국인 선수들에게 밀렸으며, 2021년에는 마지막 남은 정규 시즌 MVP에 도전했으나 이해에도 외국인 선수 아리엘 미란다에게 밀리면서 정규 시즌 MVP에 실패했다.

또한 야구 명문 덕수고등학교의 정윤진 감독은 대통령배와 청룡기, 황금사자기에 이어 2021년 봉황기 우승을 차지하면서 감독으로 우승 그랜드슬램을 달성했다. 최재호 감독은 신일고등학교 시절 초등학교와 중학교, 고등학교 감독을 모두 역임했으니 대학 감독을 해보는 것이 마지막 꿈이라면서 대학 감독을 통해 '초·중·고·대학'을 모두 경험하는 그랜드슬램 감독이 되고 싶다는 포부를 밝히기도 했다. 또한 스포츠 국제대회 개최를 이야기할 때도 그랜드슬램이라고 표현하기도 한다. 우리나라는 2018 평창 동계올림픽 개최로 하계올림픽과 동계올림픽, FIFA 월드컵과 세계육상선수권대회를 모두 유치한 세계 다섯 번째 나라가 되었는데, 국내 언론에서는 이를 국제대회 개최 그랜드슬램을 이루었다고 보도한 바 있다.

이처럼 다른 나라에서는 사용하지 않는 경우까지 '그랜드슬램'이라는 표현을 하면서 '그랜드슬램'은 스포츠 용어를 넘어 다른 영역으로까지 확대되고 있다. '연기대상'과 '연예대상'은 KBS 등 방송 3사 시상식과 백상예술대상에서 TV 부문상을 받으면 그랜드슬램을 달성했다고 표현한다. 또 가요계에서는 한 가수가 연말 가요 시상식인 'KBS 가요대축제'를 비롯해 4개 이상의 시상식에

일본 왕실에 대대로 전해져내려오는 세 가지 보물인 거울, 칼, 구슬의 '3종 신기'

서 대상을 받게 되면 그랜드슬램을 이루었다고 이야기한다. 최근
에는 군대 훈련소에서 천주교, 개신교, 불교, 원불교의 4대 종교
성례식에 모두 참가하는 것을 그랜드슬램이라고 부를 정도로 우
리나라에서 그랜드슬램이라는 말은 일상에서 자주 사용하는 용어
가 되었다.

우리나라에 그랜드슬램이 있다면 일본에는 3관왕三冠王 또는
3관이라는 같은 뜻의 용어가 있다. 일본 신화에 등장하는 최고
의 신인 아마테라스 오미카미天照大御神에게 하사받아 일본 왕실에
대대로 전해져내려오는 세 가지 보물인 거울, 칼, 구슬을 뜻하는
'3종 신기神器'에서도 볼 수 있듯이 일본은 '3'이라는 숫자를 매우

좋아한다. 1960년대에는 일본 신화의 3종 신기에 빗대어 텔레비전, 냉장고, 세탁기를 3종 신기라고 일컬었을 정도이다.

일본에서는 투수 3관왕과 타격 3관왕을 우대할 뿐만 아니라 미국이나 우리나라 야구에서는 크게 다루지 않는 '트리플 스리'를 중요하게 생각한다. 트리플 스리는 타율 3할 이상에 홈런 30개와 도루 30개 이상의 기록을 달성했을 때 사용하는 일본식 영어이다. 미국이나 우리나라에서는 30홈런-30도루를 달성하면 30-30클럽에 가입했다면서 대기록으로 평가하는데 일본에서는 3할 타율까지 추가해 트리플 스리를 달성하는 것을 더 의미 있게 생각한다. 트리플 스리는 '3종 신기'에서 시작해 세 가지를 중요하게 생각하는 일본 문화가 야구와 결합해 만들어진 표현이라고 할 수 있다. 지난 2015년 야나기타 유키와 야마다 데쓰토 2명이 동시에 트리플 스리를 달성하자 트리플 스리 열풍이 불었고, '트리플 스리'는 연말 유행어 대상을 받기도 했다. 일본 위키피디아에는 트리플 스리를 다루지 않는 한국과 미국, 대만의 트리플 스리 기록까지 완벽하게 정리해놓았을 정도이다.

고교야구에서는 봄 고시엔과 여름 고시엔에 이어 가을에 열리는 국민체육대회国体까지 우승하면 3관이라고 표현한다. 100년이 넘는 일본 고교야구 역사에서 봄과 여름의 고시엔 우승을 차지한 뒤 가을 대회까지 정상에 오른 경우는 1998년 마쓰자카 다이스케가 이끈 요코하마고등학교가 유일할 정도로 달성하기 어려운 대기록으로 통한다. 국제 배구의 3관을 올림픽, 세계선수권, 월드컵

2013년 월드베이스볼클래식을 앞둔 한국 대표팀의 기자회견에서 보인 "그랜드슬램, 우리가 해내겠습니다!"라는 문구

으로 부르는 것을 비롯해 일본 스포츠는 종목별로 국제대회와 국내대회에서 3관으로 부르는 대회가 정해져 있다. 일본은 종목별 국제대회 3관의 경우 아시안게임이나 아시아선수권을 제외하고 세계대회만을 기준으로 삼는다. 자연스럽게 주로 4개 대회를 기준으로 삼는 그랜드슬램이라는 표현은 테니스와 골프에서만 사용할 뿐 언론에 거의 등장하지 않는다.

반면 '3'을 중시하는 특성상 일본에서만 알려진 '세계 3대'가 많이 존재한다. 예를 들면 세계 3대 미항이 리우데자네이루, 시드니, 나폴리라는 것은 널리 알려져 있지만, 일본에서는 세계 3대 야경이나 세계 3대 석양 등도 의미 있게 생각한다. 재미있는 것은 세계 3대 야경에 홍콩, 나폴리와 함께 일본의 하코다테를 포함하거나 세계 3대 석양으로 파리와 마닐라에 이어 홋카이도의 구시로를 포함하는 것처럼 객관적으로 정하기 어려운 사항들이 포함되어 있다는 것이 특징이라고 할 수 있다.

우리나라의 경우 2013년 제3회 월드베이스볼클래식을 앞두고 열린 기자회견장에는 "그랜드슬램, 우리가 해내겠습니다!"라는 현수막이 붙어 있었다. 1982년 세계야구선수권대회와 1998년 아시안게임에 이어 2008 베이징 올림픽에서 금메달을 획득했으므로 월드베이스볼클래식만 우승하면 야구 그랜드슬램을 달성한다는 것을 공식적으로 밝힌 표현이었다. 일본 언론은 2020 도쿄 올림픽 야구에서 금메달을 차지하자 월드베이스볼클래식과 WBSC 프리미어12에 이어 올림픽 금메달로 마침내 세계대회 3관을 달성했다고 보도했다. 2013년과 2017년 월드베이스볼클래식 조별리그에서 탈락했던 한국 야구이지만 언젠가 월드베이스볼클래식 우승으로 '그랜드슬램'을 달성할 수 있다는 '가능성'은 남아 있다.

반면 일본은 한국 야구가 그랜드슬램의 기준으로 삼는 세계야구선수권대회에서 우승한 적이 없기 때문에 영원히 그랜드슬램을 달성하지 못한다. 아마추어 최강국을 가리는 세계야구선수권대회는 폐지되었기 때문이다. 한국과 일본 스포츠는 어쩌면 영원히 만나지 못하는 평행선과도 같다는 것을 그랜드슬램과 3관의 사례를 통해서도 알 수 있다.

편파 판정에 분노하는 한국,
규칙 변경에 우는 일본

×

세계 피겨스케이팅 팬들에게 영향력이 큰 www.fsuniverse.net에 피겨스케이팅 선수들이 절대 쓰면 안 되는 책이라는 제목의 유머 표현이 올라온 적이 있다. 역설적인 내용의 제목으로 실제 선수들과는 정반대의 내용을 풍자해 많은 인기를 끌었다. 예를 들면 '점프 머신'이라는 별명으로 불렸던 토냐 하딩은 은반 위의 여성적인 우아함Feminine Grace on Ice, 편파 판정을 호소한 수리야 보날리에게는 심판의 사랑을 받는 법Being a Judge's Pet과 같은 제목의 표현들이었다.

2006년 시즌부터 시니어에 데뷔한 김연아에게는 특별한 해당 사항이 없었는데, 2010 밴쿠버 동계올림픽을 앞둔 2009년 12월 캐나다 토론토에서 쓰지 말아야 할 책에 대해 질문한 적이 있다.

편파판정을 안받는 방법?

2010 밴쿠버 동계올림픽을 앞두고 편파 판정에 대해 인터뷰하고 있는 김연아

김연아가 한참 고민하는 모습을 보고 "PCS(프로그램 구성 점수)는 나의 힘?"은 어떠냐고 조언했더니 특유의 호탕한 웃음을 보이더니 "어, 그거 좋은데요?"라고 말한 뒤 "편파 판정을 당하지 않는 법"이라고 조심스럽게 이야기했다.

　김연아는 피겨스케이팅 약소국 출신이라는 태생적인 한계 속에서 불공정한 판정에 시달려왔다. 스웨덴에서 열렸던 2008년 세계선수권대회를 시작으로 각종 대회에서 지명도나 연기에 비해 낮은 구성 점수를 받았다. 에지edge 판정이나 점프 회전수에서도 불이익을 받기도 했다. 2010 밴쿠버 동계올림픽에서는 판정 시비의 여지조차 남기지 않은 채 완벽하게 금메달을 따냈지만 2014 소치 동계올림픽에서는 올림픽 챔피언이자 현역 세계선수권대회 우승자인 김연아가 그랑프리시리즈 우승 경력조차 없는 러시아의 신예 선수와 비슷한 구성 점수를 받으면서 2회 연속 금메달 획득에 실패했다. 당시 국내뿐만 아니라 외국에서도 편파 판정 논란으로 시끄러웠다.

우리나라는 김연아 이전에도 올림픽 같은 큰 무대에서 유난히 편파 판정을 많이 당했다. 2002 솔트레이크시티 동계올림픽에서 쇼트트랙의 김동성이 이해하기 어려운 판정으로 실격당해 우리 나라 국민들이 거센 분노를 토해내기도 했다. 2004 아테네 올림 픽 남자 기계체조 개인종합에서 양태영은 분명 10점짜리 연기를 펼쳤지만 심판이 9.9점으로 평가하면서 미국의 폴 햄에게 금메달 을 내주고 말았다. 국제체조연맹은 이례적으로 오심을 인정했지 만 빼앗긴 금메달을 되찾지는 못했다. 2012 런던 올림픽 펜싱 여 자 에페 개인전에 출전한 신아람은 준결승에서 무실점으로 버티 면 이기는 상황에서 마지막 1초를 남기고 시간이 흐르지 않아 독 일 선수가 공격을 성공시켜 결국 패하고 말았다. 심판에게 강하게 항의했고, 국제펜싱연맹에 제소했지만 판정은 번복되지 않았다. 2022 베이징 올림픽에서도 한국의 쇼트트랙은 여러 차례 심판 판 정에서 불이익을 받아 편파 판정 논란이 끊이지 않았다.

인터넷이 활성화된 2000년대 이전에도 편파 판정은 존재했다. 멀리 거슬러올라가면 1956 멜버른 올림픽 복싱에서 송순천은 일 방적인 경기를 펼치고도 판정패를 당했다. 이런 사실은 상대인 동 독 선수를 비난하기 위해 서독 언론이 집중적으로 보도하면서 알 려졌는데, 동독 선수는 시간이 흐른 뒤 당시의 승자는 송순천이었다고 밝힌 적도 있다. 그동안 우리나라가 국제 무대에서 당한 편파 판정은 대부분 스포츠 강국이거나 홈팀의 텃세로 인해 피해를 본 사례가 대부분이다. 냉정하게 따져보았을 때 우리나라가 스포츠 약소국으로부터 편파 판정을 당한 경우는 찾아보기 어렵다. 이런 점을 고려해보면 국제 무대에서 우리나라가 당한 편파 판정은 스포츠 외교력의 실패라는 문제점을 드러낸 것이다. 물론 세계 최고의 강대국이자 올림픽 성적 1위 국가인 미국 역시 편파 판정에서 자유롭지 못하다. 실제 1988 서울 올림픽 복싱에서 로이 존스 주니어는 압도적인 경기력을 보이고도 우리나라 선수에게 패해 금메달 획득에 실패한 적이 있다. 스포츠의 특성상 편파 판정은 어느 나라도 피하기 어렵지만 우리나라처럼 편파 판정 논란이 자주 발생하게 되면 스포츠 외교 부분을 점검하고 평소 꾸준한 노력을 기울여야만 억울한 피해를 최대한 줄일 수 있을 것이다.

우리나라가 편파 판정에 분노한다면 일본은 스포츠에서 규칙 변경에 불이익을 당한 사례가 많다. 일본이 세계 정상급의 실력을 보여주면 유럽 등 서양 위주로 구성된 국제 스포츠계에서 규칙 변경을 통해 일본을 견제한다는 것이다. 이런 사례가 이어지자 일본에서는 '일본 때리기'라는 용어까지 탄생하게 되었다. 2022 베이징 올림픽에서 일본 여자 스키점프의 간판스타인 다카나시 사라가 유니폼 문제로 실격당하자 일본에서는 이번에도 '일본 때리기'라는 지적이 이어졌다. 다카나시 사라는 스키점프 월드컵 역대 최다 우승 기록을 보유한 일본의 대표적인 동계 스포츠의 아이돌 스

스키점프 월드컵 통산 최다 우승 기록을 보유하고 있는 일본의 간판스타 다카나시 사라

타로서 석연치 않은 이유로 올림픽 무대에서 좌절하게 되자 일본 전역이 들끓었다. 국제빙상연맹 스폰서의 대부분이 일본 기업인 것에서 볼 수 있듯이 많은 종목에서 후원사로 참여하고 있지만 유럽 위주의 스포츠계에서 오히려 불이익을 받고 있다는 주장이다.

일본은 가장 대표적인 사례로 노르딕 복합과 스키점프에서 규칙 변경을 통해 유럽이 일본을 견제한다고 생각하고 있다. 노르딕 복합은 스키점프와 크로스컨트리를 합쳐 우승자를 가리는 경기인데, 북유럽이 발상지이며 전통적으로 북유럽 국가가 강세를 보이는 종목이다. 이런 노르딕 복합에서 일본은 1992 알베르빌 동계올림픽과 1994 릴레함메르 동계올림픽 단체전에서 두 대회 연속 올림픽 금메달을 획득했다. 세계선수권대회에서도 1993년과 1995년 2회 연속 금메달을 차지했으며, 개인전에서도 올림픽 메달을 획득하는 등 일본이 신흥 강호로 부상한 것이다. 일본이 노르딕 복합에서 두각을 나타낸 것은 스키점프 성적의 영향이 컸다. 일본은 압도적인 우세를 보이는 스키점프에서 크로스컨트리의 약점을 만회하며 1위를 유지하는 방식으로 금메달을 획득했다. 그러자 국제스키연맹에서 스키점프의 점수 비율을 대폭 줄이는 방식으로 규칙을 변경했고, 이에 일본은 국제 무대에서 더이상 시상대에 오르지 못했다.

국제스키연맹에서는 스키점프로 사실상 순위가 결정되면서 노르딕 복합 종목의 재미가 떨어져 흥미 유발을 위해 규칙을 변경했다고 밝혔지만, 일본에서는 규칙 변경 이유를 스키점프에 강한 일본을 누르고 유럽의 국가가 시상대를 독식하기 위해서라고 판단했다. 또한 일본을 노르딕 복합 강국으로 만들었던 스키점프 역시 규칙 변경으로 인해 큰 타격을 받았다. 일본이 1998 나가노 동계올림픽에서 개인전과 단체전에서 금메달 2개를 획득하자 다음 시즌부터 스키점프 규정이 대폭 변경되었다. 그동안에는 신장에 80센티미터를 더한 스키를 사용했지만 신장의 146퍼센트 이내라는 이른바 '146퍼센트 규칙'을 적용하게 된 것이다. 예전에는 신장 168센티미터인 선수가 최대 248센티미터의 스키를 사용할 수 있었지만 규칙이 바뀐 뒤에는 245센티미터로 오히려 짧아지게 되었다. 그러나 이와 반대로 신장 180센티미터의 선수는 사용할 수 있는 스키가 기존 260센티미터에서 263센티미터로 늘어나게 되었다. 신장이 작은 일본 선수들은 불리해지고, 체격이 큰 유럽 선수들은 유리해지면서 일본에서는 일본 견제를 위한 조치라는 비판이 이어졌다. 유럽이 발상지인 스포츠에서 일본이 두각을 나타낸 것에 대한 보복이라는 것이다.

수영에서도 평영이나 배영에서 일본 선수들이 규정을 위반하지 않는 선에서 최대한 변칙적인 수영법을 통해 세계적인 수준으로 올라서자, 국제수영연맹이 평영과 배영 규정을 더욱 엄격하게 적용해 일본을 견제한다는 목소리가 터져나왔다. 이런 일본 때리기 사례의 시작은 배구의 규칙 변경에서부터라고 할 수 있다. 일본은 1960년대부터 여자와 남자 배구 모두 세계 최강으로 통했다. 끈질긴 수비와 조직력을 바탕으로 시간차 공격이나 퀵 공격 등 다양한 공격을 개발해 세계 배구계를 주도했다. 그런데 배구계에서는 1970년대 후반부터 블로킹을 공격 횟수에서 제외했다. 그전에는 블로킹도 공격 횟수에 포함했기 때문에 블로킹을 맞고 넘어온 공은 2번 안에 처리해야 했는데, 높이가 낮은데다 조직력이 뛰어난 일본에 유리한 측면이 있었다. 블로킹이 공격 횟수에서 제외되면서 이른바 높이의 배구가 대세로 떠올랐고, 공교롭게도 일본은 블로킹을 공격 횟수에서 제외한 뒤부터 세계 정상권에서 밀려났다.

규칙 변경에 우는 일본과 편파 판정에 분노하는 한국 모두 서양 위주로 판이 짜여 있는 국제 스포츠에서 상대적으로 약자일 수밖에 없다. 한국과 일본 스포츠계가 경쟁하면서도 협력해야 하는 이유가 바로 여기에 있다.

FA 선언에서 나타나는 차이,
한국의 손편지와 일본의 눈물

×

2박 3일간 진행된 프로야구 삼성 라이온즈 구단의 해외 전지훈련 취재를 마치고 리조트를 떠나려던 순간, 모 선수가 다가와 "아니 벌써 가십니까?"라고 말을 걸었다. "다른 구단 취재를 위해 사이판으로 떠나야 해서"라고 답하자 "아니 기자의 꽃은 출장인데 너무 짧은 것 아닙니까?"라며 "기자의 꽃은 출장! 구단의 꽃은 우승! 선수의 꽃은 FA! 조심해서 가십시오"라고 밝은 표정으로 인사를 건넸다. 그렇다. 농담처럼 한 말이지만 프로야구 선수의 꽃은 자유계약선수Free Agent, FA 자격을 갖추어 이른바 FA 대박을 터뜨리는 것이리라.

그런데 이런 프로야구 FA를 대하는 자세와 방식은 우리나라와 일본은 전혀 다른 양상을 보인다. 일본은 고등학생이 프로에 입단하고 8년이 지나면 FA 자격을 얻게 된다. 대학이나 사회인 야구 출신은 7년으로 규정되어 있다. 1999년 처음 FA제도를 도입한 KBO리그는 과거에 비해 FA 기간이 단축되어 2022년 시즌 종료 후에는 고졸 8년, 대졸 7년으로 줄어들어 일본과 같아졌다. 6년이 지나면 FA가 되는 미국에 비해 FA 취득 기간은 여전히 길지만 미국에는 없는 FA 등급제와 전체 연봉의 50퍼센트에 가까운 기형적인 계약금을 고려하면 우리나라의 제도가 선수들에게 불리하다고만은 볼 수 없다. 2021년부터 일본의 영향으로 FA 등급제까지 도입하면서 한일 양국의 FA제도는 외형적으로 거의 비슷해졌지만 FA를 행사하는 방식은 전혀 다르다.

한국 프로야구는 FA 자격을 얻는 선수의 대부분이 일단 FA 신청을 한다. 반면 일본은 FA 자격을 얻더라도 신청하는 선수의 숫자 자체가 우리나라와 비교하면 매우 적은 편이다. KBO리그에서는 2018년 22명의 선수가 FA 자격을 취득한 가운데 15명의 선수가 FA 선언을 했다. 일본은 91명의 선수가 FA 자격을 취득했는데 FA를 선언한 선수는 5명에 불과하다. 2021 시즌을 보면 KBO리그에서는 FA 자격을 갖춘 21명 중 장원준과 나지완 등 4명만이 FA 권리를 행사하지 않았고, 다른 선수들은 모두 FA를 선언해 대부분 만족스러운 계약을 체결했다. 반면 일본은 2021 시즌 이후 40명의 선수가 FA 자격을 갖추었지만 실제 FA 권리를 행사해 팀을 옮긴 선수는 2명에 불과했다.

일본 선수들이 FA 선언을 주저하는 가장 큰 이유는 FA 대박을 터뜨릴 확률보다 FA 미아가 될 확률이 훨씬 높기 때문이다. 특급 선수들의 경우에는 일부 팬들의 일시적인 비난만 감수하면 다른 팀으로 이적하는 데 아무런 문제가 없다. 특히 요미우리 자이언츠, 한신 타이거스, 소프트뱅크 호크스 등 FA 시장의 영원한 큰손이 있는 리그이기 때문에 보상 선수의 유출을 감수해도 특급 선수들은 이적에 큰 문제가 없다. 반면 FA 등급제에서 C급에 해당하는 선수들은 자칫하면 FA 미아가 될 확률이 훨씬 높다. FA 선언 대신 소속팀에 남으면 다음 시즌 큰 어려움 없이 선수생활을 이어갈 수 있지만, 현실을 생각하지 않고 FA 선언을 하게 되면 위험부담이 크기 때문이다. 일본은 고등학교 선수뿐 아니라 대학 선수나 사회인 리그를 통해 즉시 전력을 보강할 선수들을 영입할 수 있기 때문에 FA를 선언할 때는 최대한 신중하게 결정을 내리는 편이다.

일본이 FA로 이적하는 선수가 유난히 적은 것은 일본의 '온가에시恩返し' 문화와도 관련이 있다. '온가에시'는 은혜를 갚는다는 뜻으로 무언가를 받으면 반드시 보답해야 하는 문화를 말한다. 일본 취재진에 따르면 FA 자격을 취득하기까지 본인의 노력이 물론 가장 크지만 본인을 지도해준 감독이나 코치를 비롯해 구단이 자신을 뒷바라지했기 때문에 가능한 것이라고 여겨 FA 선언은 자신을 키워준 구단에 대한 배신이라고 생각하는 문화가 아직 남아 있다고 한다.

여기에 외국인 선수 보유 한도가 무제한이라는 것도 FA 선언을 주저하게 하는 이유이기도 하다. B등급이나 C등급의 선수가 FA를 선언하면 언제든지 같은 포지션의 외국인 선수를 수혈할 수 있다는 점도 우리나라와는 다르다. 실제 일본의 경우 외국인 선수도 FA가 가능해 외국인 선수 연봉 상한선을 100만 달러로 규정한 우리나라와는 외국인 선수 대우에서 많은 차이를 보인다. 에이전트 자격이 변호사로 제한된데다 그나마 선수들 대부분이 에이전트를 고용하지 않고 있는 것도 미국이나 우리나라와는 다른 일본 야구의 특징이다. 이런저런 이유로 일본 프로야구에서 FA 대박을 터뜨리면서 팀을 옮기는 것은 극소수의 선수들만이 누리는 혜택이라고 할 수 있다.

FA로 이적하더라도 연봉 대박보다는 출장 기회를 더 많이 얻고 싶어서 또는 우승의 꿈을 이루고 싶어서, 고향팀에서 뛰고 싶어서 등과 같은 이유인 경우가 많은 것도 일본 FA의 특징이라고 할 수 있다. FA 자격을 얻어 팀을 옮기는 소수의 혜택받은 선수들은 새로운 팀과 계약해 기자회견을 할 때 눈물을 흘리는 경우가 많은 것도 일본 FA에서만 볼 수 있는 풍경이다. 히로시마 도요 카프의 간판타자였던 아라이 다카히로는 한신 타이거즈로 이적하면서 뜨거운 눈물을 흘렸다. 요코하마 DeNA 베이스타즈의 마운드를 책임졌던 야마구치 슌 역시 요미우리 자이언츠로 이적할 때 눈물을 쏟아냈다. 이는 눈물을 흘리면서 전 소속팀에 대한 고마움을 표현하는 방식이었다. 아라이 다카히로와 야마구치 슌처럼 FA로 팀을 옮길 때 눈물을 흘리는 모습은 일본 프로야구에서 흔히 볼 수 있는 장면이다.

아라이 다카히로를 비롯해 FA(자유계약선수)로 팀을 옮기면서 눈물을 흘리는 일본 프로야구 선수들

반면 KBO리그에서 FA 자격을 얻고도 행사하지 않는 경우는 팀 내 입지가 매우 좁아졌을 경우로 한정된다. 대부분 두 번째로 FA 자격을 취득한 선수들인데다 최근 성적이 기대에 미치지 못하는 선수가 FA를 선언한다면 현실적으로 계약 가능성이 희박하기 때문이다. 1개월이 지나도 계약이 이루어지지 않으면 언론에서 'FA 미아 위기'라는 등의 기사가 쏟아져나오고, 그런 기사가 게재되면 대부분 전 소속 구단과 계약을 체결하는 경우가 대부분이다. 이른바 FA 대박을 터뜨리면서 일본처럼 눈물을 흘리며 전 소속팀에 미안함을 표하는 경우는 보기 힘들다. 새로운 팀에서 입단 기자회견을 할 때 전 소속팀에 대해 감사의 인사를 전하기는 하지만 대부분 밝은 분위기 속에서 새로운 팀에서의 포부를 밝히는 것이

[사진=부산 일보]

FA로 팀을 떠나며 손편지를 보낸 박병호와 나성범, 신문에 광고를 게재한 손아섭

전부이다. 팬들 역시 팀을 떠난 선수에 대해서는 미련을 갖지 않는다. 일부 구단 커뮤니티에서는 팀을 떠난 선수에 대해 언급 자체를 꺼리는 경우도 있을 정도이다.

최근 우리나라 프로야구에서는 손편지가 새로운 문화로 떠오르고 있다. NC 다이노스에서 KIA 타이거즈로 이적한 나성범은 NC 다이노스의 팬들에게 손편지로 감사의 인사를 전했고, 두산 베어스에서 NC 다이노스로 유니폼을 갈아입은 박건우도 손편지를 작성했다. 나성범이나 박건우처럼 FA 대박을 터뜨린 경우가 아닌 소속팀 키움 히어로즈와 계약을 맺지 못한 것에 가까운 박병호는 KT 위즈로 팀을 옮기게 되면서 키움 히어로즈에 서운한 마음이 들 법도 한 상황에서도 장문의 손편지로 팬들에게 고마운 마음을 전해 역시 박병호라는 찬사를 듣기도 했다. 또한 부산 사나이 손아섭은 NC 다이노스로 이적하면서 신문에 광고까지 게재해 새로운 FA의 이별 문화를 만들어내기도 했다.

FA로 이적하면서 입단 기자회견 중 흘리는 일본 프로야구 선수들의 눈물을 놓고 일본에서도 찬반양론이 갈리는 편이다. 전 소속팀에 대한 고마움과 미안함을 표하는 선수의 마음이 전해져 감동했다는 반응이 많지만, 전 소속팀에 그리 헌신적이지 않았던 선수가 FA로 이적하면서 굳이 눈물을 보이는 이유를 잘 모르겠다는 견해도 꽤 많은 편이다. 일부에서는 이런 선수들의 눈물을 '악어의 눈물'이라고 칭하기도 할 정도이다. 반면 2021년에 본격화된 KBO리그 선수들의 손편지 문화는 한동안 한국 FA의 전통으로 이어질 가능성이 크다. 야구팬들의 반응이 대부분 긍정적이기 때문이다.

프로야구 자유계약선수라는 비슷한 제도가 한일 양국에서 어떻게 다르게 적용되는지를 주의 깊게 살펴보면 한일 양국의 문화 차이를 느낄 수 있다. FA를 선언하는 한국과 FA에 망설이는 일본, 고마움을 손편지로 대신하는 한국과 미안함을 눈물로 전하는 일본, 한국과 일본 스포츠가 다르면서도 비슷한 것을 상징적으로 보여주는 것이 바로 프로야구 FA를 대하는 방식이라고 할 수 있다.

수상자를 건너뛰는 사와무라상,
수상자를 찾아내는 최동원상

×

메이저리그 최고의 투수에게 주어지는 '사이영상'은 박찬호가 미국 무대에 진출한 뒤 국내에 본격적으로 알려지기 시작했다. 그전에는 메이저리그 마니아들 사이에서만 알려진 상이었지만 박찬호가 LA 다저스의 에이스로 활약하던 2000년 '사이영상' 후보에 오르면서 국내 뉴스에 자주 소개된 바 있다. 한국인 최초로 '사이영상' 후보에 올랐던 박찬호에 이어 류현진은 지난 2019년 '사이영상' 투표에서 2위를 차지하며 박찬호를 뛰어넘었다. 박찬호와 류현진을 통해 널리 알려진 '사이영상'은 메이저리그의 전설적인 투수 '사이 영'을 기리기 위해 만들어진 상이다. '사이영상'이 우리나라에서 대중화되면서 일본에는 '사이영상'처럼 최고의 투수에게 주어지는 '사와무라상'이 존재한다는 것도 자연스럽게 알려졌다.

일본 야구 초창기의 에이스 사와무라
에이지와 메이저리그의 전설 사이 영

미국과 일본 모두 최고의 투수에 대한 시상이 있는 만큼 우리나라에도 비슷한 상을 만들어야 한다는 목소리가 높아지면서 국내에도 '최동원상'이 탄생하게 되었다. '최동원상'은 메이저리그의 '사이영상'에서 시작해 일본의 '사와무라상'을 거치며 국내 야구에 도입되었다. '최동원상'처럼 대부분의 우리나라 야구 관련 제도들은 미국에서 시작해 일본이 수용하면 한국이 적용하는 방식으로 만들어졌다. FA제도와 영구결번을 비롯한 대부분의 야구 관련 규칙들은 미국과 일본을 거쳐 우리나라에 전해진 것들이다. 예외는 '사와무라상'으로 이 상은 1947년 일본 프로야구 초창기의 전설적인 투수 '사와무라 에이지'를 기리기 위해 만들어진 상이다. 미국 메이저리그의 '사이영상'은 1956년부터 시작된 상이므로 '사와무라상'이 '사이영상'보다 7년이나 빠른 셈이다.

일본이나 미국에 비하면 2014년 첫 수상자를 배출한 '최동원상'은 역사가 매우 짧다. 한미일 프로야구에서 가장 먼저 만들어진 '사와무라상'은 가장 독특한 규칙을 가지고 있다. 메이저리그 '사이영상'이 대상자 선정 과정에 특별한 기준이 없는 반면, 일본의 '사와무라상'은 후보자에 대한 일곱 가지의 구체적인 조건을 명시해놓고 있다.

'사와무라상' 선정 기준

등판 : 25경기 이상

승리 : 15승 이상

완투 : 10경기 이상

승률 : 6할 이상

투구 횟수 : 200이닝 이상

방어율 : 2.50 이하

탈삼진 : 150개 이상

QS+ : 등판 대비 비율(2018년 신설)

이 같은 일곱 가지 조건을 모두 충족해야만 '사와무라상'을 받을 수 있는 것은 아니지만 이 조건 중 최소한 네다섯 가지 이상을 충족해야만 '사와무라상'의 주인공이 될 수 있다. 이런 조건에 어울리는 선수가 없을 때는 과감하게 '수상자 없음'을 발표한다. '사와무라상'은 1971년 처음으로 '수상자 없음'을 발표한 뒤 1980년과 1984년에도 수상자를 보류했고, 2000년과 2019년에도 수상자는 없었다. 미국의 '사이영상'은 일본처럼 후보자에 대한 특별한 기준이 없는 관계로 1956년 첫 번째 수상자를 배출한 뒤 매년 '사이영상'의 주인공을 선정하고 있다. '사이영상'은 기자들의 투표로 결정되는데 1위 7점, 2위 4점, 3위 3점, 4위 2점, 5위 1점으로 계산해 총점이 가장 많은 선수가 수상자가 된다. 2021년 수상자인 코빈 번스는 167이닝을 던졌는데, 일본의 '사와무라상' 기준인 200이닝의 투구에 훨씬 못 미치는 공을 던지고도 '사이영상'을 받게 된 것이다. 반면 우리나라의 '최동원상'도 '사와무라상'과 비슷한 선정 기준을 가지고 있다.

'최동원상' 선정 기준

선발 25경기 이상

180이닝 이상

15승 이상

150탈삼진 이상

퀄리티스타트(선발 6이닝 이상, 3자책점 이하) 15경기 이상

평균자책점 3.00 이하

35세이브 이상

'최동원상'은 일본과 비슷한 기준을 제시하고 있지만 투구 이닝과 방어율 기준이 낮은 편이다. 또한 일본처럼 10경기 이상의 완투라는 조건은 존재하지 않는다. '사와무라상'은 일곱 가지 기준 중 최소 네다섯 가지를 충족해야 하지만 '최동원상'은 일곱 가지 기준 중 한 가지만 충족해도 후보가 될 수 있다. '최동원상'은 미국와 일본의 장점을 살려 만들었는데 수상자를 놓고 여러 차례 논란에 휩싸이곤 했다. 이는 수상자가 훌륭한 성적을 거두지 못했거나 제시한 일곱 가지 기준을 충족시키지 못했기 때문에 발생했는데, 미국처럼 특별한 기준 없이 그해 투수 중 가장 뛰어난 선수를 선정한다면 논란은 생기지 않을 것이다.

'최동원상'은 수상자 선정과 투표방식은 일본과 비슷하지만 '수상자 없음' 대신 반드시 수상자를 선정해야 하는 것은 미국의 방식을 따르고 있다. 일부 야구팬들은 일본의 '사와무라상'이 '수상

한국 프로야구의 영원한 전설, 투혼의 에이스 롯데 자이언츠의 최동원

자 없음'을 발표하는 것을 예로 들며 '최동원상'도 적합한 선수가 없을 때는 일본처럼 '수상자 없음'을 선언하는 것이 공정하다고 주장하기도 한다. 그런데 '사와무라상'이 '수상자 없음'을 처음 발표한 것은 상이 만들어진 지 24년이 지난 뒤였다. 2014년에 첫 수상자를 배출한 '최동원상'과 직접 비교하기에는 곤란한 측면이 있다. 가장 결정적인 차이는 '수상자 없음'이 '사와무라상'만의 특징이 아닌 일본식 문화의 단면이라는 점이다.

우리나라에서는 신인상을 프로야구 출범 이후 매년 시상하고 있다. 때로는 신인상에 어울리지 않는다는 평가를 받는 선수도 분명 존재한다. 그래도 신인상 기준에 부합하는 선수 중에서 가장 뛰어난 활약을 펼친 선수에게 시상하고 있다. 그러나 일본은 조금 다르다. 최근에는 퍼시픽리그가 2000년에 신인상을 수상하지 않았다. 2000년 퍼시픽리그를 비롯해 일본은 모두 10번이나 신인상 선수를 선정하지 않았다. 적당한 선수가 없을 때 무리해서 선정하는 것이 아니라 '수상자 없음'을 발표하는 관례에 따른 것이다.

이런 모습은 야구에만 해당되지 않는다. 일본의 대표적인 문학상인 '아쿠타카와상'과 '나오키상'은 '수상자 없음'을 자주 발표하곤 한다. 1935년 제정된 '나오키상'은 2006년을 비롯해 26차례나 수상자를 선정하지 않았다. 같은 해에 만들어진 '아쿠타카와상' 역시 무려 30번이나 수상자 없음을 발표했다. 이처럼 일본은 야구나 문학 등 각종 분야에서 수상자를 결정할 때 투표가 아닌 선정위원회에서 대상자를 선정하는 방식을 채택하고 있으며, 적당한 대상자가 없을 경우 무리해서 수상자를 선정하지 않는 문화를 가지고 있다.

반면 우리나라의 '한국소설문학상'은 1975년부터 한 번도 거르지 않고 수상자를 배출하고 있다. '사와무라상'과 '최동원상'의 차이점은 '나오키상'과 '한국소설문학상'이 다른 것과 똑같은 이유라고 할 수 있다. 시대와 나라는 모두 다르지만 사이 영, 사와무라 에이지, 최동원은 모두 한 시대를 대표한 전설적인 투수라는 공통점이 있다. 그냥 잘 던진 투수가 아니라 '투혼'이라는 이미지와 잘 어울리는 선수들이었다는 점도 동일하다. 다만 '최동원상'의 역사는 '사와무라상'이나 '사이영상'과 비교하면 이제 시작 단계이므로 아직 미흡한 점도 분명 존재할 것이다. 여러 시행착오를 거쳐 한국 야구의 특성을 살린다면 '최동원상' 역시 '사와무라상'이나 '사이 영상' 못지않은 권위를 가진, 한국 프로야구 최고의 투수에게 주어지는 영광스러운 상으로 자리잡을 날이 머지않았을 것이다.

'The Power'
축구의 상징 까마귀와 야구를
풍자하는 두견새, 일본 스포츠의 저력

일본은 사소해 보이는 이야기라도 모두가 관심을 가질 만한 풍성한 내용으로 포장하는 능력이 뛰어나다. 스포츠의 명장면은 다양한 방식으로 확대 재생산되면서 스포츠의 전설을 만들어간다. 일본 스포츠의 전설은 스포츠의 역사로 이어지며 또다시 새로운 영웅을 만든다. 일본 스포츠의 힘은 바로 이야기를 만드는 것에서부터 시작된다. 시와 소설, 만화부터 역사 속 인물의 일화까지 스포츠와 결합해 시대에 맞는 새로운 문화를 창조한다. 이 같은 튼튼한 기반을 가진 일본 스포츠는 세계 스포츠의 선진국임에 분명하다.

일본 프로야구 버전의 울지 않는 새와
믿음의 야구 이야기

×

일본 남자 피겨스케이팅의 오다 노부나리는 선수생활을 하면서 유난히 억울한 일이 많이 발생했고, 그때마다 대성통곡하는 모습을 보였다. 그는 2006 토리노 동계올림픽 대표 선발전에서 1위를 차지해 시상식까지 마쳤지만 같은 점프를 3번 이상 뛰어 피겨 규칙을 위반한 것으로 알려지면서 결국 올림픽에 출전하지 못했다. 4년의 기다림 끝에 출전한 2010 밴쿠버 동계올림픽에서는 연기 도중 스케이트화의 끈이 끊어지는 불운을 겪기도 했다. 그는 2014 소치 동계올림픽 대표 선발전에서 4위에 그치자 은퇴를 선언했는데, 은퇴식에서 "두견새가 울지 않으면 어떻게 하겠느냐?"는 질문을 받았다. 이는 오다 노부나리가 유난히 많은 눈물을 보였기 때문이기도 하지만 일본 전국시대의 장수 오다 노부나가의 후손이

2018 평창 동계올림픽에서 일본의 남자 피겨스케이팅 선수 하뉴 유즈루의 경기를 본 뒤 눈물을 흘리는 오다 노부나리. 평소 눈물이 많은 것으로 유명하다.

었기 때문이다. 오다 노부나리는 "울지 않으면 울고 또 웁니다"라는 말을 남기며 선수생활을 마감했다.

오다 노부나리의 선조인 오다 노부나가는 도요토미 히데요시, 도쿠가와 이에야스와 함께 일본 전국시대를 대표하는 3대 인물로 통한다. 이 3명의 특징을 살려 '두견새가 울지 않으면 어떻게 할 것인가'에 대한 반응을 나타낸 이야기는 우리나라에서도 유명한 일화로 알려져 있다.

오다 노부나가 "두견새가 울지 않으면 죽여버린다."

도요토미 히데요시 "두견새가 울지 않으면 울도록 만든다."

도쿠가와 이에야스 "두견새가 울지 않으면 울 때까지 기다린다."

오다 노부나가의 결단력과 도요토미 히데요시의 추진력, 도쿠가와 이에야스의 인내심을 두견새에 비유해 표현한 것인데, 일본에서는 이 3명의 이야기를 프로야구 구단의 운영방식과 비유하곤 한다. 각 구단의 특징을 살려 네티즌들이 만들어낸 절묘한 풍자방식이다.

한신 타이거즈 울지 않으면 강력한 제재를 가한다.
요미우리 자이언츠 울지 않으면 우는 새를 사자.
주니치 드래건스 울지 않으면 트레이드한다.
히로시마 도요 카프 울지 않으면 울 때까지 특별 훈련
요코하마 DeNA 베이스타스 울지 않는다.

한신 타이거즈 구단은 선수들이 잘못할 때 강한 제재를 하는 것으로 유명한데 그런 특성을 풍자한 말이고, 재정이 풍부해 좋은 선수를 많이 영입하는 요미우리 자이언츠의 특성을 '우는 새를 사자'로 표현한 것이다. 또한 트레이드를 자주 하는 주니치 드래건스의 특징을 한마디로 녹여냈으며, 훈련량이 많은 히로시마 도요 카프를 '특별 훈련'으로, 만년 하위팀인 요코하마 DeNA 베이스타스는 언제나 '울지 않는다'로 표현한 것이다. 이 외에도 요코하마 DeNA 베이스타스와는 반대의 의미로 항상 좋은 성적을 유지하고 있는 소프트뱅크 호크스는 '운다'는 한마디로, 야구팬 숫자가 많지 않지만 팬들의 열정적인 응원으로 유명한 지바 롯데 마린스

는 '올 때까지 응원'으로, 외부 영입보다는 팀 내 육성을 강조하는 세이부 라이온스의 특징은 '울지 않으면 야수 육성'으로 정리하기도 했다. 또한 요미우리 자이언츠의 넓은 선수층에 빗대어 "울지 않으면 다른 누군가가 운다"로 표현하고, 재정이 어려운 히로시마 자이언츠는 "울고 싶어도 배가 고파서 울지 못한다"로 재치 있게 풍자했다.

구단의 특징뿐 아니라 감독의 지휘 성향에 대해서도 '울지 않는 새'에 비유하는 보도 역시 종종 찾아볼 수 있다. 일본 프로야구 최대의 라이벌인 요미우리 자이언츠와 한신 타이거스는 동쪽과 서쪽 지역을 대표하는 명문 구단이자 최고의 인기 구단인데, 감독의 성향까지 마치 도쿠가와 이에야스와 오다 노부나가처럼 극단적인 대조를 보이기도 했다. 실제 2015년 한신 타이거스의 와다 유타카 감독은 주전선수들이 부진할 때도 교체 투입 대신 선수들을 계속 투입해 좋은 성적을 낼 때까지 기회를 주었다. 일본 언론에서는 이를 "울지 않으면 울 때까지 기다린다"는 도쿠가와 이에야스에 비유했다. 반면 당시 요미우리 자이언츠의 하라 다쓰노리 감독은 아베 신노스케, 무라타 슈이치, 초노 히사요시 등 특급 선수들이 많았지만 부진할 때는 과감하게 다른 선수들을 기용했다. 일본 언론에서는 하라 다쓰노리 감독의 지도방식을 "울지 않으면 죽여 버린다"는 오다 노부나가에 빗대어 표현했다.

공교롭게도 정규 시즌에서 한신 타이거스가 3위, 요미우리 자이언츠가 2위를 차지해 클라이맥스시리즈에서 맞대결을 벌이게 되었다. 이 승부는 오다 노부나가와 도쿠가와 이에야스식 지도방식의 대결로도 관심을 모았는데, 결과는 오다 노부나가식인 요미우리 자이언츠의 하라 다쓰노리 감독의 승리로 끝났다. 한신 타이거스의 와다 유타카 감독은 끝까지 기다렸지만 결국 새는 울지 않았고, 감독의 자리에서 물러나야 했다. 요미우리 자이언츠의 하라 다쓰노리 감독 역시 우승에는 실패하면서 감독 자리에서 물러났지만 2018년 감독에 복귀해 사상 최초로 3번이나 요미우리 자이언츠의 감독을 맡게 되었다. 하라 다쓰노리 감독은 2019년 9월 〈스포츠그래픽넘버〉와의 인터뷰에서 "울지 않으면 울 때까지 기다리지 않고 선수를 교체한다"는 자신의 지도 철학을 공식적으로 밝히기도 했다.

하라 다쓰노리 감독처럼 감독이 경기에 적극적으로 개입할 것인가, 철저하게 선수에게 맡길 것인가는 야구계의 영원한 숙제라고 할 수 있다. 감독의 다양한 작전과 선수 교체가 절묘하게 맞아떨어질 때도 있지만, 감독의 무리한 개입이 화를 초래하는 경우도 많기 때문이다. 결국 어떤 결과가 나오느냐에 따라 감독에 대한 평가와 지휘방법에 대한 평가가 달라진다. 한국 야구에서는 한때 '믿음의 야구'라는 지휘법이 큰 인기를 모은 적이 있다. 2006년과 2009년 월드베이스볼클래식에서 좋은 성적을 거둔 김인식 감독은 믿음의 야구의 대명사로 통한다. 2008 베이징 올림픽 금메달의 주역인 김경문 감독 역시 믿음의 야구를 대표하는 인물이다. 특히 대회 기간 내내 중심 타자 이승엽이 대단히 부진했지만 김경문 감독은 이승엽을 교체하지 않고 끝까지 기용해 이승엽은 일본과의 4강전, 쿠바와의 결승전에서 홈런을 터뜨리며 김경문식 믿음의 야구를 완성한 주역이 되었다.

믿음의 야구가 거둔 빛나는 성적과 함께 실제 도쿠가와 이에야스가 일본 전국시대 최후의 승리자가 된 것을 생각하면 '올 때까지 기다린다'는 철학이 맞는 것 같지만 현실은 그렇게 간단하지만은 않은 듯하다. 두산 베어스와 월드베이스볼클래식 1, 2회 대회, WBSC 프리미어12에서 돋보였던 김인식표 믿음의 야구는 한화 이글스와 월드베이스볼클래식 4회 대회에서는 좋은 성적으로 이어지지 못했다. 2008 베이징 올림픽 금메달의 기적을 만든 김경문 감독은 13년 뒤 2020 도쿄 올림픽 무대에서 다시 한번 믿음의 야구를 이어갔지만 이번에는 6개 참가국 중 4위에 그쳐 큰 비난을 받기도 했다. 똑같은 믿음의 야구인데 결과에 따라 성공과 실패가 엇갈린 것이다. 믿음의 야구뿐 아니라 감독이 적극적으로 개입하는 지도방법 역시 언제나 성공을 거두는 것은 아니다. 결국 감독의 지도력과 선수들의 경기력, 당시의 상황을 모두 고려해야만 좋은 결과가 나오는 것이라고 할 수 있다.

'울지 않는 새'에 비유한 야구감독의 지휘방식에 정답은 없지만 교훈을 얻을 만한 대목은 존재한다. 1990년대 초반까지 야구감독은 순간순간 느껴지는 '감'으로 작전을 구사했지만, 데이터 분석을 중시한 ID(Import Data) 야구의 창시자로 불리는 노무라 가쓰야 감독은 데이터를 바탕으로 다른 감독들과 차별화된 작전을 선보였다.

이런 노무라 가쓰야 감독을 '울지 않는 새'에 빗대어 "울지 않으면 왜 울지 않는지 분석하자"라고 표현하기도 했다.

이런 분석이 반드시 좋은 결과로 이어지는 것은 아니지만 '감'에 비해 '분석'은 분명 과학적이며, 야구 전술이 한 단계 앞으로 나아간 것이라고 할 수 있다. 또한 2021년 니혼햄 파이터스 감독에 취임한 신조 쓰요시는 '울지 않는 새'에 대한 질문을 받고 "울지 않으면 빛을 내. 눈에 띄면 좋을 것이다"라고 대답하기도 했다. 신조 쓰요시의 말은 "꼭 울지 않아도 좋다. 자신이 잘할 수 있는 것을 하자. 그것으로 충분하다"와 같은 뜻으로 해석할 수 있다. '울지 않는 새'를 독자적으로 해석한 신조 쓰요시 감독의 개성 넘치는 표현은 단순히 야구를 넘어 이 시대를 살아가는 이들에게 좋은 교훈을 주고 있다.

일본 스포츠의 '신과 함께'를 대표하는
명언인 '하느님, 부처님, 이나오님'

×

'부처님 오신 날'과 '성탄절'이 모두 휴일인 우리나라와는 달리 일본에서는 특정 종교 기념일을 휴일로 지정하지 않고 있다. 일본은 도심과 시골 어느 곳을 가더라도 신사神社를 흔히 볼 수 있을 정도로 특정 종교보다는 민속신앙이 뿌리깊게 자리잡고 있다. 자연스럽게 신神과 관련된 표현은 일본 문화에서 자주 사용되고 있으며 스포츠 역시 마찬가지이다. 한류 스타 배용준의 애칭인 '욘사마'에서 볼 수 있듯이 일본에서는 '사마樣'를 붙여 존경의 뜻을 나타내는데, 그 절정에 있는 것이 바로 '신'에 '사마'를 붙인 '가미사마神樣'라는 존칭이다. '가미사마'는 '하느님'과 비슷한 표현인데 일본에서는 일상생활에서 흔히 들을 수 있는 말이다. 일본 스포츠에서도 '가미사마'에 얽힌 다양한 이야기와 표현을 찾아볼 수 있는데 그중에서도 가장 유명한 것이 바로 '하느님, 부처님, 이나오님'이라는 명언이다.

일본 프로야구 니시테쓰 라이온스의 이나오 가즈히사는 프로 입단 첫 시즌에 21승을 시작으로 다음 시즌에는 무려 35승을 기록하는 등 8년간 234승이라는 믿기지 않는 성적을 거두었다. 특히 1958년 일본시리즈는 이나오 가즈히사의 전설이 탄생한 이나오에 의한, 이나오를 위한 무대였다. 요미우리 자이언츠에게 3연패를 당한 니시테쓰 라이온스는 벼랑 끝에 몰려 있었는데 이나오 가즈히사가 4, 5, 6, 7차전에 모두 등판해 승리투수가 되면서 사상첫 3연패 뒤 4연승 우승이라는 기적을 만들어냈다. 특히 5차전에서는 연장 10회 말에 타자로 나와 끝내기 홈런까지 날렸는데 한 관중이 감격한 나머지 이나오 가즈히사 앞에 무릎을 꿇고 합장하면서 "하느님, 부처님, 이나오님"이라며 일본 야구 역사에 길이 남을 명언으로 찬사를 보냈다.

'하느님, 부처님, 이나오님'이 일본 야구 최고의 명언으로 유명해지면서 특정인을 극찬할 경우 이름을 바꿔 사용하곤 한다. 일본의 야구 천재 스즈키 이치로도 '하느님, 부처님, 이치로님'으로 불렸으며, 마지막 순간 끝내기 홈런 등 극적인 승부를 만들어낸 선수들 또한 다음날 신문에 '하느님, 부처님, ○○님'이라는 타이틀로 표기되곤 한다. 관중의 응원 문구에서도 '하느님, 부처님, ○○님'이라는 표현을 쉽게 찾아볼 수 있다. 요미우리 자이언츠 시절 이승엽을 응원하는 팬들은 이승엽이 타석에 등장할 때마다 '하

야구선수 이나오 가즈히사의 자서전. 책의 제목은 그를 대표하는 말인 '하느님, 부처님, 이나오님-나의 이력서'로 정했다.

느님, 부처님, 승님'이라는 문구를 들고 응원하기도 했다. '하느님, 부처님, ○○님'은 전설적인 활약을 펼친 선수에게만 주어지는 일종의 명예 훈장과 같은 표현으로 통했다. 일본 야구계의 전설적인 명언의 주인공인 이나오 가즈히사는 자서전을 발간한 적이 있는데 제목은 당연히 『하느님, 부처님, 이나오님─나의 이력서』였다.

일본에서 '가미사마'는 유일신의 개념이 아닌 일상생활 속에 자연스럽게 녹아 있는 신인 것처럼 스포츠계의 '가미사마'를 놓고 다양한 견해가 제기되고 있다. 먼저 야구의 '가미사마'로 대부분 베이브 루스를 꼽지만 일본 야구의 '가미사마'에 대해서는 의견이 분분하다. 1960년대 일본 프로야구 9년 연속 우승을 이끈 요미우리 자이언츠의 가와카미 데쓰하루 감독을 야구의 '가미사마'로 일컫는 사람이 많지만, 나가시마 시게오나 왕정치의 이름을 떠올리는 사람도 꽤 많이 있다. 또한 한신 타이거즈의 외국인 선수로 팀의 우승을 이끌었던 랜디 배스 역시 일부 한신 타이거즈의 팬들 사이에서는 야구의 '가미사마'로 불리기도 한다.

축구의 '가미사마'는 브라질의 '펠레'로 통하지만 일본에서 '펠레'는 축구의 '왕'일 뿐이며 많은 사람들이 축구의 '가미사마'는 브라질 출신의 '코임브라 지코'를 가리킨다. 1980년대 하얀 펠레로 불리며 뛰어난 활약을 펼친 '지코'는 디에고 마라도나와 미셸 플라티니 같은 선수들에 비해 지명도가 떨어지지만 일본에서 활동한 적도 있고, 일본과 친밀한 관계를 보이는 것까지 고려해 '가미사마'를 붙인 것으로 생각된다. 또한 우리말로 '신 또는 님'을 뜻하는 '가미사마'까지는 아니지만 '신의 아들'로 불리는 선수들도 있다. 대표적인 선수로는 아르헨티나의 축구 스타 디에고 마라도나, 마라도나의 후계자이자 21세기 최고의 축구선수인 리오넬 메시 역시 일본에서는 '신의 아들'로 통한다. 스페인 출신의 페르난도 토레스 역시 같은 애칭으로 불린다.

이들의 공통점은 모두 스페인어권 출신이라는 점이다. 스페인어로 엘니뇨El Nino는 '소년'이라는 뜻으로 흔히 수온이 올라가는 기상 현상을 말하는데, 과거 선물이라는 뜻으로 사용되었다. 마라도나와 메시, 토레스 모두 스페인어권 출신이며, 어린 나이에 프로에 데뷔해 얻게 된 별명이 스페인어로 엘니뇨이자 일본어로는 '신의 아들'인 셈이다. 하지만 비슷하게 어린 나이에 프로 생활을 시작한 영국 출신의 웨인 루니에게는 '신의 아들'이라는 표현을 사용하지 않는다.

또한 '엘니뇨'와는 관계없이 '신의 아들'이란 별명을 얻은 선수들도 있다. 이종격투기의 간판스타였던 야마모토 노리후미는 레슬러였던 아버지를 '신'과 같은 존재로 여겨 자신을 '신의 아들'이라 표현했고, '신의 아들'은 야마모토 노리후미의 별명이 되었다. 일본 언론에서는 그의 격투 감각이 뛰어나기 때문에 '격투신의 아들'이라는 뜻으로 포장한 적도 있다. 일본 프로야구와 메이저리그에서 활약한 명투수 다나카 마사히로 역시 '신의 아들'로 통하는데, 다나카 마사히로가 '신의 아들'이 된 것은 신인 시절 라쿠텐 골든이글스의 노무라 가쓰야 감독이 그를 '신의 아들'이라고 표현했기 때문이다.

개인이나 가정, 국가 등을 지키고 보호하는 '수호신'이라는 표현 또한 일본 스포츠에서 자주 사용하는 말이다. 특히 야구의 마무리투수를 지칭할 때 가장 많이 사용한다. 마지막 9회를 책임지는 마무리투수에게 '수호신'이라는 이름은 걸맞은 듯하다. 미국과 일본에서 통산 381세이브를 올렸던 사사키 가즈히로는 일본 프로야구 역대 최고의 '수호신'으로 통하는데 '수호신'을 넘어 '대마신大魔神'으로도 불리면서 일본 프로야구 구원투수 역사상 신과도 같은 대우를 받았다. 사사키 가즈히로와 같은 시기에 활약하며 구원왕 자리를 놓고 경쟁했던 선동열 역시 주니치 드래건스의 수호신으로서 많은 팬들의 지지를 받기도 했다.

또한 축구, 핸드볼, 하키의 골키퍼를 부를 때도 '수호신'이라고 한다. 특히 일본 축구 J리그에는 국가대표를 지낸 정성룡을 비롯해 한국 출신의 골키퍼들이 유난히 많은데 그들은 모두 '○○○의 수호신'이라는 애칭으로 불리고 있다. 프로야구 야쿠르트 스왈로스의 구원투수였던 이가라시 료타는 2000년 구원 등판으로만 전반기 11승을 기록하는 등 유난히 승운이 따른 한 해였다. 이기고 있는 상황에 등판해 자주 실점했지만 팀이 득점을 올리면서 승리투수가 되는 행운이 이어진 것이다. 이런 이가라시 료타에게 야쿠르트 스왈로스 홈페이지에 '승리의 여신이 반한 남자'라는 감상적인 표현이 등장해 눈길을 끌기도 했다.

일본의 신문이나 잡지에서 명승부를 심층 분석할 때 '신이 사랑한 와세다 럭비부', '신이 모습을 드러낸 순간', '입신의 경지에 오른 송구' 등과 같이 '신'이라는 표현을 사용해 극적인 효과를 높이기도 한다. 흔히 재능이 뛰어난 어린 선수를 '신동'이라 부르고, 축구의 절묘한 프리킥이나 유도의 한판승 기술이 등장할 때 '신기'라고 표현하며, 유격수 플라이 때 3루 주자가 홈으로 들어오는 과감한 주루 동작에 '신주루'라는 표현을 사용하기도 한다. 스포츠의 모든 것이 마치 '신과 함께'하는 것 같은 생각마저 들 정도이다. 2022년 한미일 야구 최초로 5연타석 홈런을 날린 야쿠르트 스왈로스의 무라카미 무네타카는 불과 스물두 살의 어린 나이에 무라카미와 가미사마를 합쳐 '무라카미사마'라는 영광스러운 별명을 얻기도 했다.

우리나라 프로야구에서도 2000년대 중반 이후 선수들 이름에 '신'을 붙여 부르는 문화가 생겨났다. 양준혁을 '양신'으로, 이종범을 '종범신'으로, 손민한을 '민한신'으로 부르곤 했다. 일부 선수들에게는 장난스럽게 '신' 자를 붙이기도 했는데 일본의 '가미사마'와 같은 의미라기보다는 야구팬들 사이에서 통하는 '은어'나 인터넷 밈에 가깝다고 할 수 있다. 우리나라에 비해 유난히 '신'과 관련된 표현이 많은 일본에서 그들의 '신'을 이해하는 것은 일본 스포츠와 일본 문화를 깊이 이해할 수 있는 첫걸음이라고 할 수 있다. '하느님, 부처님, 이나오님'을 상황에 맞게 적절히 변형해서 사용하는 것은 일본인과의 관계에서 매우 좋은 선택이 될 것이다.

삿포로 동계올림픽 피겨스케이팅에서
탄생한 '피스 사인'

×

김연아 선수가 활약하던 시절 피겨스케이팅 경기 취재를 위해 해외 출장을 가면 미국이나 유럽, 일본 등에서 온 피겨스케이팅 담당 기자들을 만날 수 있었다. 피겨스케이팅은 축구 같은 종목에 비해 취재진 숫자가 많지 않아서 상대적으로 얼굴을 쉽게 익힐 수 있는 장점이 있다. 취재 도중 몇 번 마주친 미국 기자가 "동아시아 사람들이 사진을 찍을 때 V를 하는 이유가 피겨스케이팅 때문인 것을 혹시 알고 있나?"라고 물은 적이 있다. 한 번도 생각해본 적이 없는 질문이라 당황하는 모습을 보이자 자랑스러운 표정을 지으며 1972 삿포로 동계올림픽 때 미국 여자 피겨스케이팅 선수 '재닛 린'에 대한 이야기를 들려주었다. 나중에 확인해보니 그의 설명은 정확했지만 그것은 일본에 한정된 이야기였다. 우리나라에서 V 사인이 유행한 것이 '재닛 린' 때문이라고 이야기하기는 어렵다. 다만 세계에서 한국과 일본이 유독 'V 사인'에 열광하는 것은 분명한 사실이라고 할 수 있다.

V 사인은 영국의 정치인 윈스턴 처칠이 자주 사용했는데, 특히 제2차세계대전 시기에 유행하면서 승리의 V 사인으로 알려져 왔다. 그런데 1960년대 베트남전쟁을 거치면서 반전운동이 거세게 일어났고, V 사인은 유럽과 미국에서 평화를 의미하는 것으로 바뀌게 되었다. 동아시아권에서 널리 알려지지 않았던 V 사인은 1972년 일본 삿포로에서 열린 동계올림픽을 계기로 일본에서 급격하게 인기를 끌게 되었는데, 그 배경에는 미국의 피겨스케이팅 선수인 '재닛 린'이 있었다. 재닛 린은 지금까지도 우아한 스케이터의 상징으로 불리는 선수이다.

예전에는 쇼트프로그램이나 프리스케이팅을 하기 전에 선수들이 스케이팅으로 도형을 그리는 '컴펄서리compulsory 피겨'가 있었다. 문제는 컴펄서리 피겨가 관중도 없고 중계방송도 되지 않을 정도로 존재감이 미미했지만 점수 비중이 높아 순위에 큰 영향을 미친다는 점이었다. 프리스케이팅에서 아무리 연기를 잘하더라도 컴펄서리 피겨에서 성적이 부진하면 우승하기가 어려웠는데, 우아한 스케이터의 대명사로 불린 재닛 린이 바로 여기에 해당하는 경우였다. 재닛 린은 삿포로 동계올림픽에서 펼친 컴펄서리 피겨에서 부진한 성적을 거둔 뒤 프리스케이팅에 임했는데 스핀 도중 그만 넘어지고 말았다. 그런데 넘어진 재닛 린은 실망한 표정 대

1972 삿포로 동계올림픽 피겨스케이팅 여자 싱글 프리스케이팅에서 경기 도중 넘어진 미국의 재닛 린

신 환하게 웃으면서 일어나 남은 연기를 완벽하게 소화하면서 더 큰 박수를 받았다. 그의 아름다운 연기에 심판은 당시 채점 기준으로 만점에 해당하는 예술 점수 6점을 주기도 했다. 실수를 딛고 감동적인 연기를 선보여 가장 많은 박수를 받았지만 '컴펄서리 피겨'의 저조한 점수 탓에 결과는 금메달이 아닌 동메달이었다.

동메달을 딴 뒤 시상대에서 환하게 웃는 재닛 린의 모습에 일본인들은 완전히 빠져들었다. 재닛 린은 말 그대로 하루아침에 엄청난 인기 스타의 반열에 오르게 되었다. 취재 요청과 방송 출연이 이어졌고, 여러 편의 광고까지 촬영한 그는 팬들의 사인 요청에 항상 'Love+Peace'라는 문구를 적었다. 재닛 린은 사진을 찍을 때

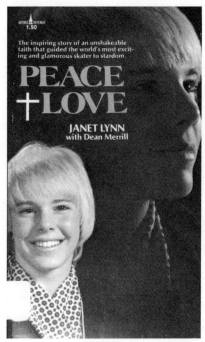

미국의 연인으로 불린 피겨스케이
팅 선수 재닛 린의 이야기를 다룬 책
『PEACE＋LOVE』의 표지

는 환하게 웃으며 'V 사인'을 했는데 이런 그의 인기 속에 과거 승
리의 빅토리Victory로 통했던 V 사인은 일본에서 '피스 사인'이라는
이름으로 불리게 되었다. 연기 도중 실수로 넘어지고도 미소를 잃
지 않은 재닛 린의 모습을 통해 위로받았다는 일본인들의 사연까
지 이어졌다.

　재닛 린은 프로로 전향한 뒤에도 여전히 우아한 스케이터로 사
랑받았는데, 김연아가 세계적인 선수 반열에 오르자 미국 언론

에서는 김연아를 재닛 린만큼 뛰어난 표현력을 가졌다고 평가하기도 했다. 일본 언론은 삿포로 동계올림픽 이후 30년이 지난 2022년에도 여전히 재닛 린의 근황을 전하고 있다. 종교에 헌신하고 있는 그의 이야기를 다룬 책의 제목은 바로 'PEACE+LOVE'이다.

'피스 사인'과 관련된 일화는 일본 만화『명탐정 코난』을 비롯해 각종 영화나 드라마 등에서 쉽게 찾아볼 수 있다. 일본인들은 실제 사진을 찍을 때 대부분 손가락으로 V 자를 그린다. 과거 해외 출장 도중 일본인과 찍은 사진을 찾아보니 대부분 V 자 포즈를 취하고 있는 것을 확인할 수 있었다. 이처럼 일본인들의 일상생활에서 '피스 사인'이 널리 퍼지면서 일본어 회화 능력을 평가하는 일본어 JPT 시험의 첫 번째 유형인 사진 문제에는 '피스 사인'에 관한 내용이 자주 나오는 편이다. 'V 사인'을 하고 있는 모습의 사진 문제에서 "이 사람은 지금 피스 사인을 하고 있습니다"라는 내용이 정답인데, '피스 사인'의 의미를 모르는 일본어 초급자의 경우 틀리기 쉬운 문제이기도 하다. 그 이유 중 하나는 V 사인이 우리나라에서 워낙 유명하지만 반대로 이렇게 유명한 '승리의 V'가 일본에서 '피스 사인'이라는 전혀 다른 뜻으로 사용된다고는 생각하기 어렵기 때문이다.

우리나라에서 'V 사인'은 '승리의 V, 빅토리'로 널리 알려져 있다. 그런데 네이버 뉴스 검색을 해보면 1960년대까지는 주로 외국의 정치인이나 유명인의 사진을 설명할 때 '승리의 V'를 하고 있다는 내용이 나온다. 특히 스포츠 뉴스에서는 1974 테헤란 아시안게임 우승 이후 우리나라 사격선수들이 '승리의 V' 포즈를 취하고 있다는 보도 내용을 처음으로 발견할 수 있다. 이것을 시작으로 '승리의 V'는 1970년대 중반 이후 스포츠 뉴스를 보면 쉽게 찾아볼 수 있다. 프로복서 유제두가 타이틀매치를 앞두고 '승리의 V' 포즈로 자신감을 나타냈다는 당시 보도에서 알 수 있듯이 권투에서도 'V 사인'이 자주 사용되었다. 프로복싱 신인왕전에서 우승한 선수를 비롯해 동양 타이틀전이나 세계 타이틀전에서 우승한 선수는 트레이너의 어깨에 올라타 승리의 'V 사인'을 하는 것이 당시 모든 권투선수들의 공통된 행동이었다.

권투선수뿐 아니라 권투 경기를 지켜보던 꼬마 관중들이 중계방송 캐스터 뒷자리에 모여 경쟁하듯이 'V 사인'을 하는 모습은 권투 중계의 마지막을 장식하는 또 하나의 볼거리로 떠올랐다. 비슷한 'V 사인'이지만 누가 더 이색적인 표정과 익살스러운 모습을 보이냐에 따라 V 사인에 대한 평가가 달라지기도 했다. 이처럼 'V 사인'이 스포츠를 시작으로 국내에서 폭발적인 인기를 끌면서 1981년에는 라면 이름에까지 'V'가 등장하기도 했다. 농심에서 나온 'V라면'은 생각보다 반응이 좋지 않아 금방 단종되었지만 개인적으로 여러 차례 먹었던 기억이 떠오른다. 일본 사람들이 경기를 앞두고 이긴다는 의미의 '가츠'가 들어가는 '가츠동'을 주로 먹는 것과 같은 이유로, 초등학교 5학년 때 동네에서 야구공 내기 야구 시합을 하기 전 친구들끼리 모여 'V라면'을 먹은 적도 있다. 또한

2020 도쿄 올림픽 이후 남자 높이뛰기의 간판스타로 떠오른 우상혁이 승리의 V 사인을 하고 있다.

당시 곱슬머리 친구의 별명이 'V라면'이었을 정도로 승리의 'V'는 스포츠를 넘어 일상생활 전반으로 확대되었다.

이 외에도 1987년 이후 민주화가 진행되면서 국민의 직접투표로 대통령을 선출하게 되었을 때 많은 대통령 후보와 지지자들은 승리의 V 자를 만들곤 했다. 'V 사인'은 'K-POP'이 세계적인 인기를 얻으면서 외국에 더욱 많이 알려지게 되었는데, 'V 사인'에 덜 익숙한 외국 사람들은 한국 아이돌의 자신감이 느껴져서 좋다는 반응을 보이곤 한다. 스포츠 아이돌로 통하는 남자 높이뛰기의 우상혁은 한국 육상의 역사를 다시 쓰고 있는데, 상대에 주눅 들지 않는 자신감 넘치는 모습으로 인기를 모으고 있다. 다른 한국 선수보다 유난히 다양한 동작으로 기쁨을 표시하는 우상혁이지만 가장 많이 취하는 자세는 역시 'V 사인'이다. 사실 자신 있는 모습을 표현하는 데 'V 사인'만한 것이 없기 때문일 것이다.

일본의 젊은이들을 비롯해 대부분의 일본 사람들은 일상생활에서 특별한 생각 없이 하는 '피스 사인'이 1972 삿포로 동계올림픽 피겨스케이팅의 '재닛 린' 열풍에서부터 시작되었다는 것을 알지 못한다. 미국 피겨스케이팅 기자의 말과는 다르게 우리나라 사람들은 '재닛 린'이란 이름조차 처음 듣는 사람이 많다. 휴대전화가 급격하게 보급되면서 사진 찍을 기회가 과거에 비해 훨씬 많아진 것은 세계 공통이지만 한국과 일본은 다른 나라에 비해 'V 사인'을 유난히 많이 취한다. 같은 동작을 놓고 우리나라에서는 '승리의 V', 일본에서는 '피스 사인'이라고 다르게 표현하지만 'V 사인'에 열광하는 것은 한국과 일본이 공유하는 공통된 습관이다.

한국 스포츠의 전통이 된 '승리의 V'뿐만 아니라 일본의 '피스 사인' 역시 스포츠에서 유래되었다. 'V 사인'의 서로 다른 이름처럼 스포츠가 '승리'뿐 아니라 '평화'도 가져올 수 있다면 얼마나 좋을까? 이른바 '핑퐁 외교'로 시작된 미국과 중국의 국교 정상화처럼 스포츠는 정말로 '승리'와 '평화'를 동시에 완성할 수 있는 유일한 것일지도 모른다.

일본 야구의 3박자는
'공수주'가 아닌 '주공수'

×

숭례문이 방화사건으로 인해 보수공사를 진행하면서 국보 1호에 대한 논란이 생긴 적이 있다. 당시 국보 1호로 압도적인 지지를 받았던 훈민정음이 국보 70호라는 사실에 분노하는 목소리까지 나오기도 했다. 문화재청에서 국보의 번호는 순서일 뿐 가치와는 다르다고 설명했지만 여전히 국보 1호의 상징성은 크다. 일본의 국보 1호가 신라에서 선물한 고류지広隆寺 목조반가사유상이라는 것은 국내 뉴스에서 언급된 적이 있지만, 정확하게 말하면 고류지 목조반가사유상은 조각 부문 1호일 뿐이다. 일본은 건물, 조각, 서적, 공예 등 모두 8개의 부문으로 국보를 분류하기 때문이다. 이 때문에 일본에서 국보 1호의 상징성은 우리나라와 비교하면 그리 크지 않다.

야구 해설이나 기사를 보면 일본에서 유래한 표현이 여전히 많이 남아 있다. '손에 땀을 쥐게 하는 명승부', '감독의 기대에 부응했다'와 같은 표현부터 미국과 달리 유난히 포수의 볼 배합에 대한 해설이 많은 것도 일본의 영향을 받은 것이다. 또한 공수주攻守走 '3박자'를 갖추었다는 말을 자주 들을 수 있는데, 공격력이 뛰어나고 수비도 좋은데다 기동력까지 갖춘 선수를 의미한다. 공격과 수비, 주루 그리고 3박자까지 갖췄다는 말은 모두 같지만 우리나라에서 이야기하는 공수주는 일본에서는 주공수走攻守로 순서가 바뀌어 사용된다. 일본에서는 주공수 '3박자'를 갖춘 대표적인 선수로 스즈키 이치로를 꼽는다. 실제 스즈키 이치로는 정확한 타격과 멋진 수비 능력, 빠른 발까지 야구선수로서 모든 것을 갖춘 선수였다. 야구선수를 평가하는 기준을 이야기할 때 미국에서는 '5 Tool Player'라는 표현을 사용한다. 뛰어난 선수를 칭하는 다섯 가지 요소는 장타력과 정확한 타격, 빠른 발과 순발력, 송구 능력을 의미한다. 이것이 일본에서는 '주공수', 우리나라에서는 '공수주' 3박자로 불려왔다.

일본 네티즌 사이에서도 왜 주공수라고 하는지 의문을 제기하는 사람들도 있다. 기동력이 소홀히 할 수 없는 분야이기는 하지만 야구에서 공격이나 수비만큼 중요한 것은 아니기 때문이다. 우리나라 뉴스를 검색해보면 1958년부터 '공수주' 3박자라는 표현이 신문에 등장한다. 실제로 야구 원로인 성기영 2루수와 이재환 유격수를 소개할 때 대부분 '공수주' 3박자를 겸비한 선수라고 표

'공수주'가 아닌 '주공수'로 표기된 일본 TV
화면과 책 제목

현했다. 한미일 공통의 야구 규칙 1.02에 따르면 "각 팀의 목적은
상대팀보다 많이 득점하여 승리하는 데에 있다"라고 나온다. 야구
에서 뛰어난 투수를 보유하면 패하지 않는다. 하지만 이기기 위해
서는 반드시 점수를 뽑아내야 한다. '공수주'에서 굳이 따지자면
공격이 가장 중요하다고 할 수 있다. 상대팀 투수를 상대로 득점
하지 못하면 경기에서 이길 수 없기 때문이다. 야구의 3박자라는
표현 자체는 일본에서 유래되었지만 우리나라에서 국보 1호의 의

미를 중요하게 생각하는 것처럼 야구에서는 공격이 가장 중요하다고 생각했기 때문에 '공수주' 3박자라는 표현이 나왔을 가능성이 크다.

일본에서 '주공수'를 선호하는 이유는 주공수의 어감이 '주수공'이나 '공주수' 등 여러 조합 중 가장 좋기 때문이다. 또한 중요도에 따라 순서를 정한 것이 아니라는 이유도 있다. 일본의 3대 도시인 도쿄, 오사카, 나고야를 약칭으로 일컬을 때 '도메이한東名阪'이라고 한다. 도시의 크기로 따지면 도쿄 다음에 오사카가 와야 하지만 어감을 고려해 '도메이한'으로 부르는 것이다. '주공수', '도메이한'과 비슷하게 '의식주衣食住'라는 표현 역시 순서와 중요성을 놓고 논란이 일기도 한다. 의식주는 사람이 살아가는 데 기본이 되는 옷, 음식, 집을 말하는데, '의식주'라는 단어의 조합은 일본에서 서구의 문헌을 번역하면서 만든 일본식 한자어이다. 미국이나 유럽에서는 대부분 음식Food을 가장 중요하게 생각하고, 북한과 중국은 '의식주' 대신 '식의주'라고 표현한다. 이는 인간이 살아가는 데에는 음식이 가장 중요하다고 생각하기 때문이다.

일부 학자들은 체면과 예의를 중시하는 유교 문화의 영향으로 '의식주'가 탄생했을 것으로 추정하기도 한다. 우리나라와 일본의 고문을 보면 '의식衣食'이라는 단어가 나오는데 여기에 '주'를 합쳐 '의식주'가 만들어졌을 것이라고 생각하는 것이다. 또 일부에서는 아기가 태어나 가장 먼저 옷을 입고, 그다음 모유를 먹은 이후에야 안정된 집에 머물 수 있다며 인간의 출생을 시간 순서대로 나타낸 것이라는 주장을 하기도 한다. 정확한 유래는 알려지지 않았지만 '의식주'는 한일 양국이 공유하는 표현으로, 먹는 문제가 가장 중요하지만 입는 문제와 주거 문제도 인간이 살아가는 데 없어서는 안 되는 부분이다. 이 세 가지 중 하나라도 없다면 정상적인 생활은 불가능하다.

'의식주'와 같은 말 중에 '지덕체智德體'를 빼놓을 수 없다. 전인교육은 지덕체의 조화를 추구하는 것을 기본 목표로 삼고 있다. '지덕체'란 글자 그대로 지식과 올바른 인성, 건강한 신체를 말한다. 영국의 철학자이자 윤리학자인 허버트 스펜서가 1861년『교육론』에서 지육, 덕육, 체육의 세 가지를 교육의 기본 원리로 제시했는데, 유럽에서는 150년 이상 교육의 주요 이념으로 적용해왔다. 허버트 스펜서의 『교육론』원제는 'Education: Intellectual, Moral, and Physical'인데 일본에서 '교육: 지, 덕, 체'로 번역된 것이다. 우리나라에서는『무엇을 가르칠 것인가』라는 제목으로 2016년 첫 번역판이 출간되었다.

우리나라에서도 오랫동안 학교 현장에서 '지·덕·체'라는 말을 사용해왔는데, 최근 체육교사들을 중심으로 '지·덕·체'가 아닌 '체·덕·지'라고 표현하는 경우가 늘고 있다. 실제로 건강한 신체가 뒷받침되어야만 올바른 인성과 지식을 갖출 수 있기에 '체·덕·지'로 바꾸는 것이 학생들의 미래를 위해서 바람직하다는 주장이다. 일본의 '주공수'가 우리나라에서 '공수주'로 바뀐 것처럼 가장 중요한 '체'를 맨 앞에 두자는 내용이다. 그런데 체육교사 출신이자

처음 읽는 허버트 스펜서의 교육론

무엇을
가르칠 것인가

Herbert

허버트 스펜서 지음 | 유지훈 옮김

Spencer

Education:
intellectual,
moral,
and physical

허버트 스펜서의
교육론
국내 최초
번역!

다윈보다 앞서 '적자생존론'을 펼친
영국 최고 지성의 교육 철학

『무엇을 가르칠 것인가』로 국내에서 재출간
된 허버트 스펜서의『교육론』

한국 체육교육의 패러다임을 이끌고 있다는 평가를 받고 있는 서
울대학교 최의창 교수는『스포츠 리터러시 에세이』에서 체·덕·지
에 반대한다는 내용을 게재해 눈길을 끌었다. 물론 최의창 교수는
국내 최고의 체육교육 전문가답게 체육의 중요성을 강조했지만
'체·덕·지'에서 '체'가 제일 중요하고 '덕'과 '지'의 순서대로 순위를
정하는 것은 기존의 '지·덕·체'에서 순서만 바뀌었을 뿐 순위 위주
의 생각은 그대로라는 점을 지적하며 반대 의견을 밝힌 것이다.

'지·덕·체'의 지식 우월주의 주장에 반작용으로 '체·덕·지'가 등
장했는데 '체·덕·지'의 주장은 자칫하면 체육 우월주의로 빠질 수
있다는 우려를 나타내고 있다. 우리 신체의 눈·코·입을 놓고 순서

를 정하기 어려운 것처럼 체와 덕과 지는 서로가 상대적 우위 매김을 할 수 없으며, 이 세 가지가 모두 합쳐져야지만 비로소 완전한 형태가 된다는 주장이다. 또한 '지'와 '덕'과 '체'는 사람의 정신과 육체를 분리할 수 없듯이 따로 떨어져 있는 것이 아니며 종합적으로 판단해야 한다는 견해를 제시하고 있다. '스포츠 리터러시'를 '운동 소양'이라고 번역하면서 체육교육에 인문학적인 소양이 중요하다고 주장해온 최의창 교수의 지적처럼 '지·덕·체'냐, '체·덕·지'냐라는 형식에 매달려 논쟁을 일으켜봐야 실제로 체육교육에 별 도움이 되지 않을 가능성이 클 것이다. 실질적인 교육이 어떻게 이루어지느냐가 더욱 중요하기 때문이다.

일본은 야구의 3박자를 '주공수'라고 표현하지만 굳이 따지자면 일본 야구는 투수력과 수비력을 합친 '수'가 가장 뛰어나다. '노모 히데오'부터 시작해 '다르빗슈 유'와 '오타니 쇼헤이'까지 메이저리그에서 활약한 일본인 투수는 많지만 메이저리그에서 기동력으로 성공한 선수는 사실상 스즈키 이치로 한 명뿐이다. 우리나라 역시 '공수주'라고 하지만 박찬호부터 류현진까지 타자보다는 투수 쪽이 경쟁력을 더 갖추고 있다.

훈민정음은 국보 1호가 아니지만 우리나라 사람들의 마음속에 가장 중요한 문화유산임에 분명하다. '공수주'와 '주공수'의 순서 차이는 있지만 야구의 '3박자'를 갖춘 선수는 어디에서나 환영받으며, '의식주'라고 표현하는 한국과 일본이 '식의주'를 주장하는 일부 국가보다 먹는 문제로부터 자유롭다고 할 수 있을 것이다.

이런 사례와 함께 살펴본 '지·덕·체'와 '체·덕·지' 역시 마찬가지이다. 물론 형식도 소홀히 해서는 안 되지만 더욱 중요한 것은 내용이라는 단순한 사실을 잊지 말아야 할 것이다.

안타를 못 치면 문어를 먹는
일본 야구

×

아라비아숫자 0을 읽는 방법은 다양하다. '영'으로 발음하는 것이 일반적이지만 다른 사람에게 전화번호나 은행 계좌번호 등을 알려줄 때 '공'이라고 하는 경우도 꽤 있다. 스포츠에서는 1점도 올리지 못했을 때 공식적인 자리에서는 '영'이라고 표현하지만 사석에서는 '영' 대신 '빵'이라고 하는 경우가 더 많다. 축구에서 5대 0으로 패했을 때 '오 대 빵'으로 읽으면 '오 대 영'으로 읽을 때보다 결과에 분노하는 듯한 감정을 더 생생하게 느낄 수 있다. 시험 성적에서의 빵점이나 부정적인 의미가 내포되어 있는 이른바 빵점짜리 남편과 같은 말의 '빵' 대신 '영'을 사용한다면 어딘지 어색하게 느껴진다. 반면 1990년대 유행하던 선동열의 방어율을 나타내는 0점대 방어율을 이야기할 때 모두 영점대 방어율이라고 하지

빵점대 방어율이라고 하지는 않는다.

이처럼 숫자 0을 읽을 때 '빵'이라는 단어는 주로 부정적인 의미로 사용된다. 야구선수들 사이에서 '빵'은 타자들이 절대 먹지 말아야 할 음식으로 통하기도 하는데, 이는 선발 출전한 타자가 안타를 치지 못하면 '빵을 먹었다'고 표현하기 때문이다. 실제로 2017년 8월 7일 〈연합뉴스〉 기사에 손아섭을 인터뷰한 내용을 보면 '빵 먹는 날'에 대한 내용이 나온다.

'빵 먹은 날'은 최악의 하루다. 다소 성격이 느긋한 선수는 빨리 잊어버리지만 승리욕이 강한 선수는 분해서 잠도 못 이룬다. 악바리 손아섭은 후자였다. 안타를 못 치는 날은 화가 나 경기가 끝난 뒤 식사를 거르기 일쑤였다. 그러나 이제는 달라졌다. 손아섭은 "이젠 경기에서 '빵' 먹어도 들어가서 밥 잘 먹는다. 밥 굶으면 나만 손해라는 생각에서다." "내가 아쉬워한다고 결과가 달라지지 않는다. 내가 통제할 수 없는 상황은 이제 보내버리기로 했다. 할 수 있는 일에서 최선을 다하려고 한다"라고 말한다(2017년 8월 7일 〈연합뉴스〉 중에서).

시험 전날 미끄러질까봐 미역국을 먹지 않는 것이 일반적이다. 좀더 오래전에는 시험을 볼 때 '낙지'를 먹는 것이 금기시되었는데 '낙제'와 발음이 비슷했기 때문이라고 한다. 당연히 야구선수들은 특히 타자들은 경기 전 0안타를 의식해 '빵'을 먹지 않는 선수들도 꽤 있다. 그런데 '빵'과 관련된 일화가 야구팬들 사이에서 엄청난 화제를 모은 적이 있다. 2004년 두산 베어스와 기아 타이거즈의 플레이오프가 두산 베어스의 승리로 끝난 뒤 당시 〈폭탄뉴스〉에는 '빵'과 관련된 기사가 실렸다. 네티즌들이 방문하는 이른바 기사의 '성지'로 알려진 〈폭탄뉴스〉의 첫 문장은 일반적인 스포츠 기사와는 다른 고상하고 철학적인 문장으로 시작된다.

사람은 먹어야 산다. 아무리 귀하신 몸도 먹지 않고는 살 수 없다. 먹는다는 행위가 인간의 삶을 영위하기 위한 기본 활동이지만, 때에 따라서는 먹는 장소나 시간에 따라 욕을 먹을 수도 있다. 지난 10일 두산-기아의 준플레이오프 2차전이 열린 광주구장. 연장 12회 승부 끝에 기아가 만루 홈런을 얻어맞고 무너졌다. …… 바로 그 순간. 한 선수가 빵을 먹었다. 모두들 패배의 고통에 가슴 저려하는 순간, 그 선수는 배가 고팠던 것이다. 어쩌면 패배의 고통을 먹는 것에서 달래려 했을 수도 있다. 하지만 빵을 먹는 그 선수를 바라보는 다른 선수들의 시선은 곱지 않았다 (2004년 10월 12일 〈폭탄뉴스〉 기사 중에서).

이 기사가 나가고 난 뒤 그 상황에서 빵을 먹은 선수가 누구인지를 놓고 논란이 이어졌고, 제한된 정보 속에서 엉뚱한 선수들이 지목되기도 했다. 빵을 먹은 선수에 대한 서로 다른 제보가 무려 10년 넘게 이어지다가 최근에는 한 선수로 정리되었다. 누구나 빵을 맛있게 먹으면서도 '빵'을 부정적인 의미로 사용하는 것이 일반적이고, 야구선수들 사이에서 '빵을 먹은 날'이라는 표현이 일상화되었는데 여기에 '빵 사건'까지 더해지면서 한국 야구에서 '빵'은 더욱 기피되는 신세가 되고 만 웃기면서 슬픈, 이른바 웃픈 현실이 만들어지게 되었다.

우리나라처럼 일본 역시 아라비아숫자 '0'을 읽는 방법이 다양하다. 영어 제로Zero로 발음하기도 하고, '영'과 비슷한 의미의 '레이', 동그라미라는 뜻의 '마루'라고도 일컫는다. 야구에서는 우리나라의 '빵'과 같은 표현인 '문어たこ'라는 말이 있다. 이런 표현을 사용하는 상황은 우리나라와 동일하다. 타자가 선발 출전해서 희생 번트나 희생 플라이도 없는 가운데 안타를 하나도 치지 못했을 때 일본에서는 '문어 된 날'이라고 표현한다. 3번의 타석에서 무안타로 끝나면 3타코, 4타석에서 안타를 치지 못하면 4타코라고 표현한다. 이 표현을 처음 들었을 때 왜 하필 문어일까라는 의문이 강하게 들었다. 아마 일본에서 '다코야키'를 비롯해 문어 관련 음식이 유난히 인기가 많아서 그럴 수도 있겠다는 생각을 해보았다.

일본에서 무안타가 문어로 지칭되는 것에는 여러 가지 설이 존재한다. 먼저 안타를 치지 못했다는 것은 상대 투수에게 일방적으로 당했다는 것을 뜻하는데, 상대 투수에게 뼈를 빨렸다는 의미가 연체동물로 진화했고, 연체동물 중 일본에서 인기 높은 문어가 되었다는 설이 있다. 비슷하지만 조금 다른 주장은 문어가 스트레스를 받거나 공복일 때는 자기 다리를 먹는 것처럼 안타를 치지 못한 것은 타자가 자멸한 것이라는 뜻에서 비롯되었다는 설도 있다. 이런 주장들은 과대 해석한 것이라며 일본 사람들이 즐겨 먹는 '다코야키'가 아라비아숫자 0을 닮았기 때문이라는 가설도 나름 설득력이 있다.

우리나라 야구선수들이 경기 전 '빵'을 기피하는 것처럼 일본 야구선수들 중에도 경기 전 '다코야키'를 먹는 선수는 드물다고 한다. 야구선수들에게 인기 없는 음식인 문어가 일본 야구에서 귀한 대접을 받은 적이 있다. 바로 2010년 남아프리카공화국 월드컵에서 신통하게 경기 결과를 맞춰 화제가 되었던 '점쟁이 문어' 파울이 야쿠르트 스왈로스 구단의 희망으로 떠오른 것이다. 점쟁이 문어는 놀랍게도 2010년 월드컵 경기 결과를 대부분 맞춰 세계적으로 주목을 받았다. 승패의 확률이 50퍼센트라고는 하지만 반반의 확률이 연이어 성공할 가능성은 희박한데 신기하게도 파울의 예언은 대부분 적중했다. 실제로 문어에게 어느 정도 지능이 존재한다는 사실까지 더해져 '점쟁이 문어'의 열풍은 계속 이어졌다.

KBS 해설위원으로 월드컵을 누볐던 이영표 해설위원은 정확한 분석으로 이름을 날렸는데 그의 예상대로 결과가 이어지자 '점쟁이 문어' 파울에 빗대어 '문어 영표'라는 별명으로도 불렸다. 문어가 예언자의 반열에 올라선 것이다. 이런 인기 속에 일본 언론들은 2010년 7월 야쿠르트 스왈로스 구단이 '점쟁이 문어' 파울에게 2010 시즌 클라이맥스시리즈의 진출 여부를 의뢰할 것이라고 보도한 적이 있다. 당시 야쿠르트 스왈로스 구단은 시즌 초반 최하위에서 4위까지 올라섰는데, 파울의 예언 덕분에 독일이 월드컵에서 3위를 기록했다며 '기적의 힘'을 빌리고자 이런 계획을 세웠다고 밝힌 바 있다. 이에 대해 일본 언론은 독일 출신의 문어인 만큼 야구에 대해 잘 모르는데다, 점을 쳤을 때 길吉이 아닌 흉凶으로 나오면 사기가 저하될 수 있다는 우려까지 매우 진지하게 보도를 해 눈길을 끌었다. 당시 '점쟁이 문어' 파울은 월드컵이 끝난 뒤 이미 은퇴를 선언해 야쿠르트 스왈로스 구단의 파울 초대는 끝내 이루어지지 못했다. 야쿠르트 스왈로스는 시즌 막판까지 치열한 3위 경쟁을 하며 3위에 0.5경기 차이로 추격했지만 결국 4위에 그치면서 결과적으로 흉이라는 점괘가 나온 것이 되었다.

선수들은 싫어하지만 일본 야구장에서는 '다코야키'를 즐길 수 있다. 우리나라 역시 야구장 매점에서 '빵'을 사먹는 데 아무런 문제가 없다. 응원하는 팀에서 득점하지 못하거나, 좋아하는 선수가 안타를 치지 못했을 때 술 대신 '빵'을 먹어보는 것은 어떨까? 이른바 '빵 사건'의 범인으로 오해받은 박재홍은 '빵 사건'을 잘 활용해 야구팬들에게 더욱 친근한 모습으로 다가설 수 있었다. '뚜레재홍', '브래드재홍', '빵형'이라는 애칭은 '빵'이 그에게 가져다준 선물이다. 우리나라의 '빵'과 일본의 '문어'는 메이저리그에서는 볼 수 없는 한일 야구만의 흥미로운 부분이다.

'놈 자(者)'를 사용하는
야구 용어가 문제없는 이유

×

2022년 3월 9일 제20대 대통령 선거가 치러졌고, 두 달 간의 대통령 당선인 기간을 거쳐 5월 9일 대한민국 20대 대통령 업무가 공식적으로 시작되었다. 대통령 선거일부터 공식 취임일까지 두 달 간은 대통령 당선인이라는 호칭으로 불린다. 예전에는 대통령 당선인이 아닌 당선자로 불리다가 어느 순간부터 당선인으로 바뀌었는데 이렇게 바뀐 이유는 우리 사회가 유난히 '놈 자(者)'라는 단어를 싫어하기 때문일 것이다. 대통령 선거는 후보자가 등록한 뒤 유권자의 투표를 거쳐 당선자를 선출하는 과정을 거치기 때문에 오히려 당선자가 맞다는 주장이 설득력이 있다. 당선인이라는 말과 균형을 이루기 위해서는 후보인과 유권인 역시 존재해야 한다는 주장까지 빈틈없는 논리를 갖추고 있다. 그렇지만 공식적인 표

기가 대통령 당선인이기 때문에 '당선인'이라고 해야 한다는 주장
역시 분명 일리가 있다.

한쪽은 이왕이면 '놈 자'를 사용하고 싶은 마음을 은연중에 나
타내고, 다른 한쪽은 '놈 자'만은 피하고 싶은 생각이 엿보이는데
양쪽 주장의 공통점은 '놈 자'라는 한자를 싫어한다는 점이다. '놈
자'의 입장에서는 억울할 수도 있을 것이다. '놈 자'의 어원은 사실
상대를 비하하는 의미가 아니라 그냥 사람을 지칭하는 단어인데,
우리나라에서 '놈'이라는 좋지 않은 의미로 통하게 되면서 과도하
게 낮은 평가를 받고 있다고 볼 수도 있다. 가해자나 독재자 같은
의미가 좋지 않은 단어도 있지만 지도자나 소비자 같은 단어 역시
'놈 자'를 사용한다.

또한 사자성어에서도 '놈 자'를 쉽게 찾아볼 수 있다. 양자택일兩
者擇一이나 결자해지結者解之처럼 일상생활에서 자주 사용하는 표현
뿐만 아니라 근묵자흑近墨者黑이나 거자필반去者必返처럼 비유적인
표현을 할 때도 '놈 자'가 들어간다. '놈 자'가 상대를 비하하는 의
미였다면 이런 사자성어에 사용되지는 않았을 것이다. 반면 우리
나라와는 달리 일본에서는 '놈 자'에 대한 거부감이 전혀 없다. 예
를 들면 '어제 앞집으로 새로 이사온 사람입니다昨日前の家に新しく引
っ越してきた者です'라는 표현에서 히토人가 아닌 '모노者'를 쓰는 것이
일반적이라고 할 수 있다. 이처럼 일본에서는 '놈 자'에 대한 거부
감이 없기 때문에 스포츠 용어 중 일본에서 만들어진 야구 용어에
는 유난히 '놈 자'가 들어간 표현이 많다.

일본 도쿄 우에노공원에 자리한 마사오카 시키를 기린 비에는 "봄바람, 공을 던지고 싶은 초원"이라는 글귀가 쓰여 있다.

일본의 국민 작가인 나쓰메 소세키의 절친이자 하이쿠俳句 시인으로 유명한 마사오카 시키는 야구광으로 19세기 후반 일본에 야구가 정착하기까지 중요한 역할을 한 것으로 알려져 있다. 마사오카 시키는 도쿄 우에노공원 옆 공터에서 야구를 즐겨했는데, 하이쿠 시인답게 "봄바람, 공을 던지고 싶은 초원"이라는 낭만적인 시를 남겼고, 우에노공원에는 지금도 그의 야구 사랑을 알 수 있는 흔적이 남아 있다.

마사오카 시키는 배터batter를 타자打者, 러너runner를 주자走者로 번역하기도 했다. 타자는 배트로 공을 치는 사람을 뜻하는데 우리나라에서는 '타자打子'로 알고 있는 사람도 있지만 '타자打者'가 올바른 표현이다. 뛰는 사람이란 뜻을 가진 주자에도 '놈 자'를 쓴다. 사실 주자는 베이스에 출루한 사람일 뿐 뛰는 사람과는 다르지만 마사오카 시키의 번역으로 인해 뛰는 사람인 주자로 알려지게 되었다. 또한 야구 용어를 넘어 '최고'라는 의미로 일상생활에서도 사용되는 '4번 타자'는 너무나 친숙한 단어인데, 당선인-당선자 논란에서와 같이 '놈 자'의 사용을 꺼리는 문화를 야구에 적용하면 '4번 타자' 대신 '4번 타인'으로 써야 한다. 마찬가지로 '타자주자' 대신 '타인주인'이 될 수도 있다. 하지만 우리나라 사회에서 아무리 '놈 자'가 비하의 의미로 쓰인다고 해도 '4번 타자' 대신 '4번 타인'이나 '타자주자' 대신 '타인주인'으로 바뀌지는 않을 것이다.

　'손수手' 자의 경우처럼 사회에서는 더이상 사용되지 않아도 스포츠에서는 오랫동안 남아 있는 사례도 찾아볼 수 있다. 우리나라에서는 '놈 자'뿐 아니라 '손수' 자 역시 직업을 이야기할 때 천하게 여기는 의미가 있어 직업 이름이 바뀌기도 했다. 과거에는 버스나 택시를 운전하는 사람을 운전수, 전문적으로 타자를 치는 사람을 타자수, 화재 진압을 하는 사람을 소방수로 일컬었지만 시대의 변화에 맞춰 운전수는 운전사를 거쳐 운전기사로, 소방수는 소방관이라는 명칭으로 바뀌었다. 그런데 지금은 사용하지 않는 소방수라는 말이 야구에서 구원투수를 칭하는 용어로 사용되고 있다. 일반적으로 투수가 부진할 때 불을 지른다고 표현하기 때문에 불을 끄기 위해 투입되는 구원투수를 '소방수'라고 일컫은 것이다. 우리나라 야구를 대표하는 특급 마무리투수로 활약한 삼성 라이

소방수 복장을 하고 스포츠 잡지
의 표지 모델로 등장한 한국 야구
최고의 소방수 오승환

온즈의 오승환은 소방수 복장을 하고 스포츠 잡지의 표지 모델로
등장했을 정도로 '소방수'는 구원투수의 상징적인 표현이기도 하
다. 또한 운전수나 타자수처럼 '손수' 자에 별 거부감이 없던 고교
야구가 인기를 끌던 시절인 1970년대에서 1980년대 군산상고는
'역전의 명수'라는 애칭으로 불리기도 했다.

소방수인 구원투수의 투수를 시작으로 포수, 1루수, 2루수, 유
격수, 3루수 등 내야의 수비진뿐 아니라 좌익수, 우익수, 중견수까
지 외야의 모든 수비수의 포지션 용어에 '손수' 자가 들어간다. 즉
수비수를 일컫는 표현에는 모두 '손수' 자를 쓰는 것이다. 야구에

서 공격할 때는 '놈 자'이던 명칭이 수비 때는 '손수' 자로 변하게 된다. 지명타자나 투수처럼 공격과 수비 중 하나만 담당하는 선수라도 둘 중 하나는 반드시 포함된다. 야구선수를 일컫는 선수選手에도 '손수' 자가 들어가니 야구는 '놈 자'와 '손수' 사이에서 피할 수 없는 운명일지도 모른다.

또한 비슷한 표현으로 '꾼'이라는 말이 있다. 예전 야간 통행금지가 있던 시절 순찰 임무를 담당한 사람을 '야경꾼'이라고 불렀다. 프로복싱 세계 타이틀전이 열릴 때 동네 전파사 TV 앞에 모인 사람들은 경기장에 사람이 가득찬 것을 보고 "구경꾼들이 엄청나게 몰렸네"라고 말하곤 했다. '야경꾼'은 시대의 변화와 함께 사라졌지만 '구경꾼'이라 불리던 사람들은 이제 '관중'으로, '선수'라는 명칭과 함께 프로스포츠에서 반드시 있어야만 하는 중요한 존재로 자리잡았다.

우리나라에 '놈 자', '손수', '꾼'과 같은 말과 정확히 맞아떨어지는 것은 아니지만 일본에는 '야ゃ屋'라는 말이 약간 비하하는 의미로 특정 직업을 표현할 때 사용된다. 특정 직업을 가진 집이나 사람을 낮춰 부르는 말인데, 예를 들면 채소가게나 채소장수를 '야오야八百屋'라고 한다. 또한 ○○쟁이나 ○○꾼과 비슷한 말로 사용하기도 하는데, '야카마시야'라고 하면 우리말로 잔소리꾼이라고 할 수 있다. 일본의 야구 용어에서 상대를 낮춰 부르는 '야'라는 표현은 없지만 우리나라에서 비하의 의미를 가진 '놈 자'와 '손수' 자를 타자나 투수에서 사용하는 것은 우리나라와 일본의 언어 차이,

문화 차이 때문이라고 할 수 있다.

'손수' 자가 들어가는 직업 명칭이 변해온 것처럼 우리나라가 언어 순화를 위해 노력하는 것은 바람직하다고 할 수 있다. 실제 장애인 올림픽은 1964년 불구자 올림픽으로 불렸고, 장해자 올림픽과 장애자 올림픽을 거쳐 장애인 올림픽으로 정착되었다. 일본이 여전히 장해자障害者라는 표현을 쓰는 것을 생각하면 우리나라의 장애인 관련 용어는 더 나은 방향으로 발전해왔음을 알 수 있다. 하지만 언어만이 아닌 실제 우리나라 장애인들의 생활이 일본의 장해자보다 앞서 장애인의 인권을 누리고 있는지에 대해서는 고개를 젓게 된다. 인권을 고려한 명칭과는 별개로 제도적인 뒷받침이나 사회적인 인식까지 모든 면에서 일본에 뒤지기 때문이다. 인권을 고려한 언어에 걸맞은 사회의 인식 변화가 뒷받침되어야 그 이름이 진정한 의미를 갖게 될 것이다.

대통령 취임과 함께 '놈 자'와 관련된 당선인-당선자 논란은 사라졌지만 스포츠에서 보기 드물게 '놈 자'를 사용하는 야구에 대한 관심은 사라지지 않았으면 좋겠다. 더욱이 우리나라와 일본은 야구가 성행하는 몇 안 되는 국가이므로 '야구'가 국가 간의 관계 개선에 조금이나마 도움이 될 수도 있을 것이다. 특히 '한일 고교 야구'와 같은 대회가 만들어지면 더욱 좋지 않을까? 필자는 기자이자 책을 출간한 저자인데 공교롭게 모두 '놈 자'가 들어간다. '놈 자'가 들어가는 스포츠 '야구' 관계자이기도 하고, TV로 보는 시청자이기도 하다. '놈 자'에서 벗어날 수 없는 운명인 듯하다.

NHK '홍백가합전'과
일본 스포츠의 '홍백전'

×

도도도시라/솔미솔미/레레미파미레미라솔/도도도시라/솔미솔
미/레미파솔라시도레도도도도

♪ ♪ ♪ ♪ / ♪ ♪ ♪ ♪ / ♪ ♪ ♪ ♪ ♪ ♪ ♪ ♪ / ♪ ♪ ♪ ♪ / ♪ ♪
♪ ♪ / ♪ ♪ ♪ ♪ ♪ ♪ ♪ ♪ ♪ ♪ ♪ ♪

 앞의 계이름을 보고 노래를 흥얼거릴 수 있다면 아마도 나이가
꽤 든 사람일 것이다. 한마디로 옛!날!사!람!이라는 증표라고 할
수 있지 않을까. 초등학교 시절 운동회 때 부르던 노래이자 리코
더 연습용으로 주로 사용되었기에 오랜 세월이 지난 지금까지도
계이름을 기억하고 있다. 노래 가사는 "보아라 이 넓은 운동장에
청군과 백군이 싸운다. 청군과 백군이 싸우면 언제든지 청군이 이
긴다"이며, 다음 부분에는 비속어가 섞인 가사로 부르는 것이 일

1980년대 KBS에서 방송되었던 〈여의도 청백전〉

반적이었다. 그런데 '이 노래 제목이 뭐지?' 하고 생각해보면 제목을 정확하게 아는 사람은 많지 않다. 노래의 유래를 찾아보니 미국의 남북전쟁 시절 부르던 〈링 더 벨, 워치먼Ring the bell, watchman〉을 번안한 것이었다. 운동회가 작은 전쟁이라고 생각해 이 노래를 사용했는지는 알 수 없으나 이 노래에서 주목할 부분은 '청군'과 '백군'이라는 단어이다.

초등학교 운동회 때 운동복을 입고 모자를 썼는데 모자는 파란색과 하얀색 양면으로 만들어져 각자 속한 진영에 맞게 착용했다. 청군과 백군의 대결을 '청백전'이라고 불렀는데, 이 '청백전'이라는 말은 학교 운동회뿐 아니라 TV 방송의 주요 소재로도 다뤄져 '○○청백전'이라는 제목의 많은 프로그램이 만들어졌다. 1970년대 후반 가장 인기 있던 방송국은 TBC였다. 당시 임성훈-최미나 콤비가 진행하던 〈가요청백전〉이 TBC의 간판 프로그램이었으며,

연말 가요대상은 〈인기가수 청백전〉이었다. MBC에서는 〈명랑운동회〉의 전신이라고 할 수 있는 〈유쾌한 청백전〉이 큰 인기를 모았고, 〈어린이 청백전〉과 〈일요청백전〉 같은 프로그램을 편성하기도 했다. KBS 역시 〈노인 청백전〉, 〈여의도 청백전〉이 있었으며, 1990년대에도 〈코미디 청백전〉과 〈올스타 청백전〉이라는 프로그램이 방송되었고, 종합편성채널에서는 최근에도 〈화요 청백전〉이라는 프로그램이 방송되기도 했다.

지구가 태양을 도는 것처럼 진리라고 믿었던 청백전이 일본의 홍백전에서 유래했다는 사실은 큰 충격이었다. 일본 헤이안시대 다이라 가문의 상징인 홍기와 미나모토 가문을 나타내는 백기를 합쳐 '홍백전'이 만들어졌다고 한다. 일본에서는 초등학교 운동회 때 붉은색과 흰색 운동복을 입으며, 예능 방송에는 여러 가지 형태의 '홍백전'이 존재한다. NHK의 〈홍백가합전〉은 매년 12월 31일에 방송되는데, 우리나라에서도 소녀시대를 비롯해 여러 가수들이 참가한 적이 있다.

〈홍백가합전〉은 1945년 〈홍백음악시합〉이라는 라디오 프로그램으로 시작되었는데 3회 때부터 텔레비전에서 방송되었고, 4회 때부터 매년 연말 방송으로 변경되었다. 일본 국기인 붉은색과 흰색을 상징하는 의미의 홍백 대결로 알려졌지만 실제로는 당시 프로듀서가 검도부 출신으로 검도의 점수 계산방식인 홍백기를 사용한 것에서 탄생했다고 전해진다. 지난 2021년 72회 〈홍백가합전〉이 진행되었는데 공교롭게도 일본 프로야구 챔피언을 가리는

일본 NHK의 연말 가요 프로그램 〈홍백가합전〉에 출연한 걸그룹 '소녀시대'

일본시리즈 역시 2021년 72번째 대결이 펼쳐졌다. 시합에서 시작된 〈홍백가합전〉과 진짜 시합인 '일본시리즈'는 같은 시기에 탄생했을 뿐만 아니라 과거에 비해 사회가 다원화된 21세기에도 여전히 인기를 유지하고 있다는 공통점을 가지고 있다.

일본의 홍백전 문화는 일제시대에 우리나라로 전해졌는데 1945년 광복 이후에도 일본의 문화에서 유래된 홍백전을 굳이 쓸 이유는 없었다. 일본의 국기가 붉은색과 흰색으로 이루어져 있다면 우리나라 태극기는 파란색과 빨간색의 태극 모양이 조화를 이루고 있다. 이런 점을 고려해 당연히 '홍청전'이나 '청홍전'이라고 표현하는 것이 맞지만 우리나라에서는 일본의 '홍백전'을 '청백전'으로 바꿔 사용했다. 이는 남북 분단으로 인해 반공을 국시로 삼게 되면서 공산주의를 상징하는 빨간색을 의도적으로 배제한 것이다.

또한 1990년대 오락실에서 큰 인기를 모았던 '청기백기' 게임역시 '청백전'과 마찬가지이다. '청기 들어', '백기 들어', '청기 올리지 말고 백기 들어', '백기 올리지 말고 청기 들어'와 같은 멘트에 맞춰 행동하는 단순한 게임이었지만 한때 선풍적인 인기를 누렸다. 그런데 '청기백기' 게임이 일본에서 만들어진 것이라고 예상하는 것처럼 일본에서는 '적기백기' 게임이었다.

1990년대 초반 일본 문화가 개방되지 않았던 시절 노래방 문화가 우리나라에 도입되면서 왜색 문화를 타파하자는 목소리가 높아졌다. 일본의 '적기백기' 게임이 '청기백기'로 바뀐 것은 시대상을 생각하면 어쩌면 당연하다고 할 수 있을 것이다. 운동회의 '청백전'이나 오락실의 '청기백기' 게임처럼 그리 중요하다고 보기 힘든 분야에서까지 북한을 의식한 빨간색 거부가 이어졌던 대한민국에서 지난 2002년을 계기로 '붉은 악마'가 대중화되었다는 것은 격세지감을 느끼게 한다. 1987년 이후 민주화가 이루어지지 않았다면 어쩌면 '붉은 악마'의 탄생은 불가능했을 것이다. 2002년 한일 월드컵을 통해 모든 국민이 '붉은 악마'가 되면서 우리는 비로소 오랜 '레드 컴플렉스'에서 벗어나게 되었는지도 모른다.

우리나라가 공산주의를 상징하는 붉은색을 배제했다면 북한은우리와 반대로 붉은색을 자주 사용한다. 북한에서는 팀을 2개로나눌 때 청과 홍으로 구분한다. 지난 2018년 국제 유소년 축구대회 취재를 위해 평양을 방문했을 때 실내 체육관에서 연습 경기를

2018년 평양에서 촬영한 북한 체육관. 전광판에서 '청팀'과 '홍팀'이라는 표현을 볼 수 있다.

하고 있었다. 전광판에는 '청팀'과 '홍팀'으로 나뉘어 있었는데 당시 취재한 곳은 우리나라의 상무와 같은 북한군 체육단인 4.25체육단이었다. '청군'과 '홍군' 대신 '청팀'과 '홍팀'으로 표기한 것이 매우 인상적이었다.

일본에서 홍백전이라는 용어는 야구에서 한 팀을 2조로 나눠 진행하는 연습 경기에서 주로 사용한다. 일본 프로야구 전지훈련은 자체 홍백전에서부터 시작된다. 리틀야구나 고교야구에서 홍백전을 진행하는 팀은 대부분 어느 정도 전력을 갖춘 팀들이다. 동호인 수준에도 미치지 못하는 그야말로 출전에 의미를 두는 팀의 경우에는 두 팀으로 나눠 연습 경기를 할 만한 여력이 없기 때문이다. 우리나라에서는 오래전부터 청백전이라는 용어를 사용하고 있지만 한국 프로야구에서는 여전히 홍백전을 사용하는 팀도 있다. KIA 타이거즈 구단은 해태 시절부터 원정 유니폼이 붉은색이었다는 이유로 자체 경기를 '홍백전'이라고 표현한다. SSG 랜더스 역시 비슷한 이유로 자체 '홍백전'이라는 명칭을 사용하고 있다. KIA 타이거즈와 SSG 랜더스 구단을 제외하면 다른 팀들은 모두 '청백전'이라는 명칭을 사용하는데 표기할 때는 삼성 대 라이온즈, LG 대 트윈스라고 표기한다.

우리나라 프로야구 구단은 3월 자체 청백전을 진행할 때 대부분 유튜브 중계까지 할 정도로 최근에는 야구팬들에게 인기를 모으고 있다. 그런데 축구팀은 붉은색 유니폼을 입는 경우 '홍백전'이라는 명칭을 사용하지 않는다. 프로야구단은 오키나와 전지훈련을 비롯해 일본 야구단과의 교류가 축구보다 훨씬 많은 편이다. 하여 '홍백전'이라는 표현은 유니폼 색깔뿐 아니라 일본 야구의 '홍백전'에서도 분명 영향을 받았을 것으로 생각된다. 프로야구의 자체 평가전은 우리나라에서는 '청백전', 일본에서는 '홍백전'이라고 일컫지만 미국에서는 '인트라스쿼드 게임intrasquad game'이라고 부른다. 인트라스쿼드 게임이라는 단어에서는 '홍백전'이 가진 역사적인 의미나 '청백전'에서 나타나는 독자적인 문화 수용방식을 찾아볼 수 없다. 서양식의 단선적인 세계관이 야구 용어에서도 그대로 드러나는 것이라고 할 수 있다. 분명 '홍백전'에서 많은 영향을 받았지만 '청백전'이라는 단어는 생각보다 여러 가지의 문화적 배경을 가진 의미 있는 단어일지도 모른다.

'The Dreamer'
세계 최고의 청소 문화,
스포츠의 천국에서 배워야 할 것들

일본에는 비인기 종목이라는 말이 존재하지 않는다. 야구나 축구 같은 프로 종목뿐 아니라 럭비나 역전경주를 비롯해 궁도 같은 종목 역시 활발하게 펼쳐지고 있다. 일본이 일본의 실정에 맞게 만든 일본식 스포츠도 일본을 넘어 다른 나라로 확산되고 있다. 학생 스포츠와 사회인 스포츠도 꾸준한 인기를 누리고 있으며, 지역사회의 협조 속에 지역 스포츠도 명맥을 유지하고 있다. 때로는 지역대회가 전국대회보다 더 높은 인기를 얻기도 한다. 일본은 그야말로 스포츠 천국이라고 해도 과언이 아니다. 이런 일본을 대표하는 선수들은 쓰레기 청소까지 한다. 일본 스포츠에서 배워야 할 것은 스포츠 인프라만이 아닌 스포츠 문화라고 할 수 있다.

청소부가 없는 일본 축구 국가대표팀,
행운을 줍는 오타니 쇼헤이

×

2002년 한일 월드컵 4강 신화의 여운이 이어지던 2003년 한일 월드컵 1주년 특집 프로그램 제작을 위해 네덜란드 프로축구 PSV 아인트호벤과 페예노르트 로테르담을 취재했을 때의 이야기이다. PSV 아인트호벤에는 거스 히딩크 감독과 박지성, 이영표가 뛰고 있었고, 페예노르트 로테르담은 당시 한참 주가가 올라 있던 송종국의 소속 구단이었다. 네덜란드의 축구 열기에 경외감을 느낄 수 있었던 것은 좋은 경험이었지만 생각하지 못한 문화 충격을 받게 되었는데 거리 곳곳에 담배꽁초가 지저분하게 널려 있었다. 실용주의의 상징과도 같은 네덜란드 사람들은 담배꽁초를 휴지통에 넣으면 화재가 발생할 수도 있는 만큼 길바닥에 버린 뒤 발로 밟아 확실하게 끄는 것을 선호한다는 현지인의 설명을 들을 수 있었다. 또한 그는 담배꽁초를 버려야 거리를 청소하는 미화원이 일자리를 유지할 수 있다는 이야기도 덧붙였다.

잘 이해가 되지 않아 당황한 채 담배를 피우고 있을 때 오노 신지를 응원하러 온 일본 축구팬들의 흡연 모습을 볼 수 있었다. 그들은 휴대용 담배꽁초 케이스를 가지고 다니면서 케이스에 담배꽁초를 보관하고 있었다. 마치 극과 극을 체험하는 것처럼 길거리에 지저분하게 버려진 담배꽁초와 일본 축구팬의 휴대용 담배꽁초 케이스를 동시에 목격하게 된 것이다. 일본 축구팬들은 해외 원정 응원에서도 경기 종료 후 경기장 청소를 하는 것으로 유명하다. AFC 챔피언스리그 경기를 위해 우리나라에 온 일본 축구팬들이 경기장을 청소하는 모습을 실제로 본 적도 있다. 월드컵 경기가 끝나면 일본 대표팀 유니폼을 입은 응원단들이 응원석을 깨끗하게 청소하는 것은 이제 관례처럼 되어 있을 정도이다. 축구팬들뿐만 아니라 대표팀 선수들도 청소를 열심히 하는 것은 마찬가지이다.

2018년 러시아 월드컵에서 일본 축구 국가대표팀은 성적이 아니라 청소로 세계를 놀라게 했다. 일본은 러시아 월드컵 16강전에서 당시 우승 후보였던 벨기에를 상대로 기대 이상으로 선전했지만 3대 2로 역전패를 당하고 말았다. 아쉽게 패해 화가 날 만도 한데 선수들은 라커룸을 깨끗하게 청소한 뒤 정리까지 완벽하게 마치고 떠났다. 이를 본 FIFA 직원이 라커룸 사진을 트위터에 올리자 일본 국가대표팀을 칭찬하는 목소리가 이어졌다. 영국의 BBC

스포츠는 "일본팀의 경기가 있는 날은 자원봉사자가 할일 없는 날"이라고 표현했고, 국내 네티즌들 역시 "일본의 이런 모습은 분명 배워야 한다"며 박수를 보냈다.

일본 축구 국가대표팀의 이런 모습은 3년 뒤 이탈리아 축구 국가대표팀의 모습과 대조를 보이면서 다시 한번 화제를 모으기도 했다. 유로 2020 우승팀인 이탈리아는 약체 북마케도니아에게 패하면서 2022년 카타르 월드컵 출전 자격을 얻는 데 실패했다. 이탈리아 대표팀은 거센 비난을 받게 되었는데 경기 후 라커룸의 모습이 보도되면서 이들을 비난하는 목소리가 더욱 커졌다. 이탈리아의 〈가제타 델로 스포르토〉는 "부끄러운 탈의실"이라는 제목으로 이탈리아 선수단의 라커룸 모습을 공개했는데, 빈병과 쓰레기들이 지저분하게 쌓여 있었다. 〈유로 델로 스포르토〉는 이탈리아 축구협회가 경기장 운영자에게 사죄해야 한다고 주장하면서 2018년 러시아 월드컵 당시 일본 선수들이 라커룸을 청소한 일을 기억한다며 챔피언이 되기 전에 사람으로서 분명 배워야 한다는 말로 기사를 마무리했다. 사실 이탈리아 축구팀은 2002년 한일 월드컵에서 우리나라에 패한 뒤 숙소 문을 부수는 등 소동을 일으킨 적도 있다.

반면 2022년 우즈베키스탄에서 23세 이하 아시아축구대회에 출전한 일본 대표팀은 홈팀 우즈베키스탄에 패해 탈락한 뒤에도 라커룸을 깨끗하게 청소하고 돌아가 다시 한번 칭찬을 받았다. 나이와 대회를 불문하고 축구선수들의 라커룸 청소는 이제 일본 축

월드컵 경기 이후 일본 축구 국가대표팀이 깨끗하게 청소한 라커룸

구의 상징으로 자리잡았다.

유럽과는 달리 일본 거리는 담배꽁초를 비롯해 쓰레기를 찾아
보기 힘들 정도로 깨끗하게 정돈되어 있다. 그런데 일본에서는 좀
처럼 환경미화원을 볼 수 없고, 심지어 쓰레기통을 찾는 것도 쉽
지 않은데 깨끗한 거리를 유지하는 것이 신기했다. 사정을 알아보
니 일본에는 우리나라와 같이 거리를 청소하는 환경미화원이 없
다고 한다. 거리를 청소하는 사람들을 가끔 볼 수 있는데 이들은
대부분 자원봉사자들이다. 일본의 청소 자원봉사자들은 일본뿐
아니라 해외에서도 볼 수 있는데, 실제로 프랑스 파리 시내를 정
기적으로 청소하는 일본인으로 구성된 자원봉사단체 '그린버드'
가 존재할 정도이다. 일본은 환경미화원 대신 전동 빗자루가 달
린 청소차가 거리의 쓰레기들을 치우고, 내 가게나 내 집 앞은 자

신이 직접 청소를 한다. 무엇보다 거리에 쓰레기를 버리는 사람이 거의 없어서 언제나 청결함을 유지할 수 있는 것이다.

일본은 어린 시절부터 학교에서 스스로 청소를 해왔기 때문에 자연스럽게 청소 문화와 익숙해져 있다. 서양식 관점으로 보면 청소부가 해야 할 일인 청소를 학생들에게 시키는 것은 강제 노동이나 아동학대로 볼 수도 있어 동서양의 문화 차이가 느껴지는 부분이기도 하다. 학교를 졸업하고 회사원이 된 뒤에도 '대청소'를 한다. 당연히 집에서도 주기적으로 대청소를 한다. 특히 연말이 되면 무조건 대청소를 하는데 이는 일본의 주요 행사로까지 정착되었다. 우리나라가 설날에 떡국을 먹는 것처럼 일본은 연말에 대청소를 한 뒤 12월 31일 NHK에서 방송하는 〈홍백가합전〉을 시청하며 새해가 되었을 때 도시고시 소바를 먹는 풍습이 있다.

이처럼 일본은 청소를 중요시하는 문화를 가지고 있는데 그 역사는 생각보다 오래전부터 시작되었다. 일본은 15세기경부터 청결을 강조해 유럽인과 처음 교류하게 되었을 때 청결하지 못한 유럽인의 모습에 충격을 받은 적도 있다고 한다. 또한 타인의 시선에 많은 신경을 쓰기 때문에 거리에 쓰레기를 버리는 행동이 남에게 피해를 준다고 생각하는 면도 강하다. 때로는 강박관념에 가까울 정도로 청소에 집착하는 모습은 일본인에게서만 볼 수 있는 특징이다. 일본인의 이 같은 특징은 자연스럽게 축구 국가대표팀의 라커룸 청소나 축구팬들의 경기장 청소 문화로 이어지게 된 것이다.

메이저리그에서 만장일치로 MVP에 선정된 일본 야구의 영웅 오타니 쇼헤이 역시 청소라면 어느 누구에게도 뒤지지 않는다. 다만 그 이유가 특별할 뿐이다. 오타니 쇼헤이는 쓰레기를 비롯해 지저분한 물건이 보이면 가던 길도 되돌아와 줍는 습관이 있다. 상대 타자의 배트가 부러졌을 때도 직접 주워 배트 보이에게 전달하는 모습도 여러 차례 볼 수 있었다. 그는 이런 행동에 대해 쓰레기를 줍는 것은 행운을 줍는 것이라고 이야기했다. 일본 스포츠 매체 〈풀카운트〉에 따르면 오타니 쇼헤이는 고등학교 시절 감독인 사사키 히로시로부터 "쓰레기는 다른 사람들이 무심코 떨어뜨린 행운이다. 쓰레기 줍는 것을 행운을 줍는다고 생각해라. 그러면 스스로 행운을 가져올 것이다"라는 가르침에 따라 고등학교 시절부터 메이저리그에 진출해서까지 쓰레기 줍기를 몸소 실천하고 있다는 것이다. 오타니 쇼헤이는 메이저리그 꿈의 무대인 올스타전에서도 외야 잔디에 떨어진 쓰레기를 주워 자신의 뒷주머니에 넣기도 했다.

야구에서 '행운'의 영역은 매우 중요하다. 타자의 타구가 안타가 되느냐, 아웃이 되느냐는 타구의 질 못지않게 운도 따라주어야 한다. 잘 맞은 타구가 야수 정면으로 향하고, 빗맞은 타구가 행운의 안타가 되는 것도 대부분 운의 영역이다. 투수도 마찬가지이다. 우리나라 야구에서도 이런 행운을 바라며 쓰레기를 줍거나 착한 일을 해야겠다고 농담처럼 말하는 선수들이 늘고 있다. 오랫동안 쓰레기를 주워온 오타니 쇼헤이가 메이저리그 MVP까지 오른 것은 실력도 중요하지만 행운 역시 뒤따랐기 때문에 가능한 일이었다.

연습 도중 야구장 외야에 떨어진 쓰레기를 줍는 오타니 쇼헤이

물론 쓰레기 줍기가 행운으로 이어졌는지는 알 수 없다.

일본 축구 국가대표팀의 라커룸 청소와 오타니 쇼헤이의 쓰레기 줍기는 청소를 강조하는 일본 문화가 스포츠 현장으로 이어진 것이라고 할 수 있다. 축구와 야구라는 인기 종목에서 청소가 화제를 모으면서 일본 사회에 긍정적인 영향을 미치는 선순환 구조가 만들어진 것이다. 일부에서는 일본이 청소에 지나치게 집착하는 것 아니냐고 하지만 일본의 청소 문화는 분명 배워야 할 부분이 많다. 우리나라 스포츠 현장에서도 일본 축구 국가대표팀과 오타니 쇼헤이 같은 영향력 있는 선수들이 앞장서서 청소 문화를 이끌면 더 좋지 않을까 생각해본다.

돈가스와 카레라이스처럼,
일본이 만들어낸 특별한 스포츠

×

유럽 음식인 포크커틀릿은 일본식 돈가스로 변형되면서 일본뿐 아니라 세계적으로도 포크커틀릿보다 인지도 높은 일본식 음식으로 정착되었다. 카레커리의 본고장 인도에서는 카레를 향신료로 사용할 뿐이지만 일본에서는 밥과 카레를 합쳐 '카레라이스'라는 일본의 국민 음식으로 재탄생했다. 이처럼 외국의 것을 재가동하는 능력이 뛰어난 일본은 스포츠에서도 마찬가지의 모습을 보여주었다. 일본의 실정에 맞게 변형된 일본식 스포츠는 생각보다 광범위하게 퍼져 있으며, 일본 스포츠의 저력을 뒷받침하는 원동력이 되고 있다.

일본에서도 야구공이라면 코르크에 가죽을 입힌 경식 야구공을 떠올리지만 고무로 된 연식 야구공을 사용하는 연식야구 역시

일본 연식야구의 발상지인 교토지역의
초등학교에 설치된 연식야구 기념 동상

생각보다 널리 활성화되어 있다. 2022년을 기준으로 경식 야구공
을 사용하는 우리나라 고등학교 야구팀은 80개 팀인 데 비해 연식
야구를 하는 일본의 고등학교 야구팀은 399개 팀이다. 일본의 고
등학교 연식야구부는 경식야구부에 비해 9분의 1 정도이지만 우
리나라의 경식야구부에 비하면 5배나 많은 수치이다. 연식야구는
일본이 만든, 일본 발상의 스포츠이다.

1913년 지금의 고시엔대회 전신인 제1회 전국중등학교우승야
구대회에서 교토지역 학교가 우승을 차지하자 교토에는 야구 열
풍이 불었는데, 딱딱한 야구공은 어린 선수들에게 위험하다는 우

려가 제기되었다고 한다. 몇 년 뒤 교토지역의 초등학교 교사들을 중심으로 안전하게 야구를 할 수 있는 방법을 연구한 결과 딱딱한 경식 야구공 대신 부드러운 고무공을 사용하는 연식야구가 만들어지게 되었다. 연식야구의 탄생을 기념하는 의미에서 연식야구를 만든 일본의 초등학교에는 '연식야구의 발상지'라는 동상까지 세워졌다.

연식야구의 장점은 많다. 기존의 경식 야구공은 투수의 공에 맞거나 수비 도중 타구에 맞았을 때 부상의 위험이 커 어린이들이 사용하기에 위험하다. 반면 연식 야구공을 사용하면 부상의 위험이 줄어들기 때문에 즐겁게 야구에만 집중할 수 있다. 또한 같은 운동장에서 여러 종목의 운동을 할 수 있는 것도 연식야구의 장점이다. 하나의 운동장에서 경식 야구공을 사용하면 측면 공간에서 다른 운동을 하기 어렵지만 연식 야구공은 부상의 위험이 적기 때문에 여러 종목을 동시에 진행할 수 있다. 이런 장점 때문에 연식야구는 초등학교에서 인기 높은 종목으로 자리잡았다.

일본의 초등학교 야구나 스포츠 소년단 야구는 대부분 연식야구를 의미한다. 야구에 재능이 있는 학생들은 초등학교 때 연식야구를 한 뒤 중학교 이후 경식야구에 본격적으로 뛰어들어 고시엔 무대를 목표로 땀을 흘리는 가운데 특급 선수들은 프로에 도전하게 된다. 취미로 야구를 하는 학생들은 고등학교나 대학교까지도 연식야구를 계속 즐기는 경우가 많다. 연식 야구공은 경식 야구공처럼 실밥이 없어서 다양한 변화구를 던지기가 어렵다. 자연스럽

딱딱한 경식 야구공과는 달리 부드러운 재질로 만들어진 연식 야구공

게 직구를 던질 수밖에 없는 조건이 만들어진 것이다. 또한 공이 가벼운 만큼 타구의 비거리가 길지 않기 때문에 경기중에 좀처럼 홈런을 보기는 어렵다. 야구공의 차이로 현란한 변화구를 던지는 특급 투수나 홈런을 양산하는 홈런 타자 대신 아기자기한 경기로 진행되는 경우가 많다. 생활체육으로 경식야구보다 연식야구가 더 인기를 끄는 이유라고 할 수 있다.

우리나라에서도 과거에는 연식 야구공을 사용한 야구가 활발하게 이루어진 적이 있다. 예전에는 공터에서 야구를 할 때 연식과 경식의 중간 형태인 '준경식' 야구공을 주로 사용했다. 선수들이 사용하는 경식 야구공은 '홍키 공'이라고 불렸는데 말 그대로 선수들이나 사용하는 공이고, 초등학교나 중학생들은 대부분 준경식 야구공으로 야구를 했다. 때로는 테니스공을 이용해 야구를 하기도 했다. '준경식' 야구공이나 '테니스공'의 경우는 공이 금방 찢

일본 스포츠의 풀뿌리로 불리는 스포츠 소년단 모집 광고

어지는 단점이 있었지만 가격이 저렴한데다 어린 학생들의 안전까지 생각하면 다른 선택의 여지가 없었다. 일본의 동호인 모임인 '구사야큐'는 대부분 연식이나 준경식 야구공을 사용하지만 우리나라 사회인 야구는 선수들이 사용하는 것과 똑같은 경식 야구공을 그대로 사용한다.

우리나라에서 야구선수들뿐만이 아닌 어린 학생들이 접근하기 쉬운 연식야구가 사라지는 것과는 달리 일본은 여전히 연식야구가 성행하고 있는데 그 중심에는 스포츠 소년단이 자리하고 있다. 스포츠 소년단은 독일식 유소년 체육을 모방한 것으로 일본 스포츠의 풀뿌리를 상징하는 단어라고 할 수 있다. 1962년 만들어진 스포츠 소년단은 2022년 기준 3만 개가 넘는 클럽을 운영하고 있으며, 57만 명이 소속된 단체이다. 주로 방과 후 학교 운동장을 이용하는데 참가 자격은 만 3세 이상으로 대부분은 초등학교 학생들로 구성되어 있다. 지역사회를 기반으로 하고 있으며, 회비가 저렴한데다 다양한 프로그램을 갖추고 있어 인기가 매우 높다. 스포츠 소년단에서 최고의 인기 종목은 야구인데, 스포츠 소년단의 야구는 연식야구를 의미한다.

일본 고등학교 야구선수권대회인 고시엔처럼 전 국민적인 인기를 끄는 것은 아니지만 고등학교 연식야구대회는 '연식야구 고시엔', '또 하나의 고시엔'이라고 불리는 연식야구의 축제이다. 여름 고시엔대회가 끝나면 399개 학교 중 지역별 예선을 거친 16개 지역대표가 출전해 연식야구 1위를 가리게 된다. 드물지만 고등학교 때까지 연식야구를 했던 학생이 경식 프로야구에 진출하기도 한다. 프로에 진출한 연식야구 출신은 대부분 투수인데 특급 선수가 된 사례는 없지만 연식야구 출신들은 야구를 그만두는 비율이 경식야구에 비해 적고 대학과 사회인 야구까지 평생 연식야구를 하는 경우가 많다. 이들이 바로 프로야구 인기를 뒷받침하는 야구 팬을 구성하게 되는 것이다.

연식야구와 비슷한 종목은 테니스를 변형한 종목인 '정구'이다. 정구는 '소프트테니스'라고 이름을 바꾸었는데, 일본에서 만든 종목으로 테니스와 거의 모든 것이 똑같지만 공만 부드러운 공을 사용한다. 공이 부드럽다보니 전반적인 경기 내용이 테니스와 달라질 수밖에 없어 생활체육인들에게 더욱 적합하다. 소프트테니스는 일본의 대표적인 생활체육이면서 아시안게임 정식 종목으로도 채택되었다. 또한 우리나라에서 어르신들에게 인기가 높은 게이트볼은 과거 일본에서 물자가 부족했던 시절 물자 절약을 위해 만들어진 종목이며, 파크골프 역시 일본이 발상지인 스포츠로, 골프를 축소한 형태로 가볍게 즐길 수 있는 운동이다. 이 외에도 일본 영화 〈워터 보이즈〉에 나온 것처럼 남자들의 수중발레나 남자 리듬체조 역시 일본이 주도하고 있는 이색 스포츠 종목이기도 하다.

매년 1월이 되면 일본인들을 TV 앞으로 모이게 하는 '역전경주驛傳競走'는 과거 일본에서부터 존재했던 전통을 현대화한 것으로 마라톤과 릴레이를 합친 종목으로 인기가 높다. 세계에서 일본에서만 인기 높은 이 역전경주는 여전히 강세를 보이는 일본 마라톤의 토대 역할을 충실하게 하고 있다. 연식야구와 야구, 역전경주와 마라톤의 관계처럼 일본의 생활체육과 엘리트 스포츠가 상호 보완적인 바람직한 스포츠 문화를 만들어가고 있다.

돈가스와 카레라이스는 일본뿐 아니라 우리나라에서도 많은 이들이 좋아하는 음식이다. 과거 우리나라의 어린이들 사이에서도 연식야구가 생활체육의 대세를 이루던 시절이 있었다. 심지어 일본의 스포츠 소년단을 참고해 한국식 스포츠 소년단을 만들기까지 했다. 〈매일경제〉의 1972년 2월 2일 기사에는 스포츠 소년단과 관련된 내용이 실려 있다.

문교부는 학교체육 진흥 방안의 하나로 1학기 전국 초중고교에 스포츠 소년단을 새로 조직한다. 2일 문교부 관계관은 학교체육 진흥을 위해서뿐만 아니라 북괴와의 스포츠 대결을 위해서도 체육 인구의 저변 확대가 시급하다고 지적, 오는 새 학기에 전국 6,085개 초등학교와 1,794개 중학교, 898개 고등학교에 학교 단위로 스포츠 소년단을 조직하겠다고 밝혔다.

관계관은 또 일본에서도 지역 단위로 스포츠 소년단 제도로 많은 성과를 거두고 있음을 상기시키면서 이 제도는 체력 단련뿐 아니라 건전한 정서 함양에도 크게 이바지할 것이라고 말했다. 스포츠 소년단은 학교 단위로 체능 특기자와 희망자로 조직, 각종 스포츠 활동과 야외활동 이외에 사회봉사 활동도 벌이게 된다.

우리나라에서 당시 문교부 방침으로 스포츠 소년단 활성화 정책을 발표한 지 반세기나 지났지만 당시 급조된 정책은 결국 실패로 돌아갔다. 1970년대 초등학생들에게 스포츠 소년단은 익숙한 존재가 아니었다. 보이스카우트나 걸스카우트에 비하면 스포츠 소년단은 그 존재 자체도 미미한 가운데 사라지게 된 것이다. 요즘 우리나라의 돈가스나 카레라이스는 일본 못지않게 맛있는 식당이 많이 생겨났다. 스포츠 역시 일본이나 미국의 정책을 그대로 수용해서는 실패한다는 것을 1972년 급조한 스포츠 소년단의 사례에서도 알 수 있다. 이제 일본까지 진출한 한국식 돈가스처럼 우리나라의 현실에 맞는 스포츠 정책을 만들어내는 것이 중요하다. 그렇게 하기 위해서는 어떻게 해야 우리 어린이들이 스포츠를 즐길 수 있을지 더 많이 고민해야 한다. 1910년대에 '연식야구'를 만들어낸 일본 교토지역의 초등학교 교사들 같은 사람들이 우리나라에도 하루빨리 나오길 바랄 뿐이다.

J리그 100년 구상과 지역 밀착,
'산수 연습장'과 '맨홀 뚜껑'에서 보여주는 진심

×

'교육은 백년지대계百年之大計'라는 말은 중국 제나라의 관중이 쓴 편지에 나오는 "1년 계획은 곡식, 10년 계획은 나무, 평생 계획은 사람을 심는 일만한 게 없다"라는 글에서 유래했다. 교육은 글자 그대로 인재를 육성하는 것이기 때문에 일정 기간의 인풋 대비 아웃풋을 추구하는 경제적인 관점이 아니라 오랜 기간에 걸쳐 사람을 길러야만 한다는 것을 의미한다. 백년지대계에서 언급한 백년은 실제 100년이라기보다는 오랜 기간을 뜻하는 것이라고 할 수 있다.

교육뿐 아니라 스포츠에도 100년이 들어가는 대표적인 표현이 있는데 특히 우리나라 축구인들이 가장 부러워하는 일본 축구의 'J리그 100년 구상'이다. '교육은 백년지대계'와 'J리그 100년 구상'이란 말은 비슷한 어감으로 다가온다. 한국 축구인들은 100년 뒤를 내다보는 일본의 장기적인 축구 발전 계획을 부러운 시선으로 바라본다. 축구 국가대표 위주로, 그것도 월드컵 위주로 돌아가는 한국 축구에 비해 일본은 'J리그 100년 구상'이라는 말에서 알 수 있듯이 미래에 대한 투자, 유소년 축구 정책을 우선시하고 있다며 한국 축구의 반성을 촉구하기도 한다. 물론 'J리그 100년 구상'이라는 일본의 장기 계획은 배워야 하고 한국 축구는 바뀌어야 하지만, 'J리그 100년 구상'을 실제 100년 뒤까지 내다보는 계획이라고만 보기는 어렵다. 'J리그 100년 구상'이라는 말은 J리그의 홍보 카피에서 출발한 표현으로 '지역 밀착'이라는 단어와 더 깊은 관련이 있기 때문이다.

J리그 출범 당시 베르디 가와사키의 구단주는 요미우리 신문사 사장이었기 때문에 프로야구 요미우리 자이언츠를 의식하지 않을 수 없었다. 일본 프로야구는 요미우리 자이언츠나 한신 타이거즈처럼 도시 이름이 아닌 기업 이름으로 부르는데, J리그가 출범할 때 유럽식으로 도시명을 따르느냐, 야구처럼 일본식 기업명을 붙이느냐에 대한 논쟁이 일었다. 논란 속에 결국 도시명을 선택하면서 J리그의 캐치프레이즈를 공모했는데 '당신의 마을에도 J리그가 있다'와 '100년 구상'이 후보에 올랐다. J리그 사무국은 '당신의 마을에도 J리그가 있다'를 1년간 사용한 뒤 '100년 구상, 스포츠로 더욱 행복해지는 나라로'를 J리그의 공식 표어로 사용하고 있다. '100년 구상'의 핵심은 '당신의 마을에도 J리그가 있다'라는 표어

처럼 바로 지역 밀착이며, 지역 밀착이라는 단어는 J리그에서 유래해 다른 스포츠를 거쳐 일본의 생활용어로까지 범위를 넓히게 되었다.

일본의 J리그는 1부 리그부터 3부 리그까지 있는데 4부 이하의 팀은 지역 밀착을 비롯한 여러 활동을 통해 'J리그 100년 구상 클럽'으로 인증받아야만 J리그에 가입할 수 있다. 하부 리그뿐 아니라 1부 리그의 팀 역시 지역 밀착 활동에 적극적이다. 축구 교실과 같은 행사를 개최하는 것은 물론 쌀농사로 유명한 지역에서는 선수들이 직접 모내기 작업을 하고, 바닷가가 연고지인 구단은 바다 일을 돕기도 한다. J리그의 반포레 고후 구단은 2부 리그의 팀이지만 지역 밀착 활동에서는 J리그 전체 팀의 모범이 되는 구단이다. 1부 리그팀이 아닌데다 고후라는 작은 도시를 기반으로 하고 있어 지역 밀착 활동이 필수적인데, 반포레 고후에게 지역 밀착은 구단 생존의 필수조건이기도 하다.

우리나라 프로축구단을 대상으로 강연하기도 했던 반포레 고후 구단의 우미노 가즈유키 회장은 J리그 구단은 자동차 번호판과 초등학생들의 책가방 커버에도 구단 마스코트를 활용하며, 경기장에 병원을 지어 경기가 없는 평일에는 지역주민을 대상으로 진료 활동까지 벌일 정도로 지역사회와 하나가 되기 위해 노력하고 있다고 밝혔다. 또한 평소 축구단 훈련이 오전 9시부터 시작해 12시 이전에 끝나기 때문에 오후에는 선수들이 집중적으로 봉사활동에 나선다며 선수들의 노력에 감사의 뜻을 표하기도 했다.

スポーツは、
町をチームにしてくれる。

人々がスタジアムに集まる。同じ夢に向かって。
声をひとつにする。選手に力をあげようと
隣の人とハイタッチ、喜びを分かち合って。

見ず知らずの人たちがスポーツでつながって。
町はひとつになり、盛り上がっていく。

2009年のJリーグは、さまざまを増えて36クラブ。
スポーツで仲間になれる町が、日本中に広がっています。

スポーツで、もっと、幸せな国へ
J百年構想
JLEAGUE

"스포츠로 더욱 행복해지는 나라로"
라는 문구를 새긴 'J리그 100년 구
상'의 홍보물

쇼난 벨마레는 축구뿐만 아니라 배구와 육상을 비롯한 종합 스
포츠 클럽을 운영하면서 지역주민들의 건강과 건전한 취미활동까
지 책임지고 있다. 일본은 지리적·문화적·역사적으로 현이 작은
나라라고 할 수 있기 때문에 지역 밀착 활동은 프로구단의 성공
여부와 직결된다. 일본 스포츠에서 가장 성공적인 카피라고 할 수
있는 'J리그 100년 구상'은 장기적인 계획뿐 아니라 지역 밀착의
또다른 이름이다.

'야구 바나레離れ, 멀어짐'라는 표현이 생겨날 정도로 과거에 비해
야구의 인기가 줄어드는 가운데 일본 프로야구 역시 지역 밀착을

위해 헌신적인 노력을 기울이고 있다. 요미우리 자이언츠나 한신 타이거스 같은 오랜 역사를 가진 대도시의 명문 구단보다는 상대적으로 인기가 떨어지는 후발 구단들이 지역 밀착사업을 더욱 열성적으로 추진한다. 니혼햄 파이터스는 지역 결혼정보업체와 함께 200개의 '미팅 좌석'을 만들어 야구장에서 미혼 남녀의 만남을 주선하는가 하면, 지역 온천과 연계한 특별 좌석제도를 비롯해 지역 업체와 제휴를 맺은 다양한 좌석제도를 운영하고 있다. 또한 니혼햄 파이터스 선수회에서 거둔 비용으로 20석의 연간 좌석을 구매해 모든 경기에 학생들을 무료로 초대하고 있다.

라쿠텐 골든이글스는 초등학교나 중학교에서 야구 교실을 진행할 때 반드시 급식을 함께 먹도록 하고 있다. 이는 학교에서 야구를 가르쳐주는 것은 누구나 할 수 있지만 급식을 함께 먹는다는 것은 지역 학생들에게 라쿠텐 골든이글스 선수들의 진심을 보여주는 방법이기 때문이다. 야구뿐만 아니라 다른 종목의 스포츠 시설 확충을 위한 행사나 스포츠와 무관한 지역 행사에도 적극적으로 참여해 '라쿠텐은 곧 도호쿠' 지역이라는 인식을 심어주고 있다.

또한 지바 롯데 마린스 구단은 절대적인 팬의 숫자는 명문 구단에 비해 적지만 열성적인 팬들로 유명한데 그 이면에는 구단의 끊임없는 노력이 숨어 있다. 지바 롯데 마린스는 초등학생과 중학생을 상대로 적극적인 마케팅을 펼치고 있는데 미래의 열성팬을 만들기 위한 장기적인 투자의 첫걸음이라고 생각한다. 중학생들을 야구장에 무료로 초대하는 것은 물론 선수들은 시즌 중에도 시

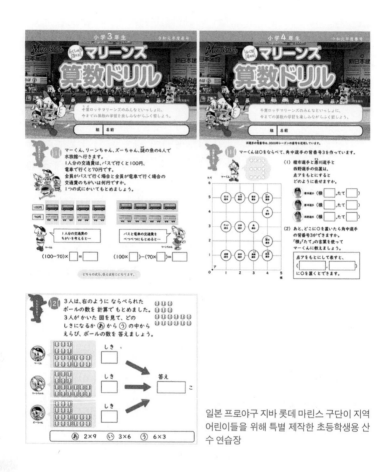

일본 프로야구 지바 롯데 마린스 구단이 지역 어린이들을 위해 특별 제작한 초등학생용 산수 연습장

간을 내어 어린 학생들과의 만남에 적극적으로 임한다. 지역 초등학생들을 위한 행사 역시 다양하게 진행하고 있는데, 그중에서 지바 롯데 마린스 야구단이 야구를 소재로 만든 초등학생용 '산수 연습장'이 대표적이다. 야구를 소재로 더하기, 빼기 등 간단한

히로시마 도요 카프, 세이부 라이온스의 로고가 새겨진 지역 맨홀 뚜껑

수식을 만들거나 선수들을 주인공으로 내세운 연산이나 수학 문제집을 학년별로 따로 제작해 1년에 2번씩 지역 초등학교에 배포하고 있어 초등학생을 위한 최고의 아이디어 상품이라는 평가를 받고 있다.

 스포츠 구단과 지역주민이 밀착하기 위해서는 구단뿐만 아니라 지방자치단체의 노력도 중요하다. 일본의 몇몇 지방자치단체는 지역주민을 위해 스포츠 구단을 적극적으로 활용하고 있다. 비가 많이 오는 일본은 거리 곳곳에 맨홀이 많은데 '맨홀 뚜껑 아트'라는 말이 있을 정도로 화려한 맨홀 뚜껑은 일본을 대표하는 하나의 문화로 자리를 잡았다. 여기에 히로시마 자이언츠, 요코하마 DeNA 베이스타스, 세이부 라이온스, 라쿠텐 골든이글스가 소속된 지방자치단체는 많은 돈을 들여 거리의 맨홀 뚜껑을 프로야구단 로고로 장식하기도 했다. 다양한 프로야구단 맨홀 뚜껑은 일본 지방자치단체가 지역주민을 위해 야구단을 활용하는 대표적인 사례로 평가되고 있다.

우리나라 프로구단 역시 지역활동에 눈을 뜨면서 과거보다 활발한 활동을 펼치고 있다. 이 같은 활동은 일회성의 보여주기식 행사가 아닌 진심을 보여주는 것이 무엇보다 중요하다고 할 수 있다. 학교에서 야구 교실을 열면 야구만 지도하고 끝나는 것이 아니라 라쿠텐 골든이글스 구단처럼 학교 급식을 같이 먹는 자세도 중요하다. K리그 구단 직원에 따르면 어린이를 대상으로 하는 축구 강습은 우리나라의 구단도 진행하고 있지만 우리는 보통 한 반에 1명의 지도자가 잘하는 어린이 위주로 교육하는 반면, J리그는 한 반에 5, 6명의 지도자가 뒤처지는 어린이가 끝까지 참여하도록 이끄는 경우가 많다고 한다. 같은 행사라도 얼마나 진정성을 가지고 임하느냐에 따라 지역 밀착의 결과는 달라질 것이다.

우리나라는 국토가 좁은데다 수도권 위주여서 현이 작은 나라의 역할을 해온 일본에 비해 지역 밀착을 행하기 어려운 조건이다. 과거 일부 농구단의 경우 구단 이름에 지역명을 붙이면서도 경기만 해당 지역에서 할 뿐 숙소와 연습장은 모두 수도권에 있을 정도로 지역 밀착은 말뿐인 경우가 많았다. 한국 프로야구는 2023년부터 팀 간의 균형 발전이라는 명분으로 지역 연고제를 버리고 전면 드래프트를 선택했는데 지역 밀착과는 반대의 선택이라고 할 수 있다. 일본 프로야구 지바 롯데 마린스가 매년 의도적으로 지바 출신의 선수를 뽑는 것처럼 지역을 고려한 선택이 뒷받침되지 않는다면 지역 밀착은 더욱 어려워질지도 모른다. 디지털 시대, 수도권 중심의 우리나라에서도 지역 밀착은 프로 스포츠의 생존을 위한 마지막 기회일 수도 있다. 일본의 'J리그 100년 구상' 처럼 우리도 스포츠에 관한 '백년지대계'를 지금부터라도 시작해야 할 것이다.

국교가 없는 일본에서 활발한 성지순례,
다양한 스포츠의 성지 문화

×

초등학교 3학년이던 1979년 당시 어린이들 사이에서는 프로복싱이 최고 인기 스포츠였다. 그중에서도 세계 타이틀전이 한일전으로 치러지는 것이 단연 최고의 카드로 통했다. 그것도 적지인 일본에서 열리는 날에는 TV 앞에 앉을 때 진짜 복서가 링에 올라가는 것과 같은 긴장감을 느끼곤 했다. 지금도 기억하는 한일전 최고의 일본 원정 세계 타이틀전은 왼손잡이 챔피언 김상현과 요카이 마사히로의 대결이었다. 김상현은 일반적인 왼손잡이 복서의 통념에서 벗어난 적극적인 공격을 구사하는 선수로, 활발한 공격을 펼친 끝에 요카이 마사히로에게 13회 KO승을 거두었다. 김상현의 통쾌한 승리를 지켜본 어린이들 사이에서는 김상현의 동작을 흉내내는 것이 한동안 유행이 되기도 했다.

프로복싱의 명승부가 펼쳐졌던 일본 도쿄의 고라쿠엔 체육관

당시 경기는 도쿄 고라쿠엔 체육관에서 열렸는데, 고라쿠엔에서 일본 선수가 고꾸라졌다는 표현이 나올 정도로 고라쿠엔이라는 이름은 강한 인상을 남겼다. 누군가 고꾸라지는 곳이었던 고라쿠엔은 일본의 3대 정원 중 하나인 고라쿠엔後楽園의 이름에서 유래했는데, 이곳의 뜻처럼 누군가에게는 낙원이지만 누군가에게는 눈물의 장소가 되는 일본 복싱의 성지聖地로 통하는 곳이다. 프로복싱 세계 타이틀전 한일 맞대결로만 범위를 좁혀도 1980년 박찬희와 오쿠마 쇼지의 경기, 1988년 장정구와 오하시 히데유키의 대결을 비롯해 여러 차례 치열한 승부가 펼쳐져 우리나라에서도 익숙한 이름이기도 하다.

일본 복싱의 성지인 고라쿠엔 체육관을 비롯해 일본 스포츠에는 성지로 불리는 장소가 많이 있다. 일반인들에게 잘 알려졌느냐 아니냐의 차이가 있을 뿐 어쩌면 거의 모든 종목에 성지가 있다고 해도 될 정도로 일본 스포츠에서는 성지 문화가 발달해 있다. 성지는 원래 종교적인 의미에서 출발했는데, 일본은 특별한 국교가 없는 나라이지만 스포츠만 놓고 보면 세계에서 가장 활발한 성지 문화를 가지고 있어 더욱 눈길을 끈다.

일본 스포츠에서 가장 대표적인 성지는 한신 타이거스의 홈구장이자 봄-여름 고교야구 전국대회가 열리는 고시엔 구장이다. 일본 야구는 학생 야구가 프로보다 먼저 출발했으며 1924년 개장한 고시엔 야구장과 함께 수많은 고교야구의 명승부가 탄생했다. 고시엔 야구장에서 뛰는 학생들은 마치 수도승과도 같이 머리를 짧게 자른 채 '야구도'를 수행하는 구도자의 모습을 하고 있다. 야구라는 이름의 종교가 펼쳐지는 고교야구 선수들의 꿈의 무대, 고시엔은 종교적인 색채마저 띠고 있어 일본 야구에서 '성지'라는 이름에 가장 적합한 곳이다.

종교 성지를 방문한 순례자들이 기념품을 간직하듯이 고시엔 무대를 밟은 선수들은 고시엔 구장의 검은 흙을 퍼가는 것이 오랜 전통으로 자리잡았다. '성지'에서 뛰는 선수들은 종교인의 순수성을 상징하기 때문에 이들은 공식적으로 야구용품 무상 제공이 금지되어 있으며, 학생 신분에 어울리지 않는 행동을 했을 때는 당사자뿐만 아니라 학교 전체가 징계를 받는다. 성스러운 장소인 성지에서의 규정 위반은 마치 종교를 수행하는 도중에 파계하는 것과 비슷하게 여겨지는 것이다.

고시엔이 고교야구의 성지라면 도쿄 중심부에 자리잡은 메이지 진구 야구장은 대학야구의 성지로 통한다. 일본은 도쿄의 6개 명문 대학이 구성한 '도쿄 6대학리그'가 여전히 많은 인기를 누리고 있다. 야구 실력으로만 따지면 '도도 대학리그'를 비롯해 '도쿄 6대학리그'보다 앞선 곳도 있지만 인기에서는 '도쿄 6대학리그'가 단연 최고를 자랑한다. 고시엔 최고 스타인 손수건 왕자 사이토 유키가 프로 대신 와세다대학에 진학했을 때 일본 대학야구의 인기를 프로야구와 비슷한 수준으로까지 끌어올리기도 했다. 사이토 유키와 같은 스타가 없었을 때도 '도쿄 6대학리그'는 꾸준한 인기를 누리고 있었다. 일본 야구의 전통을 만든 곳이자 일본 대학야구의 성지로 불리는 '메이지 진구' 야구장에서 펼쳐지는 권위 있는 리그이기 때문이다.

　고교야구나 대학야구처럼 인기가 많은 곳뿐 아니라 동호인 야구인 '구사야큐'에도 성지가 있다. 대학야구의 성지이자 야쿠르트 스왈로스 홈구장인 메이지 진구 야구장 옆에 위치한 '가이엔' 야구장은 구사야큐의 성지로 불린다. 원래 가이엔 야구장은 제2차 세계대전 이후 일본에 주둔했던 미군들이 소프트볼 등 레저 스포츠를 하던 곳인데, 미군이 떠난 뒤 미군 시설을 활용해 연식야구 전용 구장으로 만들었다. 접근성이 뛰어난 도쿄 중심부에 6면이나 되는 연식 야구장이 존재한다는 것은 구사야큐를 즐겨하는 사람들에게는 축복이나 다름없다. 이처럼 동네 야구에도 성지가 있는 것은 아마 세계에서 일본이 유일할 것이다. 그만큼 구사야큐

일본 구사야큐의 성지로 불리는 도쿄의 가이엔 야구장

성지인 '가이엔' 야구장은 세계 스포츠에서 특별한 장소인 것이다.

일본에서는 럭비 역시 인기 종목으로 2곳의 성지가 있다. 일본 고교야구의 고시엔처럼 고교 럭비의 성지로 불리는 오사카의 하나조노花園 럭비장은 일본 최초의 럭비 전용 구장으로, 고교 럭비의 오랜 역사와 함께한 구장이다. 도쿄에 있는 지치부노미야秩父宮 럭비장은 간토지역을 대표하는 럭비 전용 구장으로 일본 세미프로리그와 국가대표의 국제경기가 펼쳐지는 곳으로 유명하다. 고교 럭비를 대표하는 곳과 국제전이 펼쳐지는 장소 2곳이 나란히 성지 대우를 받고 있다.

일본 만화『하이큐』로 유명한 고등학교 배구 역시 야구의 고시엔 같은 배구선수들의 꿈의 무대가 있는데 그곳은 우리에게도 익숙한 이름인 요요기 체육관이다. 이곳에서는 봄의 제전 춘고春高라

불리는 고등학교 배구대회가 열린다. 1985년부터 요요기 체육관에서 봄철 고교배구대회를 치르면서 대회 일정을 봄 고시엔대회와 겹치지 않게 조정해 봄철 고교배구대회가 더 높은 인기를 누리게 되었다. 요요기 체육관 시대의 개막과 함께 일본 고등학교 배구가 전성기를 맞으면서 요요기 체육관의 위상은 더욱 높아졌다. 고등학교 배구의 인기 속에 그랑프리대회를 비롯한 국제대회까지 자주 개최하면서 요요기 체육관은 명실상부한 일본 배구의 성지로 우뚝 서게 되었다.

영국 축구의 성지가 웸블리 스타디움이라면 일본 축구에는 도쿄 국립경기장이 있다. 과거 한일 정기전과 월드컵 예선을 비롯해 수많은 한일전의 명승부가 펼쳐진 오랜 역사를 간직한 곳이다. 하지만 축구 전용 구장이 아닌데다 수용 인원이 국제축구연맹 기준에 미치지 못해 2002년 한일 월드컵에서 축구장으로 사용되지 못한 아픔을 겪기도 했다. 일본의 대표 스포츠인 스모는 료고쿠 국기관이 성지로 통하고, 역시 일본의 고유 종목인 유도와 검도는 모두 일본 부도칸武道館을 성지로 삼고 있다. 뛰어난 선수를 많이 배출했다고 하여 성지로 불리는 곳도 있는데, 일본 피겨스케이팅에서는 나고야 스포츠센터가 그러한 곳이다. 나고야지역에서 일본 피겨스케이팅의 선구자인 이토 미도리를 시작으로 아사다 마오를 비롯해 세계적인 선수들이 탄생했기 때문이다.

이 외에도 테니스와 탁구, 요트 등 거의 모든 종목에 성지가 존재한다. 이러한 성지 문화에서 나타나듯이 일본 스포츠는 풍성한

화제를 생산해내며 다양하게 발전해왔다. 일본의 성지 문화는 일본 스포츠를 뒷받침하는 힘이라고 할 수 있다. 반면 우리나라 스포츠에는 성지로 통하는 곳이 거의 없다. 한국 야구하면 대부분 잠실야구장을 떠올리게 되지만 대부분 프로야구 서울 구단의 경기가 열릴 뿐 1982년 세계야구선수권대회 이후 크게 기억할 만한 국제전 명승부가 없어 한국 야구를 대표하는 성지로까지 불리기에는 조금 미흡한 편이다. 야구 역사에서 아쉬운 것은 서울운동장으로 불렸던 동대문야구장이다. 동대문야구장은 1925년 지어진 곳으로 일본의 고시엔 구장과 비슷한 시기에 건설되었는데 한국 고교야구의 역사와 함께한 곳이다. 오랜 시간이 지나도 고시엔 구장은 여전히 건재하지만 고교야구의 성지가 될 수 있었던 동대문야구장은 도심 개발 논리에 밀려 철거되었다. 대체 구장을 건설하면서 한국 최초의 돔구장인 고척 스카이돔이 탄생하기는 했지만 동대문야구장이 사라지면서 과거 한국 고교야구를 장식했던 명승부의 추억 또한 함께 사라졌다.

농구나 배구 경기가 열리던 장충체육관 역시 지금은 프로배구 구단이 사용하고 있지만 한동안의 공백기와 함께 과거 장충체육관의 유산을 완전히 물려받지는 못했다. 한국 스포츠에서 '성지'라는 단어와 어울리는 곳을 지금은 찾기 힘든 상황이다. 프로복싱 김상현의 타이틀전이 열렸던 고라쿠엔 체육관은 세월이 흐르면서 도쿄 돔 시티의 일부인 고라쿠엔 홀로 바뀌었지만 지난 역사를 그대로 간직하고 있다. 1988 서울 올림픽의 빛나는 유산을 간직하고 있지만 별다른 스포츠 성지를 만들지 못한 한국 스포츠에서 고라쿠엔 체육관의 재탄생은 과거의 계승과 새로운 미래를 위한 가치 있는 연구 사례가 되어야 할 것이다.

'직녀부터 새벽까지',
일본 대표팀을 부르는 이름

×

코로나19의 영향으로 1년 늦춰진 2020 도쿄 올림픽의 첫 봉송 주자는 일본 여자축구 국가대표팀 선수들이 담당했다. 이들은 동일본 대지진이 발생한 2011년 독일 월드컵에서 우승을 차지하면서 일본 국민에게 희망을 안겨주었는데, 도쿄 올림픽 역시 여자축구 국가대표팀을 시작으로 성공적인 올림픽을 치르고 싶다는 의지를 나타낸 것이다. 이 소식을 전하면서 일본 언론은 물론 우리나라 언론도 일본 여자축구 국가대표팀의 애칭인 '나데시코 재팬'이라는 표현을 사용했다. '나데시코'는 패랭이꽃을 뜻하는 말이지만 한편으로는 정숙한 일본 여인을 가리키는 말로 요조숙녀와 현모양처를 합친 의미라고 할 수 있다.

특히 일본산 패랭이꽃을 지칭하는 '야마토 나데시코'는 2000년

일본 드라마 〈야마토 나데시코〉의
주인공인 마쓰시마 나나코

에 제작된 일본 최고의 인기 드라마 제목이기도 하다. 〈야마토 나데시코〉라는 드라마가 없었다면 일본 여자축구 국가대표팀의 별명 '나데시코' 또한 탄생하지 못했을 가능성이 클 정도로 일본 사회에 큰 영향을 미친 드라마이다. 드라마 〈야마토 나데시코〉는 사랑보다는 돈을 중시했던 여자 주인공이 진정한 사랑을 찾는다는 다소 진부한 이야기이지만, 주인공역을 맡은 마쓰시마 나나코의 인상적인 연기 속에 가수 미샤가 부른 〈에브리싱Everything〉까지 어우러지면서 일본에서 크게 히트했고 우리나라에서 〈요조숙녀〉라는 제목으로 리메이크되기도 했다.

'나데시코 재팬'이라는 이름은 일본 여자축구가 2004 아테네 올림픽 출전 티켓을 따내자 일반 공모를 통해 정한 애칭이다. 여자축구 국가대표팀이 '나데시코 재팬'이라는 친숙한 이름으로 불리면서 언론에 자주 언급되었고, 여자축구의 인지도가 높아지는 데 중요한 역할을 담당했다. '나데시코 재팬'이 되기 전에는 소수의 여자축구 마니아들만 관심 있는 비인기 종목이었지만 '나데시코' 라는 이름이 더해지면서 스포츠에 관심 없던 사람들까지도 여자 축구의 팬으로 유인하는 효과를 발휘했다. 여기에 2011년 독일 월 드컵 우승이라는 성과가 더해져 여자축구는 단기간에 메이저 종 목으로 부상했다. '나데시코 재팬'은 2011년 유행어 부문에서 대 상을 받을 정도로 큰 화제를 모았다.

'나데시코 재팬'의 성공과 함께 20세 이하 여자축구 국가대표 팀은 '영 나데시코', 여자풋살 국가대표팀은 '나데시코 5'로 불리 게 되었다. 나데시코 재팬처럼 일본에는 국가대표를 지칭하는 애 칭이 많다. 야구 국가대표팀이 '사무라이 재팬'으로 불리는 것은 우리나라에도 널리 알려져 있을 정도이고, 축구 국가대표팀은 강 한 남자를 상징하는 '사무라이 블루'라고 칭한다. 남녀 농구 국가 대표팀은 검은색과 붉은색이 합쳐진 유니폼 색이 '일출'을 연상시 켜 '새벽'이라는 뜻의 '아카쓰키'에 5명이 하는 농구의 특성을 합 쳐 '아카쓰키 5'가 되었다. 여자야구 국가대표팀은 '마돈나 재팬' 으로, 남자유도 국가대표팀은 '고질라 재팬', 스키점프 국가대표팀 은 종목의 특성을 살려 '일장기 비행대'라는 애칭을 가지고 있으 며, 남자핸드볼 국가대표팀은 '혜성 재팬'으로 불린다. 여자핸드볼 국가대표팀은 7명이 하는 핸드볼의 특성을 살린 '레인보우 재팬' 으로 불리다가 공모를 통해 7월 7석을 상징하는 '직녀'인 '오리히 메 재팬'이라는 명칭을 선택했다. 여자하키 국가대표팀은 일본의 상징인 벚꽃에서 유래한 '사쿠라 재팬'으로 불린다.

이런 일본 국가대표팀의 애칭은 종목별 국가대표에 대한 특별한 애칭이 없는 우리나라보다 앞서 있는 것이 분명하다. 그런데 일본 역시 이런 애칭이 오래전부터 존재했던 것은 아니다. 대부분 2000년대 들어 그것도 대부분 공모를 통해 만들어졌다는 점을 한국 스포츠도 참고할 필요가 있다. 일본은 대표팀을 칭할 때 '전일본'과 '대표팀'을 번갈아 사용하곤 했다. 우리나라는 종목별 대표팀을 칭할 때 모두 '국가대표'라고 하지만 일본은 종목에 따라 '전일본'과 '대표팀'을 번갈아 사용해왔다. 특히 배구의 경우 2017년까지 '대표팀' 대신 '전일본'팀이라는 명칭을 고수했다. 조직력이 중요한 배구의 특성상 일본 대표를 선정할 때 특정 팀을 주축으로 구성한 뒤 다른 팀 선수를 보강하는 형식을 취하는 게 일반적이었기 때문에 '대표팀'보다는 '전일본'팀이 어울린다는 주장이었다. 다른 종목에서는 대부분 '대표팀'을 사용했지만 배구에서만은 '전일본'을 고수하다가 2018년부터 배구 역시 '대표팀'이라는 명칭으로 변경했다.

또한 일본에서는 배구나 축구의 경우 클럽팀이 아시아대회나 그랑프리에 출전하는 경우가 많은데 클럽팀이 일본을 대표해 출전하지만 일본 전체에서 선발한 팀은 아니었기에 '전일본'과 '대표팀'을 구분해 사용하기도 했다. 그러다가 1990년대부터는 주로 감독의 이름을 내세우면서 '○○ 재팬'으로 부르는 경우가 많아졌다. 일본 특유의 감독을 중시하는 문화에다 감독 위주의 팀 구성,

감독 만능주의를 드러낸 모습일 수도 있다. 여러 과정을 거치면서 종목별 대표팀에 애칭을 붙이는 단계로 진화한 것이다. 우리나라의 경우는 축구 국가대표팀을 일컫는 '태극전사'가 모든 종목의 국가대표팀을 지칭한다. 우리나라도 일본처럼 공모를 비롯한 여러 가지 방식을 통해 종목별 애칭을 만든다면 새로운 스포츠 문화를 조성하면서 해당 종목의 저변 확대에 도움이 될 것이다.

해당 종목의 특성을 살린 일본 대표팀의 애칭에서 볼 수 있듯이 일본은 프로구단의 애칭 역시 굉장히 잘 짓는 편이다. 일본 프로야구의 경우 사자나 호랑이, 용과 거인 등이 등장하지만 후발 주자인 J리그의 경우는 좀 다르다. J리그 구단의 애칭은 구단의 역사와 지역의 특성을 모두 고려해 만든 사례가 많다. 국가대표 공격수 황의조가 프랑스로 떠나기 전에 뛰었던 '감바 오사카'는 '힘내라'의 뜻을 가진 일본어 '간바레'와 이탈리아어로 '다리'를 뜻하는 '감바'에서 따왔다. 동음이의어를 사용하면서도 '축구의 힘은 다리에서 나온다'는 의미까지 담고 있다. J리그 구단 중 유일하게 홋카이도가 연고지인 '콘사도레 삿포로'는 처음에 들으면 도저히 무슨 뜻인지 알 수 없지만 그 유래를 들으면 절묘함에 무릎을 치게 될 정도이다. '콘사도레'는 '홋카이도 사람들'이라는 뜻을 가진 '도산코道産子'를 거꾸로 발음ㅏ°—サンコ→コンサドー한 '콘사도'와 스페인어 '올레ole'를 합성한 단어이다. '홋카이도 사람들 힘내세요'라는 뜻을 가진 '콘사도레 삿포로'는 축구 열기가 뜨겁지 않았던 홋카이도 지역주민들의 사랑을 받고 있다. 분명 구단 이름이 한몫했

일본 프로축구 J리그 구단 감바 오사카, 콘사도레 삿포로, 교토 상가FC의 팀 로고

을 것으로 생각된다.

　J리그 출범 초창기에 노정윤이 활약했던 산프레체 히로시마 역시 깊은 뜻을 가지고 있다. 팀 이름은 일본어에서 숫자 3을 뜻하는 '산'과 화살을 뜻하는 이탈리아어 '프레체frecce'의 합성어인데, 일본 전국시대의 전략가였던 모리 모토나리가 세 아들에게 한 말에서 비롯되었다고 한다. "화살 1개는 부러뜨리기 쉽지만 3개를 모으면 웬만해서는 화살이 부러지지 않는다. 이처럼 3명 사이에 불화가 있어서 균열이 가게 되면 세 사람 모두가 망한다는 것을 알아라"라고 이야기했다는 교훈처럼 조직력을 강조하기 위해 만든 이름이라고 한다. 박지성이 뛴 것으로 유명한 '교토 상가FC' 역시 흔하지 않은 애칭이다. 일반 공모를 통해 낙점된 '상가'라는 이름은 산스크리트어의 'Sangha'에서 유래한 말로 동료라는 뜻이다. 불교 도시인 교토를 상징함과 동시에 개인보다는 팀을 추구한다는 이상과도 일치하는 이름인 것이다. 이처럼 J리그의 애칭은 한

국 스포츠가 참고할 부분이 많다.

한국 프로야구가 출범하던 1982년 원로 야구 기자를 비롯한 야구 관계자들 사이에서 야구단 이름을 놓고 여러 아이디어가 나왔다고 한다. 미국의 뉴욕 양키스 같은 이름을 짓기 위해 머리를 짜낸 결과 '서울 깍쟁이들'을 비롯해 지역의 특성을 살린 이름이 후보로 나왔다고 하는데 끝내 선택을 받지 못했다. 지역 비하의 의미를 가진 표현이 들어 있어 논란을 피하고 싶었기 때문이다. 물론 MBC 청룡 같은 멋진 이름도 나왔지만 한국 스포츠 역사에 한 획을 그은 이름인 MBC 청룡 구단은 오래가지 못하고 사라졌다. 6개 구단으로 출발한 한국 프로야구는 10개 구단 체제로 늘어났지만 MBC 청룡 같은 이름을 만들지는 못했다. 꼭 '서울 깍쟁이들' 같은 우리말 이름이 아니더라도 J리그의 '콘사도레 삿포로' 같은 의미를 담은 애칭이 한국 스포츠에서도 탄생한다면 정말 기쁠 것이다.

전국대회 중심의 한국,
지방대회도 인기 높은 일본

×

유도 종주국인 일본에서 매년 여름에 펼쳐지던 초등학생 전국유
도대회 '개인전'이 2022년부터 폐지되었는데 이 소식은 국내 언론
에서도 주요 뉴스로 보도되었다. 일본유도연맹은 '지나친 승리 지
상주의'를 폐지 이유로 들면서 지도자가 어린 선수에게 과도한 체
중 감량을 요구하거나 학부모들의 판정 시비로 인해 유도에 대한
흥미를 떨어뜨리는 부작용이 나타났다면서 전국대회를 폐지하게
된 이유를 밝혔다. 개인적으로 일본유도연맹의 이 같은 이유에 모
두 동의하며 우리나라에서도 초등학교 전국대회는 지금보다 규모
를 줄이는 쪽으로 진행되어야 한다고 생각한다. 그런데 일본유도
연맹의 초등학교 전국대회 폐지를 놓고 우리나라에서는 기존 엘
리트 스포츠를 비판하는 수단으로 활용되기도 한다. 일본유도연

2019년에 열린 일본의 전국소년유도대회 개막식 장면

맹처럼 우리나라도 초등학교 전국대회를 폐지해야 한다고 주장하는 것이다.

그렇다면 일본은 과연 초등학교 전국대회를 모두 폐지한 것일까? 일본에서 전국대회가 상대적으로 적은 이유는 무엇일까? 일단 일본유도연맹의 발표를 보면 '개인전'을 폐지했을 뿐 '단체전'은 그대로 유지하고 있음을 알 수 있다. 또한 과도한 체중 감량과 판정 시비와 같은 부작용은 전국대회이기 때문에 발생하는 것이 아니라 지역별 대회나 심지어 학교 안의 대회에서도 나올 수 있는 부분이다. 일본유도연맹의 발표는 일본에서 크게 주목받았는데 그 이유는 대부분의 종목에서 초등학교 전국대회를 진행하고 있기 때문에 특별한 경우로 여겨지기 때문이다.

맥도날드 후원으로 진행되는 다카마도노미야배 일본학동야구 대회는 전국에서 1만 1000팀이 출전해 '초등학생들의 고시엔'이라고 불리는 초등학생 대상 전국대회로, 일본 프로야구 야쿠르트 스왈로스 구단의 홈구장이 있는 메이지 진구 야구장에서 개최된다. 전국 스포츠 소년단이 주최하는 스포츠 소년단 연식야구 교류대회 역시 오랜 역사를 자랑하며, 경식야구의 보이스리그, 리틀야구, 영리그, 포니리그도 전국대회를 치러 우승팀을 가린다. 또한 일본 프로야구 NPB가 주최하는 12구단 주니어 토너먼트도 초등학생을 대상으로 하는 전국대회이다.

일본 소학교 배구대회는 8월 9일부터 12일까지 도쿄에서 펼쳐지는데 도쿄지역 6개 체육관에서 개최된다. 농구나 핸드볼 같은 다른 종목들의 사정도 비슷하고, 축구는 매년 12월 일본축구협회가 주최하는 12세 이하 전국대회를 치르는데 47개 도도부현의 대표 1팀과 지난해 우승팀 1팀까지 48개 팀이 출전한다. 공식 명칭은 일본축구협회 전일본 12세 이하 축구선수권대회이다. 동계 종목 역시 이와 비슷하다. 일본 경제지인 〈도요게이자이〉의 히로오 코広尾晃가 2022년 4월 14일 작성한 기사에 따르면 일본 문부과학성이 승인한 초등학교 전국대회는 23개에 달한다고 한다. 일본은 이처럼 초등학교를 대상으로 다양한 전국대회를 개최하고 있는데 일본에 초등학교 전국대회가 없다고 주장하는 일부의 견해는 분명 사실과 다르다고 할 수 있다.

일본의 전국대회는 대부분 1년에 한 번 정도 개최된다. 대부분의 대회가 전국대회로 치러지는 우리나라와는 다른 모습이다. 일본의 전국대회가 우리나라에 비해 적은 이유는 대회 개최의 어려움이 가장 큰 이유라고 할 수 있다. 일본은 열대기후의 오키나와부터 강추위로 유명한 홋카이도까지 넓은 지역으로 이루어져 있으며, 면적 자체도 우리나라 면적의 4배 가까이 될 정도로 우리나라보다 훨씬 크다. 만일 우리나라 영토가 제주도부터 만주지역을 포함해 일본 정도의 면적으로 이루어져 있다면 한곳에서 모이는 것 자체가 분명 쉽지 않을 것이다. 이에 전국대회라는 이름을 가지려면 47개 도도부현의 대표를 뽑는 지역대회를 치러야만 한다. 지역대표를 뽑는 시간과 비용까지 고려하면 1년에 2번 이상의 전국대회를 개최하는 것은 현실적으로 매우 어렵다고 할 수 있다. 또한 '닛폰 이치'로 일컬어지는 일본 최고를 중요하게 생각하기 때문에 1년에 여러 차례 대회를 치르게 되면 진정한 일본 1위로서의 최고로 인정받기 어려운 측면도 있다.

또한 우리나라에 비해 지역대회가 활성화되어 있는 것도 전국대회 개최가 적은 이유라고 할 수 있다. 일본은 47개의 도도부현이 사실상의 작은 나라처럼 운영되어왔다. 일본은 해발 3000미터가 넘는 산이 21개나 있을 정도로 높은 산이 많아 자연스럽게 지역 간의 경계선 역할을 하게 되면서 지역별로 독자적인 문화를 형성해왔으며, 지역을 소개하는 표현에 '쾌청한 나라國 오카야마', '아름다운 나라 미에'처럼 나라라는 말이 일상화되어 있다. 우리나라는 서울이나 지방 모두 최저 임금이 같지만 일본은 지역별로 최저 임금이 다른 것에서도 알 수 있듯이 47개 도도부현은 실제 나라처럼 운영되고 있다.

스포츠에서도 47개 도도부현 대회가 보통 봄과 가을에 걸쳐 2번 개최되고 긴키지역, 추부지역처럼 여러 개의 현을 하나로 묶은 지역대회 역시 매년 개최되고 있다. 지역대회가 활성화되어 있는 만큼 일부 지역대회의 경우는 전국대회보다 더 큰 인기를 모으기도 한다. 대표적인 것이 바로 일본의 새해맞이 행사로 불리는 '하코네 역전'이다. 이 역전경주는 단거리 릴레이에서 바통을 받는 것처럼 어깨띠를 이어받는 마라톤 경주인데, 역과 역 사이를 달리는 것에서 유래해 역전경주라고 불린다. 하코네 역전은 매년 1월 2일과 3일 이틀에 걸쳐 열리는데 시청률이 35퍼센트를 넘을 정도로 전 국민적인 인기를 누리는 일본의 전통 행사이다.

하코네 역전은 8월의 풍물시風物詩로 불리는 고시엔 야구와 12월 31일에 진행되는 NHK 〈홍백가합전〉을 합친 것과 같은 위상을 가지고 있다. 그런데 이런 '하코네 역전'은 전국대회가 아닌 간토關東 지역대회에 불과하다. 출전 자격은 간토지역 선수로 한정되어 있어 간사이關西를 비롯한 다른 지역의 선수들은 출전하지 못한다. 일본의 역전경주에도 전국대회는 존재한다. 이즈모 역전과 전일본 대학 역전은 하코네 역전과 함께 일본의 3대 역전경주로 불린다. 이즈모 역전은 후지 텔레비전이, 전일본대학 역전은 아사히 텔레비전이 중계방송하는 전국대회이다. 그렇지만 인기만 놓고 보면 니혼 텔레비전이 중계방송하는 하코네 역전이 단연 압도적이다.

'하코네 역전'을 소재로 한 영화 〈나오코〉의 한 장면

　일본에서는 하코네 역전을 전국대회로 확대하자는 의견도 있지만 간토육상연맹은 간토지역 선수들에게 인기 무대에서 뛸 수 있는 기회를 제공하는 것이 바람직하다는 견해를 유지하고 있다. 간토육상연맹과 대회를 공동 주최하는 〈요미우리신문〉과 니혼 텔레비전 역시 '하코네 역전'이 변함없는 인기를 누리고 있는데 굳이 전국대회로 바꿀 필요성을 느끼지 못한다고 알려져 있다. 하코네 역전은 설날 연휴라는 개최 시기와 하코네의 아름다운 풍경, 꽃의 2구간이라고 불리는 구간에서 역전 승부가 펼쳐지면서 드라마나 영화의 주요 소재로 사용될 만큼 전국대회보다 더 높은 인기를 유지할 만한 많은 요소들을 갖추고 있다. 전국대회가 부럽지 않은 지방대회인 것이다.

하코네 역전의 인기는 우리나라의 과거 봉황대기 전국고교야구 대회보다 부산지역의 학교만 출전하는 화랑기 고교야구나 대구 학생들만 출전했던 대봉기 고교야구가 더 큰 인기를 끄는 것이라고 할 수 있다. 우리나라 실정에서는 하코네 역전처럼 지역대회가 전국대회보다 더 높은 인기를 얻는 모습은 상상하기 어렵다. 하코네 역전이 일본에서 높은 인기를 누린다고 해서 이를 우리나라 현실에 그대로 적용하기가 쉽지 않은 것이다. 마찬가지로 일본 유도에서 초등학생 전국대회를 폐지했다고 해서 우리나라에서도 초등학교 전국대회를 군이 폐지할 필요는 없을 것이다. 또한 일본이 전국대회를 1년에 한 번 정도 개최하는 것과 우리나라에서 대부분의 대회가 전국대회로 열리는 것은 지리적·역사적·문화적인 차이가 존재하기 때문이다.

미국처럼 면적이 넓은 나라에서는 초등학교뿐 아니라 중·고등학교의 전국대회 개최가 사실상 불가능하다. 미국에서 학생들의 전국대회가 없는 것은 우리나라와 일본에 비해 전국 1위라는 문화가 적은데다 넓은 국토를 고려하면 현실적으로 어렵기 때문이지 학생들의 경쟁을 제한하기 위해서라고 보기는 어렵다. 스포츠에서 경쟁은 필수적이고 미국 학생들도 세계대회에는 당연히 출전하기 때문이다.

일본에서 전국대회가 적게 개최되는 것은 '일본 최고인 1위'의 정당성과 지역대회가 활성화되었기 때문이다. 국토가 좁고 지역대회의 전통이 짧은 우리나라에서 전국대회 자체를 군이 피할 이유가 미국이나 일본에 비해 적을 것이다. 다만 무분별하게 남발되는 전국대회를 줄이고 일본유도연맹이 초등학교 대회 폐지 이유로 들었던 과도한 체중 감량이나 지나친 판정 시비로 인한 문제점을 줄이려고 노력하는 것이 더욱 중요하다. 한국 스포츠의 여러 가지 문제점을 개선하기 위해서는 전국대회 폐지보다는 잘못된 스포츠 문화를 바꾸는 것이 무엇보다 우선시되어야 한다.

일본 사회의 특징을 보여주는
4번 타자의 존중 문화

×

한국 야구를 대표하는 타자로 성장한 이대호가 2012년 일본 프로 야구 오릭스 버팔로스에 처음 입단했을 때 고베 현지에서 가진 공식 기자회견 이후 보충 질문을 하는 시간을 가졌다. 이대호는 가장 좋아하는 별명이 무엇이냐는 일본 기자의 질문에 "조선의 4번 타자"라고 답했다. 이 말을 들은 일본 기자들은 고개를 갸웃거렸는데 왜 '한국의 4번 타자'가 아닌 '조선의 4번 타자'인지 알고 싶어했지만 시간 관계상 그냥 넘어가게 되었다. '조선'과 '한국'이라는 어감 차이는 있지만 '4번 타자'라는 말에서 나오는 느낌을 한국과 일본이 공유하고 있기 때문이다.

우리나라에서 '4번 타자'는 '최고의 타자'를 의미한다. 또한 팀 타선을 이끄는 리더라는 의미도 포함되어 있다. 여기에 일본은

WBSC 프리미어12 한일전에서 9회 역전타를 날린 뒤 포효하는 '조선의 4번 타자' 이대호

'4번 타자' 위주로 야구를 구성해 4번 타자를 신격화하는 문화를 가지고 있다. 미국 야구에서 4번 타자는 그냥 4번째 타자Fourth Hitter라는 의미 그 이상도 이하도 아니다. 반면 우리나라와 일본 야구에서 4번 타자는 4번째가 아닌 유기체 같은 팀의 중심을 의미하며, 4번 타자를 구심점으로 팀 타선을 구성한다. 일본에서 1번은 정확하고 발이 빠른 타자, 2번은 번트 등으로 중심 타선을 이어주는 타자, 3번은 타율이 높은 타자, 4번은 장타력이 뛰어난 타자라는 것이 마치 수학 공식처럼 적용되어 있다. 이렇게 타순을 구성하는 것은 과거 홈런이 자주 나오지 않던 시절 메이저리그에서 시작되었지만 메이저리그는 시대의 변화와 함께 '4번 타자 최강론'은 사실상 사라졌다.

미국에서는 배리 본즈를 비롯해 가장 뛰어난 타자를 대부분 3번에 배치했는데, 최근의 통계분석에 따르면 가장 뛰어난 타자를 2번에 배치했을 때 득점 확률이 더 높은 것으로 나타났다. 팀에서 가장 강한 타자를 2번 타순에 기용하는 최근 미국 야구의 추세는 경기에서 2번 타자가 4번 타자보다 타석에 한 번 더 설 수 있는 확률이 높다는 것까지 고려한 객관적인 분석의 결과라고 할 수 있다. 미국 야구와는 달리 우리나라와 일본은 여전히 '4번 타자 최강론'이 이어지고 있다. 우리나라와 일본 야구에서 4번 타자는 여전히 단순히 공을 잘 치는 타자가 아닌 팀의 리더에게 주어지는 자리이다.

KBO리그의 SSG 랜더스는 2022년 급부상한 신예 전의산을 4번 타자로 기용했지만 4번 타자로 나섰을 때의 부담감으로 타율이 급격하게 떨어져 8월부터는 하위 타순에 배치되기도 했다. SSG 랜더스의 김원형 감독은 인터뷰에서 "시즌 끝까지 전의산을 4번 타자로 기용할 생각은 없었다. 4번 타자는 힘들고 부담스러운 자리이다"라는 말을 하기도 했다. '4번 타자' 신격화론까지 나오는 일본에서는 시즌이 시작되면 '누가 4번을 맡을 것인가?', 'A와 B의 4번 경쟁' 등과 같은 보도가 끊이지 않고 나온다. 프로야구 외에도 리틀야구와 고교야구에서도 4번 타자 중심의 보도가 이어지는 가운데 월드베이스볼클래식 같은 국제대회를 앞두고는 항상 '사무라이 재팬의 4번은 누구?'라는 제목의 기사를 쉽게 찾아볼 수 있다. 4번 타자는 타자의 꽃이라고 불리는 만큼 엄청난 기대 속에 타석에 들어서기 때문에 중압감을 이겨낼 수 있는 강한 정신력을 가진 선수만이 할 수 있다는 내용의 분석이 이어지곤 한다. 4번이 강해야 강팀이 된다는 말도 일본 야구에서 자주 들을 수 있는 표현이다.

이 가운데 압권은 일본 프로야구 최고의 명문 구단인 요미우리 자이언츠의 '제○대 4번 타자' 문화로, 요미우리 자이언츠의 4번 타자가 새롭게 탄생할 때마다 일본 언론의 헤드라인을 장식하게 된다. 요미우리 자이언츠는 창단 때부터 2022년까지 통산 '90'대 4번 타자가 탄생했다. 히로시마 도요 카프 출신으로 FA를 통해 요미우리 자이언츠의 유니폼을 입은 마루 요시히로가 2020년 9월부터 90대 4번 타자로 등극했다. 우리나라의 홈런왕 이승엽은 요미우리 자이언츠의 70대 4번 타자를 역임했으며, 한국 국적의 재일동포 장훈은 요미우리 자이언츠의 39대 4번 타자로 활약한 바 있다.

요미우리 자이언츠의 '90대 4번 타자'인 마루 요시히로는 일본의 '100대 내각총리대신'인 기시다 후미오 총리와 비슷한 느낌을 갖게 한다. 일본의 '제○대' 문화 중 가장 유명한 세 가지는 요미우리 자이언츠의 4번 타자, 스모의 요코즈나, 일본 총리대신이라고 할 수 있다. 이렇게 위상이 높은 만큼 요미우리 자이언츠의 4번 타자는 아무나 될 수 없는데, 4번 타자로 인정받기 위한 독자적인 기준까지 정해져 있을 정도이다. 경기 도중 교체로 4번 타자로 등장하거나 선발 출전하더라도 상대 투수를 고려한 위장선발일 때에는 '요미우리 자이언츠의 4번 타자'에 이름을 올릴 수 없다. 요미우리 자이언츠의 4번 타자로 선발 출전하기 위해서는 감독은 물론 소속팀 동료, 야구 원로들의 인정을 받아야만 한다. 요미우리 자이언츠의 4번 타자는 감독 혼자 마음대로 결정할 수 없는 중요한 자리이기 때문이다.

사정이 이렇다보니 요미우리 자이언츠의 4번 타자가 갖는 부담감은 다른 구단과는 비교할 수 없을 정도이다. 요미우리 자이언츠의 64대 4번 타자 출신으로 통산 525개의 홈런을 터뜨린 홈런 타자 기요하라 가즈히로는 중계방송 해설 도중 "요미우리 자이언츠의 4번 타자는 일본의 총리대신과 비슷한 정도로 중요한 직책이라고 생각합니다. 나가시마 시게오, 오 사다하루(왕정치) 같은 전설적인 선수들이 거쳐간 자리이어서 다른 구단의 4번 티자와는 비교가 되지 않을 정도로 중압감이 있습니다. 요미우리 자이언츠의 4번은 성역입니다"라는 말을 했을 정도이다. 요미우리 자이언츠를 제외한 11개 프로야구단도 4번 타자의 전통이 있지만 '제○대 4번 타자'로 발표하지는 않는다. 요미우리 자이언츠의 라이벌인 한신 타이거스의 경우 4번 타자가 바뀌면 대중매체에서 한신의 ○대 4번 타자라고 표현할 때도 있지만 요미우리 자이언츠처럼 구단에서 공식적으로 발표하지는 않는다.

이처럼 일본에서 유난히 중요시하는 4번 타자를 '요반'이라고 한다. 일본에서 숫자 4를 읽는 방법은 여러 가지인데 '욘よん', '요よ', '시し'로 읽는 것이 일반적이다. 이중 '시'는 한자 고유의 발음

일본 프로야구 요미우리 자이언츠의 70대 4번 타자 이승엽

으로 읽는 방법인데 '7'을 뜻하는 '시치しち'와 발음 구분이 어려울 수 있어 넷을 의미하는 '욘'과 일곱을 뜻하는 '나나なな'라는 일본식 단어를 만들어 구별하게 되었다. 특히 4를 뜻하는 '시'는 죽을 사死 자와 발음이 같아서 '4번 타자'와 같은 중요한 자리의 발음과는 어울리지 않았다고 한다. '타자'라는 단어와 결합해 일컫는 '4번 타자'는 발음상의 이유로 '욘'이 아닌 '요'라는 발음의 '4번 타자'로 탄생하게 되었다고 한다.

일본에서 가장 높은 산인 '후지산'은 일본의 상징이다. 이에 일본에서는 4번 타자를 후지산에 비유하기도 한다. 야구에서 가장 중요한 타점 숫자를 표로 나타냈을 때 4번이 정상이고, 3번과 5번이 4번을 뒷받침하는 형태가 가장 이상적이라는 것이다. 1번부터

9번까지의 팀 타순 전체를 하나의 유기체로 보고, 그 중심에 자리한 4번을 가장 중요하게 생각하는 것과 같다. 팀을 위해 희생번트를 대는 것처럼 자신만 생각하는 것이 아니라 팀 전체를 위한 타격을 하는 것을 미덕으로 여긴다. 이런 여러 희생이 모여 승리로 이어질 경우 영웅 대접을 받는 것은 대부분 4번 타자이다. 마치 전쟁에서 승리했을 때 병사 개인들의 희생을 바탕으로 개선장군 칭호를 받는 모습과도 비슷하다고 할 수 있다.

메이저리그에서 희생번트 작전이 거의 나오지 않는 것은 우리나라나 일본에 비해 공격 성향이 큰 야구 자체의 특성도 있지만, 개인을 최고의 가치로 여기는 서양의 문화와도 밀접한 관련이 있다. 만일 메이저리그 선수들에게 일본처럼 팀을 위해 희생하라고 한다면 대부분의 선수들은 불만을 터뜨릴 것이고, 이런 일이 여러 번 되풀이된다면 트레이드를 요청할 가능성이 높을 것이다. 메이저리그에서 4번 타자를 의미하는 '클린업 히터Cleanup Hitter'라는 표현은 사라진 지 오래이지만 그 유산은 일본에 여전히 남아 있다. 오히려 4번 타자를 영웅처럼 여기는 '4번 타자 신격화'가 급격히 진행되고 있다.

일본의 '4번 타자 신격화'는 전통 계승을 중요하게 생각하는 일본 특유의 문화에 아날로그 문화, 매뉴얼 문화, 갈라파고스 문화의 영향을 받은 면이 크다. 일본 사회를 상징하는 단어들이 모두 '4번 타자 신격화'에 깊이 녹아들어 있는 것이다. '조선의 4번 타자'에 강한 애착을 가진 이대호는 2012년 일본 진출 이후 미국 메이저리그를 거쳐 롯데 자이언츠로 국내에 복귀한 뒤 2022년 시즌 은퇴를 선언했다. 그는 은퇴 투어 첫날 오랜만에 '4번 타자'에 복귀했다. 롯데 자이언츠의 래리 서튼 감독은 "오늘은 이대호의 날이다"라고 했는데 그는 KBO리그에서 선수로 뛴 적이 있어 한국의 4번 타자 중시 문화를 잘 알고 있었다. 이대호는 타순과 관계없이 팬들에게 영원한 '조선의 4번 타자'로 남게 될 것이다. 미국식 실용주의로 보면 2번 타자나 3번 타자가 더 중요하지만 왠지 '조선의 2번 타자'나 '조선의 3번 타자'는 잘 어울리지 않는다. '4번 타자'는 야구뿐 아니라 그 분야의 최고를 뜻하는 말로 정착되었기 때문일 것이다.

'The Destruction Of The Shell'
한국 스포츠의 빛과 그림자,
더 늦기 전에

K-팝이나 K-드라마가 세계적인 위상을 얻고 있지만 K-스포츠는 아직 갈 길이 멀다. 가장 큰 문제는 한국 스포츠의 문화를 만들지 못했다는 점이다. 스포츠 폭력을 비롯한 한국 스포츠의 여러 고질적인 문제점은 처벌이나 개선 방안을 통해서가 아니라 진정한 한국형 스포츠 문화를 만들어야만 해결할 수 있다. 스포츠 선진국이라고 하는 미국이나 일본 스포츠를 그대로 답습해서는 곤란하다. 제도부터 실제 운영에 이르기까지 어떤 것이 한국의 현실에 맞는지 처음부터 철저하게 분석하고 실행에 옮겨야만 한다. 여러 문제점 속에서도 한국 스포츠는 꾸준히 달려왔으며, 늦은 감이 있지만 아직 희망은 있다. 언젠가 K-스포츠가 세계를 놀라게 할 그날을 꿈꾸며 미래를 준비하자.

한국 스포츠의 인맥 갈등과
일본의 손타쿠 논란

×

지난 2018년 자카르타 아시안게임을 통해 한국 스포츠는 거센 선수 선발 논란에 휩싸이게 되었다. 축구의 김학범 감독은 23세 이상 선수로 일본 J리그에서 뛰고 있던 황의조를 선발했는데 이를 두고 인맥 축구 논란이 거세게 일었다. 당시 유럽에서 뛰고 있던 선수를 비롯해 더 뛰어난 선수 대신 황의조가 선발된 것은 김학범 감독과의 사적인 인연이 작용했다는 비판이 제기되었다. 진짜 사적인 부모와 자식 관계가 문제되기도 했는데 허재 감독이 아들 허웅과 허훈을 대표팀에 선발한 것은 공정하지 못하다는 비난을 피할 수 없었다. 일부 선수 선발을 두고 갈등을 빚은 야구의 선동열 감독은 급기야 국정감사장에 출석해 스포츠 문외한인 국회의원들로부터 수모를 당하기도 했다.

아시안게임 대표 선발 논란 속에 국회 국정감사장에 출석한 선동열 감독

    일본 스포츠 역시 2018년 러시아 월드컵을 앞두고 바히드 할릴 호지치 감독의 전격 해임과 니시노 아키라 감독의 대표 선수 선발 과정을 놓고 논란이 벌어지기도 했고, 고시엔 출전 학교 선정을 둘러싼 논쟁은 국회로까지 이어지기도 했다. 공교롭게도 비슷한 시기에 한국 스포츠는 '인맥 선발' 논란에 휘말렸고, 일본 스포츠는 '손타쿠忖度 선발'이란 비난을 피하지 못했다. 사실 한국 스포츠계에서 인맥 문제는 어제오늘의 이야기가 아닌 한국 스포츠의 오랜 병폐 중 하나이다. 선수층이 얇은 상황에서 엘리트 스포츠를 추구하는 가운데 유교 문화의 영향을 직접적으로 받는 한국 스포츠는 다른 나라에 비해 학연이나 지연 문제가 더욱 심각할 수밖에 없다.

    미국 언론은 우리나라의 같은 고등학교 출신 선수가 나란히 메이저리그에서 뛰는 것에 대해 놀라움을 감추지 못한다. 넓은 국토만큼 다양한 인재로 이루어진 미국에서는 같은 고등학교에서 복수의 메이저리거를 배출하는 일이 대단히 어렵기 때문이다. 우리나라는 고등학교 야구부가 80여 개에 불과하기 때문에 메이저리그 동문 탄생이 가능하지만 반대로 학연으로 인한 문제가 자주 발생하기도 한다. 야구나 축구에 비해 고등학교 팀의 숫자가 더 적은 다른 종목의 사정은 더욱 심하다.

우리나라 스포츠는 학연이나 지연으로부터 자유로울 수 없는 구조라고 할 수 있다. 사실 선수 선발 논란은 예전부터 있어왔다. 특히 아시안게임처럼 병역 면제가 걸린 대회는 더더욱 그렇다. 그런데 2018년 야구, 축구, 농구에서 모두 선수 선발 논란이 불거지게 된 것은 우리 사회가 직면한 '공정'이라는 문제가 2018년 무렵부터 급부상했기 때문이다. 2018 평창 동계올림픽의 여자 아이스하키 남북 단일팀 구성을 놓고 젊은층을 중심으로 단일팀에 반대하는 목소리가 그 어느 때보다 높았다.

1991년 세계청소년축구선수권대회와 세계탁구선수권대회에서 남북한은 단일팀을 구성해 출전했고, 모두 기대 이상의 성적을 올렸다. 많은 국민들은 단일팀이 만들어낸 기적에 눈물을 흘리며 감동했고, 대다수 국민들의 압도적인 지지를 받았다. 당시에도 단일팀 구성으로 대표팀 선수들의 절반 정도가 북한 선수들에 밀려 대회에 출전하지 못했지만 이것이 불공정하다는 목소리는 찾아보기 힘들었다. 시대가 변하면서 2018 평창 동계올림픽 여자 아이스하키 남북 단일팀 구성에 반대하는 목소리가 높아졌고, 평창 동계올림픽의 단일팀 논란 이후 치러진 2018 자카르타 아시안게임에서는 선수 선발의 공정성 여부가 그 어느 때보다 큰 논란으로 이어지게 된 것이다.

이런 인맥 논란은 선수 선발뿐 아니라 스포츠의 다른 병폐와도 깊은 관련이 있다. 2010년대 한국 스포츠를 강타했던 이른바 승부조작 파문 역시 근본적인 문제로 돌아가면 한국 스포츠 특유의 학연과 지연으로 얽혀 있는 인맥에서 시작된 측면이 크기 때문이다. 여전히 출신 대학별로 파벌이 나눠진 농구는 유독 파벌 문화가 강한 분야이다. 야구나 축구는 뛰어난 선수들이 대부분 프로로 직행하면서 과거에 비해 대학의 영향력은 현저하게 줄어들었지만 특정 감독을 비롯해 인맥에 의존하는 경향은 여전히 강하다.

한국 프로야구 심판은 프로야구 출범 이후 40년이 지났지만 그동안 야구선수 출신이 아닌 심판은 단 한 명도 배출되지 않았다. 심판진 모두가 야구선수 출신으로만 구성되었는데 야구선수 출신은 오랜 경험을 통해 비야구선수 출신보다 정확한 판정을 내릴 확률이 높기 때문이다. 하지만 선수와 감독, 심판이 모두 100퍼센트 야구선수 출신이라는 이른바 동업자 정신이 금품 수수 논란처럼 바람직하지 않은 방향으로 흐르기도 한다. 미국이나 일본의 심판들은 야구선수 출신이 상대적으로 적다는 것을 고려하면 모두 야구선수 출신으로만 구성된 한국 야구가 얼마나 폐쇄적인지를 알 수 있다.

한국 스포츠에 인맥 논란이 있다면 일본에는 손타쿠 논란이 2018년부터 불거지기 시작했다. 우리나라가 2018 평창 동계올림픽을 통해 '공정'이 화두로 떠올랐다면 일본은 2017년 아베 전 총리와 관련된 모리토모 학원 비리사건을 통해 언급되기 시작한 손타쿠라는 단어가 2017년 올해의 유행어로 선정될 정도로 일본 사회를 상징하는 단어가 되었다. 손타쿠는 원래 중국의『시경詩經』에서 "다른 사람의 마음을 내가 헤아린다他人有心 予忖度之"는 구절에서 비롯되었는데, 모리토모 학원 비리사건을 계기로 '윗사람이 구체적인 지시를 내리지 않았지만 윗사람이 원하는 바를 미리 헤아려 행동한다'는 의미로 통하게 되었다. 쉽게 말하면 '알아서 기는 것'과 비슷하다고 할 수 있다.

2018년 일본 축구 국가대표팀의 바히드 할릴호지치 감독은 러시아 월드컵을 불과 2달 앞두고 전격 경질되었다. 표면적으로는 혼다 게이스케를 비롯한 고참 선수들과의 불화 및 평가전에서의 부진한 성적 등을 경질 사유로 들었지만, 일부에서는 월드컵 부진으로 스폰서들의 불만이 터져나오자 일본축구협회가 선제 조치를 취한 '스포츠 손타쿠'라는 지적이 나오기도 했다. 바히드 할릴호지치 감독 해임 이후 대표팀을 맡은 니시노 아키라 감독이 대표팀 명단을 발표하자 이 역시 나이와 인기도를 고려한 스포츠 손타쿠라는 표현이 신문에 등장하기도 했다.

일본 고등학교 야구의 최대 축제인 고시엔대회 출전 학교 선정을 놓고도 손타쿠 논란이 일어 이 문제가 정치권으로까지 확산되

니시노 아키라 감독의 대표 선발에 대해 '손타구 재팬'이라고 표현한 일본 스포츠 신문

는 일이 벌어졌다. 2022년 봄 고시엔 출전 학교 선정을 두고 지역 대회 2위 팀인 세이레이크리스토퍼고등학교가 탈락하고 4강에서 떨어진 오가키 니혼대학부속고등학교가 출전하게 되자 큰 논란에 휩싸이게 되었다. 봄 고시엔대회가 100퍼센트 성적으로 결정되는 것은 아니지만 그동안의 관례에 따르면 세이레이크리스토퍼고등학교가 출전하는 것이 맞다는 지적이 이어지는 가운데 일부에서는 일본 고교야구연맹의 손타쿠라는 의혹이 제기되기도 했다. 오가키 니혼대학부속고등학교의 감독이 고교야구연맹에 영향력이 있다는 견해부터 일반인이 알지 못하는 특수 관계에 해당할 것이라는 추측 등이 난무했다. 세이레이 크리스토퍼고등학교가 있는 하마마쓰浜松시의 시장이 비판 기자회견을 열었고, 다르빗슈 유와

우에하라 고지 같은 프로야구 선수들도 비판 대열에 합류했다. 이런 논란 속에 국회에서도 고시엔 선발 문제에 대해 질의할 정도로 손타쿠 논란이 거세게 일기도 했다.

한국 스포츠의 폐쇄성으로 인해 인맥 문화가 강해졌다면 일본 역시 특유의 문화 속에 스포츠계에 '손타쿠' 문화가 깊게 자리한 측면이 있다. 남의 마음을 미리 헤아리는 긍정적인 의미의 '손타쿠'는 팀 동료를 헤아리고, 상대팀을 배려하는 마음을 담고 있지만 일본 특유의 수직적인 문화로 인해 실제로는 선수가 감독의 마음을 미리 헤아리는 것으로 나타나게 되는 측면이 강하다. 이런 부분은 위계질서를 강조하는 일본의 '종적사회縱的社會' 문화와 연관이 깊은데, 상황에 따라 선배나 연장자 또는 영향력이 큰 사람의 마음을 미리 헤아리는 방식으로 나타나게 된다. 스포츠에서는 과거 나가시마 시게오나 왕정치 같은 특급 선수에게는 심판들이 유리한 판정을 내려온 것 역시 이런 문화와 관련이 있을 것이라는 견해도 표명했다. 당시에는 '손타쿠'라는 단어가 일상화되기 전이지만 실제로 '손타쿠' 문화는 일본 사회에 널리 퍼지기 이전부터 존재했던 것이라고 할 수 있다.

우리나라에서 시대의 변화와 함께 단일팀 논란이 불거진 것처럼 일본에서도 시대가 바뀌면서 은퇴 경기의 관례까지 논란이 되기도 한다. 일본에서 은퇴 경기는 대부분 정규 시즌에 치르는데, 투수의 경우 일부러 삼진을 당하는 '손타쿠'가 은퇴 선수에 대한 배려로 통해왔다. 그런데 2021년 고시엔 영웅인 마쓰자카 다이스케와 사이토 유키가 나란히 은퇴 경기를 치른 가운데 은퇴 선수에 대한 배려라는 관례가 정규 시즌 결과에 영향을 미치게 되는 것은 더이상 긍정적인 의미의 '손타쿠'가 아닌 '시대착오'라는 목소리가 나오기 시작했다. '손타쿠'에 대한 비판적인 견해 속에 은퇴 경기의 풍경도 바뀌게 되는 전환점을 맞이하게 된 것이다.

2018년 인맥 축구 논란의 주인공인 황의조는 아시안게임에서 맹활약하며 유럽 무대에 진출해 한국 최고의 공격수로 성장했다. 야구 국가대표팀 선발로 논란이 일었던 선수 역시 한국을 대표하는 선수로 거듭났다. 결과적으로 김학범 감독과 선동열 감독의 선택이 틀리지 않았음을 보여준 것이다. 논란 속에 봄 고시엔에 출전한 오가키 니혼대학부속고등학교는 2회전에서 탈락했으며, 여름대회에서는 지역 예선 2회전에서 탈락해 고시엔 본선 진출에 실패했다. 인맥 선발 논란을 빚은 선수가 최고의 선수로 성장하고, 손타쿠 논란 속에서 고시엔에 출전한 학교가 오히려 무너지는 등 선발 논란은 엇갈린 결과로 나타나기도 한다.

실제 모두를 만족시키는 선발이란 있을 수 없다. 빙상의 강국 네덜란드는 대표 선수를 뽑을 때 객관적인 성적 대신 컴퓨터 알고리즘을 이용해 메달 확률이 높은 선수를 선발하기도 한다. 놀라울 정도로 합리적인 네덜란드다운 선택이지만 네덜란드 역시 마지막 선택에서는 코치들의 의견을 중요하게 반영하고 있다. 어쩌면 네덜란드 스포츠에서는 선동열 감독이 국회 국정감사장에 출석한 것과 고시엔 출전 학교 논쟁이 국회로까지 이어진 이유를 정확하게 이해하기 어려울 수도 있을 것이다. '인맥 선발'과 '스포츠 손타쿠'는 스포츠를 넘어 한국과 일본 문화의 부정적인 면에서 비롯된 측면이 강하기 때문이다.

스모에서 유래한 상을 받은
한국의 야구선수들

×

한국 고교야구 사상 가장 큰 관심 속에 치러진 1981년 봉황대기 전국고교야구대회 결승전은 이례적으로 KBS와 MBC가 동시에 중계방송하는 가운데 야간 경기로 치러졌다. 당시 최고 스타인 박노준은 1회 홈으로 들어오다 쓰러져 병원으로 후송되었고, 박노준이 빠진 선린상고는 준우승에 그치고 말았다. 다음날 신문에는 박노준의 입원 소식과 함께 '박노준 감투상'이라고 적혀 있었다. 감투상을 찾아보니 용감할 감敢과 싸울 투鬪로 그야말로 용감하게 싸운 뒤 쓰러진 박노준과 너무나 잘 어울리는 상이었다.

그런데 박노준처럼 경기중에 부상당하지 않더라도 고교야구 시상식에는 항상 감투상이 등장했다. 대부분 준우승한 학교의 투수가 받는 상이라고 할 수 있다. 박노준의 감투상부터 40년이 지난

프로야구 LG 트윈스의 시상식. MVP와 우수 투수, 우수 타자, 감투상을 선정한다.

2022년 청룡기 전국고교야구선수권대회에서도 준우승한 학교인 충암고의 투수 윤영철이 감투상을 받았다. 또한 백호기 전국중학 야구대회를 비롯해 꽤 많은 대회에서 감투상을 선정하며, 프로야 구 올스타전에서도 감투상을 시상한다. 이 외에도 LG 트윈스가 선정하는 월간 MVP 시상식에도 감투상이 등장할 정도로 '감투상' 은 한국 스포츠에 뿌리깊게 자리잡고 있다.

'감투상'은 일본 스모에서 유래했다. 스모에서는 〈도쿄신문〉 기 자였던 하라 사브로原三郎의 제안으로 1947년부터 수훈상과 감투 상, 기능상을 선정하기 시작했다. 감투상은 말 그대로 '감투 정신' 을 발휘한 선수에게 주어지는 상이지만 용감하게 싸웠다는 것을 판단하기는 쉽지 않다. 스모에서 감투상은 수훈상과 기능상에는 다소 미치지 못하지만 인상적인 경기를 펼친 선수에게 주어지는 상이라고 할 수 있다. 스모의 영향을 받아 일본 야구에서 감투상을 시상하면서 감투상은 더욱 대중화되었다.

일본 야구는 1950년부터 센트럴리그 우승팀과 퍼시픽리그 우승팀이 대결하는 일본시리즈를 치르기 시작했다. 1950년부터 1952년까지는 우승팀과 함께 최우수선수만 시상했지만, 스모의 영향을 받아 1953년부터 최우수선수뿐 아니라 감투상을 시상하기 시작했다. 감투상은 대부분 준우승팀에서 나왔다. 만일 팀이 우승했다면 최우수선수상을 받을 만한 선수가 감투상 수상자가 되는 것이다. 일본시리즈 초창기에는 우승팀에서 감투상을 받은 사례도 있지만 시간이 지나면서 준우승팀의 MVP 개념으로 굳어지게 되었다. 일본 야구의 영향을 받아 우리나라에서는 1956년 실업야구선수권대회에서 첫 감투상 수상자가 나왔다.

이처럼 역사가 깊은 감투상이지만 스포츠팬이 아닌 사람들에게는 여전히 낯선 용어이기도 하다. '감투'라는 말 자체가 우리말이 아닌 전형적인 일본식 표현이기 때문이다. 일부에서는 조선시대에 남자들이 쓰던 감투에서 유래한 것으로 알고 있기도 하다. 왕관만큼은 아니지만 감투 정도 쓰는 것이란 뜻으로 말이다. 이 외에도 예전에 감투상보다 훨씬 많이 사용한 일본식 단어 중에 맹타猛打가 있다. 과거 야구 중계방송에서 ○타수 ○안타의 맹타를 휘둘렀다는 표현을 자주 들을 수 있었으며, 신문 기사 제목으로도 많이 사용되었다. 최근에는 메이저리그의 영향으로 한 경기에 2개 이상의 안타를 기록할 때 멀티히트라는 표현을 주로 쓰는데 일본은 여전히 '맹타'라는 단어를 사용하고 있다. 특히 '맹타상'이라는 말은 일본이 만든 일본 고유의 용어로 미국식 야구에 치우쳐 있는 한국 야구에 생각할 여지를 남기는 표현이다.

'맹타상'은 한 경기에서 3개 이상의 안타를 쳤을 때 수여하는 상이다. 과거에는 실제로 상과 상품을 주기도 했고, 경기 침체 시기에는 생략하기도 했지만 '맹타상'은 공식 기록으로 남으며 언론에서도 자주 언급하는 용어이다. '맹타상'은 1949년 일본야구연맹 직원이었던 기요오카 다카유키清岡卓行가 만든 용어이다. 그는 일본야구연맹 직원을 거쳐 시인과 소설가로 아쿠타가와상을 비롯해 13번의 문학상을 받았으며, 호세이대학 명예교수까지 역임한 인물이다. 일본의 문학가인 마사오카 시키가 타자와 주자, 사구 같은 표현을 만든 것처럼 맹타상이라는 용어도 시인으로부터 유래한 것이다.

맹타상은 기록으로 남고, 기록은 야구에 관한 이야기를 만들어 낸다. 일본 야구에서 맹타상 기록은 장훈 선수가 보유하고 있다. 장훈은 퍼시픽리그에서 203번, 센트럴리그에서 48번의 맹타상을 기록해 무려 251번이나 한 경기에서 3안타를 쳐 역대 최고의 교타자임을 입증했다. 일본 야구의 자존심 스즈키 이치로는 1994년 69번의 맹타상을 받아 시즌 기록을 보유하고 있으며, 풍운아 오치아이 히로미쓰가 44세 5개월에 맹타상을 받은 것이 최고령 맹타상 기록이다. 연속 경기 맹타상 기록으로는 2003년 이구치 다다히로 등 2명이 5경기 연속 맹타상을 이어간 적이 있다. 우리나라 프로야구에서는 2022년 LG 트윈스의 박해민이 4경기 연속 3안타를 기록해 한국 야구 타이기록을 달성한 적이 있지만, 일본의 '맹타상'과 같은 용어가 없는 관계로 야구 마니아가 아닌 사람들에게는 크게 화제를 모으지 못했다.

'감투상'이라는 용어처럼 일본식 용어를 그대로 사용할 이유는 없다. 우리나라의 현실에 맞게 더 적합한 말을 찾는다면 정말 좋을 것이다. 다만 '멀티히트'보다는 '맹타상'이 더욱 직관적인 용어이며, 야구에 대한 새로운 이야기를 만들기 쉬울 것이다. LG 트윈스의 박해민의 연속 3안타 행진은 4경기에서 멈췄지만 5경기 이상을 기록했다고 하더라도 일반인들에게 깊은 인상을 주기는 어려웠을 것이다. 홈런 기록처럼 모두가 열광하는 대기록이 아닌 이유도 있지만 '1경기 연속 3안타'를 한 마디로 나타내는 표현 자체가 존재하지 않기 때문이다. '1경기 연속 3안타'는 한미일 야구에 모두 존재하는데 미국은 '멀티히트'라는 더 넓은 개념을 사용하고, 일본은 '맹타상'이라는 일본 고유의 표현을 만들었지만 한국 야구는 미국식 '멀티히트'를 그대로 따르는 정도에 머물고 있다. 만일 일본의 '맹타상'을 뛰어넘는 한국 야구만의 새로운 용어를 만들수 있다면 한국 야구 발전에 조금이나마 도움이 될 것이다.

하지만 종목 발전을 위해 많은 고민 끝에 새로운 용어를 만든 사례를 한국 배구에서 찾아볼 수 있다. 1997년 프로농구가 출범한 이후 '트리플더블'이라는 용어가 언론과 농구팬들에게 익숙한 단어로 자리잡았다. 트리플더블이란 한 경기에서 한 선수가 득점, 리

한국 프로배구에서는 트리플크라운을 달성한 선수에게 시상하고 있다.

바운드, 어시스트, 가로채기, 블록슛 중 3개 부문에서 두 자릿수를 기록하는 것을 말하는데, '3개 부분 두 자릿수 달성'을 한 마디로 압축한 표현이다.

농구의 라이벌인 배구의 김건태 심판위원장은 농구의 '트리플 더블' 같은 용어를 고민하던 차에 '트리플크라운'이라는 용어를 2005-2006 시즌부터 만들어 공식 시상을 하고 있다. 배구의 트리플크라운은 한 경기에서 서브 득점, 후위 공격, 블로킹을 3개 이상 기록하는 것을 의미하는데 공식 기록으로 남으며 100만 원의 상금까지 받을 수 있다. 얼핏 생각하면 3개라는 숫자가 쉬워 보이지만 사실 그렇게 쉬운 일이 아니다. 이를 달성하기 위해서는 측면 공격수이며 강서브를 갖춘데다 블로킹 능력까지 뛰어나야만 가능하다. 첫 기록의 달성자는 남자부에서는 이경수가, 여자부에서는 황연주가 달성했는데 선수들은 트리플크라운의 달성을 큰 영광으로 생각한다. 남자부 200호 트리플크라운의 주인공인 현대캐피탈의 허수봉은 "버킷 리스트에서 하나를 지울 수 있게 되었다"며 기쁨을 나타냈다. 전천후 공격수 박철우는 단 1개가 부족해 트리플크라운을 아쉽게 놓친 적이 무려 20번이나 될 정도로 운이 다소 따르지 않은 편이었다.

이렇게 트리플크라운 달성을 위해 1개만을 남긴 상황에서는 공격을 몰아주거나 블로킹을 위해 일부러 상대에게 공을 넘기는 사례까지 있을 정도로 배구계에서는 권위 있는 상으로 정착되었다. 한국 배구의 트리플크라운은 일본 야구의 맹타상과 많은 부분이 닮았다. 트리플크라운과 맹타상은 처음 만든 시기와 인물이 확실하게 알려져 있고, 연맹 차원의 공식 기록으로 이어지며 상금이나 부상을 받기도 하고, 기록으로 인해 풍부한 이야기를 만들면서 리그 흥행으로 연결되는 선순환 구조를 만들었다는 공통점을 가지고 있다. 다만 유명 시인의 감성으로 만들어진 '맹타상' 같은 고유의 말이 아니라 영어인 '트리플크라운'을 그대로 사용한 점은 아쉬움이 남는다. 한국 스포츠도 일본 스모에서 유래한 '감투상'과 일본 야구의 '맹타상' 못지않은 우리식 표현을 만들 수 있는 능력을 보유하고 있다. 어쩌면 상상조차 하지 못한 기상천외한 용어로 세계 스포츠계를 깜짝 놀라게 할 수도 있을 것이다.

무심코 사용하는
군국주의의 잔재 '1군과 2군'

×

일본 도쿄에서 취재힐 때면 대부분 신주쿠 가부키초에 숙소를 잡는다. 도쿄 중심가에 위치해 교통이 편리한데다 한국 상점이 많은 신오쿠보지역에 위치해서 언제든 한국 음식점을 이용할 수 있기 때문이다. 일본에 여러 번 출장을 갔지만 일본에서 한국식 짜장면을 먹은 적은 한 번이었는데 그 한 번의 경험을 계기로 이번 이야기가 탄생했다. 일본 음식이 조금 지겨워질 때 신오쿠보에 있는 한국식 중화요리 집을 찾은 적이 있다. 맛은 그저 그랬지만 그 집 벽에 붙어 있는 한국 선수의 사인이 눈에 띄었다. 등번호와 함께 장식된 사인 밑에 교진군巨人軍이라고 표기되어 있었다.

일본 최초의 프로야구 구단이자 최고의 인기 구단인 요미우리 자이언츠는 세계적으로 유례를 찾아보기 힘들 정도로 압도적인

니혼햄 파이터스 시절 수염을 기른 오가사와라 미치히로가 요미우리 자이언츠로 이적 후 면도한 모습

인기를 자랑한다. 미국이나 유럽 스포츠 구단의 팬들은 대부분 해당 지역의 주민들로 구성되어 있다. 물론 뉴욕 양키스나 LA 다저스, 맨체스터 유나이티드와 리버풀FC, FC바르셀로나와 레알 마드리드 같은 구단은 단순한 지역팀을 넘어서지만 전 국민적인 인기를 누리는 구단은 사실상 존재하지 않는다. 일본의 요미우리 자이언츠는 1960년대 일본의 고도 성장기에 9년 연속 우승을 차지하며 한때 국민의 70퍼센트가 요미우리 자이언츠의 팬이라고 할 정도로 다른 구단과는 비교할 수 없는 인기를 자랑하고 있다. 요미우리 자이언츠의 성적에 따라 일본 경제가 좌우된다는 말까지 나올 정도로 요미우리 자이언츠의 위상은 세계 스포츠에서 특별하다고 할 수 있다. 그런 요미우리 자이언츠이기 때문에 선수들은

일본에서 열린 미일 야구 친선경기에 출전한 홈런왕 베이브 루스(출처 : NPB 홈페이지)

수염을 기를 수 없는 것을 비롯해 다른 구단 선수와는 다른 품격을 유지해야 한다고 한다.

정식 이름은 요미우리 자이언츠이지만 줄여서 교진군이라고 부르곤 한다. 프로야구 12개 팀 중 ○○군이라는 표현을 쓰는 곳은 현재 요미우리 자이언츠가 유일하다. 선수들도 이름 밑에 교진군이라고 표시하는 경우가 많다. 그런데 요미우리 자이언츠의 교진군이라는 명칭은 과거 일본의 군국주의 유산이라고 할 수 있다. 한국 스포츠에서 무심코 사용하고 있는 1군이나 2군 같은 표현 역시 마찬가지이다. 교진군이라는 말이 탄생하기 전 가장 먼저 '군軍'이라는 단어가 사용된 것은 1934년 메이저리그의 전설인 베이브 루스를 비롯한 미국 선발팀이 일본에서 일본 선발팀과 대결한 것이 처음이다. 당시 일본 언론은 일본 선발팀을 '전일본군',

메이저리그 선발팀을 '전미선발군'이라고 칭했다. 미국과 일본의 대결은 미국의 일방적인 승리로 끝났지만 이 대결을 계기로 도쿄에 근거지를 둔 최초의 야구팀 요미우리 자이언츠가 탄생하게 되었다.

이후 요미우리 자이언츠 구단은 미국 원정을 떠나게 되었는데 미국으로부터 정식 이름인 '대일본도쿄야구구락부'가 너무 길고 어려우니 간단한 애칭으로 표현해달라는 요청을 받아 현지에서 자문을 담당한 뉴욕 자이언츠 출신 프랭크 오도르가 '도쿄 자이언츠'를 제안했고, 일본에 돌아가서도 자연스럽게 요미우리 자이언츠로 이어지게 되었다. 도쿄 자이언츠를 일본식으로 표현하다보니 거인이 탄생했고, 애칭에 군을 붙여 '교진군'이 만들어지게 된 것이다.

최초의 구단인 요미우리 자이언츠처럼 당시 구단들의 이름에는 모두 군이 붙게 되었다. 일본 야구 초창기의 구단 이름을 보면 요미우리 자이언츠는 '도쿄 교진군'으로 불렸고, 주니치 드래건스는 '나고야군'이라는 애칭을 사용했다. 또한 '한큐군'과 '다이도쿄군'처럼 구단 이름은 모두 군으로 통했다. 이처럼 '전일본군'과 '전미선발군'을 시작으로 프로야구단 이름에 '군'이 사용된 것은 당시 일본의 시대 상황과 밀접한 관련이 있다. 일본은 1931년 만주사변을 일으킨 것을 시작으로 아시아 침략에 모든 힘을 기울이던 시기였다. 군대가 세상에서 가장 중요하다고 믿었으며 사회 전체가 군국주의로 물들었던 시절이다. 미국의 진주만 폭격을 위한 가미카

제神風 특공대에 동원되자 비행기에 오르기 전 마지막으로 스트라이크를 던지고 떠나고 싶다고 한 야구선수 출신의 군인 이야기가 일본에서는 지금도 슬픈 전설처럼 전해질 정도로 야구 역시 군국주의의 망령에서 벗어나지 못했었다.

일본의 패전으로 제2차 세계대전이 종료되면서 야구단 이름에 '군'이라는 표현이 자연스럽게 사라진 가운데 유독 요미우리 자이언츠에만 '교진군'이라는 이름이 남아 있다. 일본 최초의 구단이라는 자부심 때문인지 아니면 보수 성향인 요미우리 자이언츠 구단의 속내인지는 알 수 없으나 여전히 '교진군'이라는 표현을 사용하고 있는 것이다. 요미우리 자이언츠의 4번 타자로 활약했던 이승엽 이후 한국 선수가 요미우리 자이언츠에서 뛴 적이 없어 더 이상 교진군이라는 호칭이 문제가 될 일은 없지만 한국 야구 및 한국 스포츠에서 자주 사용하는 1군 및 2군이라는 표현 역시 과거 군국주의에서 비롯된 말이므로 가능하면 사용하지 않는 것이 좋을 것이다.

우리나라 야구를 비롯한 주요 스포츠에서 주전선수뿐 아니라 출전 선수 명단에 포함되어 있으면 1군으로, 그렇지 않으면 2군이라고 표현한다. 일본에서 뛰던 이승엽이 성적 부진으로 2군으로 내려가기를 자청했을 때 '아름다운 2군행'이라는 기사가 화제가 된 적도 있는데, 일본에서는 공식적으로 1군, 2군이라는 용어를 사용한다. 그런데 메이저리그에 소속된 선수가 부상이나 부진으로 마이너리그로 내려갔을 때도 우리나라 언론에서는 2군행이라는 표현을 쓰기도 한다. 미국에는 당연히 1군, 2군이라는 용어가 존재하지 않는데 굳이 2군이라고 표현할 필요가 있을까.

우리나라에서도 주전선수가 부진할 경우 "2군 가서 더 연습해라" 또는 "2군에서 쉬면서 감각을 찾아라"와 같은 주문을 하는 경우를 쉽게 볼 수 있다. 스포츠 용어가 유난히 군사 용어로 이루어진 것이 많지만 그중에서도 '군'이라는 단어는 일본에 식민지 지배를 받았던 우리나라의 역사를 돌이켜볼 때 더이상 사용해서는 안 되는 말이라고 생각한다. 1군이나 2군 같은 군국주의에서 유래한 표현은 아무 생각 없이 사용하면서 일본식 용어라는 이유로 무조건 영어식으로 바꾸는 풍조가 한국 야구계에 만연해 있다. 일본식 용어인 '직구' 대신 미국식 패스트볼Fastball을 그대로 번역한 '속구'를 사용하고, 일본이 만든 '방어율'보다는 미국의 언드 런 애버리지Earned Run Average를 뜻하는 '평균자책점'이라는 말로 대체하는 사례가 더욱 늘어나고 있는 추세이다.

하지만 '직구'는 '변화구'와의 상대 개념으로 투수의 투구를 직관적으로 이해할 수 있는 용어이다. 우리나라의 대표적인 석학 이어령 선생은 승강기와 엘리베이터라는 이름에 얽힌 문화 차이를 논한 적이 있다. 엘리베이터는 상승만을 지칭하는 단어이지만 실제 엘리베이터에는 상승만 있는 것이 아니라 하강 역시 존재한다. 서양의 단선적인 문화는 엘리베이터라는 말로 모든 것을 정의하지만 동양에서는 상승과 하강을 동시에 아우르는 '승강기'라는 단어를 만들었다는 것이다. 직구를 속구로 부르면 최고 구속이 시속

140킬로미터에 못 미치는 선수의 공도 '속구'로 칭해야 하는 모순이 발생한다. 무엇보다 야구를 좋아하지 않는 사람도 '직구와 변화구'라는 용어는 알지만 '속구'는 야구 마니아들만이 사용하는 용어이다. 야구팬들의 대상을 굳이 축소할 이유가 없다.

야구계에서 개선해야 할 일본식 용어는 지엽적인 직구나 방어율 같은 말이 아니라 무심코 사용하는 1군이나 2군 같은 용어들이다. 야구뿐 아니라 다른 종목에서도 '상비군'이나 '재활군' 같은 명칭을 사용한다. 특히 '상비군'은 많은 종목에서 국가대표 상비군이라는 명칭을 쓰고 있다. 일본식 명칭이라고 해서 나쁜 것만은 아니다. 오히려 서양식보다 더 적합한 표현도 많다. 문제는 군국주의에서 파생된 명칭을 없애야 하는 것이다. 스포츠계가 뜻을 모은다면 '1군'이나 '2군'뿐 아니라 '상비군'이나 '재활군'처럼 무심코 사용하는 용어들도 더 적합한 용어로 충분히 바꿀 수 있을 것이다. 예전에는 국가대표 축구팀 1진을 '화랑', 2진을 '충무'라고 부른 적이 있다. 유럽 축구에서는 한국 야구의 1군과 2군 개념을 A팀, B팀으로 부르고 있다. 프리미어리그를 1부리그로, 챔피언십리그를 2부리그로 부르는 것을 참고할 수도 있을 것이다.

우리나라는 일제시대뿐 아니라 오랜 군사정권의 통치 속에 군대 문화의 영향을 많이 받았다. 1993년 군사정권 대신 문민정부가 들어선 뒤 오랜 시간이 지났다. 스포츠에서 '군'이라는 단어가 더 이상 사용될 이유가 없는 것이다. 아름다운 우리말의 특성을 살린 창의적인 표현이 탄생하기를 기대해본다.

스포츠에서 유래한 마법의 한마디,
한국의 '파이팅'과 일본의 '거쓰 포즈'

×

드라마를 즐겨보는 편이 아니지만 지인들이 꼭 봐야 한다며 적극적으로 추천해 보게 된 TVN 드라마 〈나의 아저씨〉는 왜 사람들이 인생 드라마라고 하는지 알 수 있는 작품이었다. 극 중 이지안과 박동훈의 마음이 그대로 전해지는 것처럼 배우들의 연기에 빠져드는 가운데 가난하지만 따뜻한 후계동 사람들의 정감어린 모습과 함께 여러 명대사들은 시청자들의 가슴에 깊은 울림을 남기기도 했다. 드라마가 시작될 때 무표정했던 이지안은 미소를 찾아가며 마침내 '파이팅'이라는 격려의 말을 하게 될 정도로 변화한다. 폭풍 같은 상황이 정리되면서 후계동을 떠나는 이지안은 작별인사를 마치고 박동훈과 포옹한 뒤 돌아서서 '파이팅'이라는 한마디를 건넨다. 박동훈 역시 미소를 지으며 '파이팅'으로 답한다.

드라마 〈나의 아저씨〉 중에서 '파이팅'을 외치는 이지안(이지은)과 박동훈(이선균)

　'파이팅'은 분명 영어이지만 영어권에서는 잘 쓰지 않을 뿐 아니라 우리나라와는 다른 의미로 사용된다. 1999년 강릉에서 열린 아이스하키 취재 도중 북미아이스하키리그ᴺᴴᴸ 우승컵을 거머쥐었던 재미동포 백지선과 당시 북미아이스하키리그의 떠오르는 신예로 주목받던 박용수를 인터뷰한 적이 있었다. 인터뷰가 끝난 뒤 '파이팅' 한 번 외치자고 주문하자 박용수는 깜짝 놀라는 표정을 지으며 "파이팅?"이라며 당황하는 모습을 보였다. 박용수의 선배로 한국 문화에 어느 정도 알고 있던 백지선이 '파이팅Fighting'은 한국식으로 '레츠 고Let's go'와 비슷한 말이라고 설명하자 호쾌하게 웃으며 함께 '파이팅'을 외친 적이 있다. 한국 문화에 어느 정도 익숙한지를 구분하는 기준 중 하나가 '파이팅'이라는 한국식 용어인 셈이다.

인터뷰 도중 파이팅을 외치는 재미동포 아이스하키선수 백지선과 박용수

　　네이버 뉴스 라이브러리를 검색하면 1920년대부터 '파이팅'이라는 단어를 사용한 것으로 나온다. 1926년 9월 5일 발행된 〈동아일보〉에는 '야구연맹전을 마치고 1일'이라는 제목의 기사가 실려있는데 "우리가 대패한 원인은 첫 번째 파이팅, 스피리트가 부족했던 것과 둘째로 연습이 충분하지 못하였던 것입니다"라는 내용을 발견할 수 있다. 당시 스포츠 기사에는 투혼이나 투지를 표현할 때 대부분 '파이팅, 스피리트'라는 말이 사용되었고, 1950년대부터 '스피리트'가 생략되고 '파이팅'이라는 하나의 단어가 정착되었다. 당시 기사를 검색하면 "축구 일본전에서 프리킥을 내준 것은 파이팅에 넘쳐서 그런 것이다. 탁구에서 부진한 것은 파이팅이 부족했기 때문이다"와 같은 식으로 쓰였음을 알 수 있다.

　　'파이팅'이 한국 스포츠에서 필수적인 단어로 정착되면서

1980년대 초반에는 200개가 넘는 신문 기사의 제목에 '파이팅'이 들어가 있는 것을 볼 수 있다. 1990년대 후반 리틀야구에서는 미국의 박찬호와 일본의 선동열을 응원하는 행사를 개최했는데, 행사 이름은 '박찬호-선동열 파이팅 엽서 보내기'였다. KT의 이동통신 자회사였던 KT프리텔은 KTF라는 약칭을 사용했는데 2002년 한일 월드컵 당시 'Korea Team Fighting'이라는 이름으로 적극적인 홍보전을 펼치기도 했다. 이 때문에 KTF의 공식 명칭을 'Korea Team Fighting'이라고 아는 사람이 많았을 정도로 '코리아팀 파이팅'의 파급력은 매우 컸다.

2002년 한일 월드컵 4강 신화의 여운이 가시지 않은 2006년 당시 딕 아드보카트 감독은 축구 관계자들과 축구처럼 90분에 걸친 산행을 했는데, 그 행사의 마지막은 모두가 '파이팅'을 외치면서 독일 월드컵의 선전을 기원하는 것이었다. '파이팅'은 스포츠뿐 아니라 일상생활에서도 매우 친근한 용어가 되었으며, 정치인들 역시 선거 유세를 할 때 유권자들과 '파이팅'을 외치는 것이 당연한 행사가 되었을 정도로 '파이팅'은 단순히 '힘내라'는 의미를 넘어 '우리 모두 함께'라는 뜻을 가진 마법의 단어로 정착되었다고 할 수 있다.

우리나라의 '파이팅'과 같은 역할을 하는 것이 일본에도 있다. '파이팅'이란 말을 사실상 우리나라에서만 사용하는 것과 마찬가지로 일본의 '거쓰 포즈'도 일본에서만 사용하는 표현인데, 우리나라의 '파이팅'과 다른 것은 '거쓰 포즈'라는 단어가 만들어진 유래

리틀야구에서 개최한 '박찬호–선동열 파이팅 엽서 보내기' 행사

축구 관계자들과 산행을 마친 뒤 '파이팅'을 외치는 딕 아드보카트 대표팀 감독

가 명확하다는 점이다. '거쓰 포즈'에서 거쓰Guts는 일본어로 '이긴다'는 뜻이고, 포즈는 영어로 '자세를 취하다'를 뜻하는 '포즈pose'를 그대로 읽은 것이다. '거쓰 포즈'라는 말은 1974년 프로복싱 세계챔피언에 오른 '거쓰 이시마쓰ガッツ石松'가 양손을 올리면서 승리의 기쁨을 표현한 것을 신문에서 '거쓰 이시마쓰'의 이름이자 승리한다는 의미를 가진 '거쓰 포즈'로 부르면서 시작되었고, 실제 일본에서는 세계 타이틀전이 열린 1974년 4월 11일을 '거쓰 포즈 기념일'이라 부르고 있다. 프로복서 '거쓰 이시마쓰'는 스즈키 유지라는 본명 대신 사용한 예명인데 당시 일본 프로복싱에서는 거쓰 이시마쓰뿐 아니라 파이팅 하라다와 같은 예명을 사용하는 선수들이 많이 있었다. 만일 파이팅 하라다가 먼저 양손을 올리면서 승리의 기쁨을 표현했고, 신문에서 별명을 붙였다면 일본의 '거쓰 포즈'는 '파이팅 포즈'라는 명칭으로 사용되고 있을지도 모른다.

일본에서 '거쓰 포즈'는 주로 경기에서 승리한 뒤에 취하지만 경기중에 기쁨을 나타낼 때 취하는 자세이기도 하다. 2005년 일본에서 열린 피겨스케이팅 그랑프리 파이널에서 당시 주니어였던 아사다 마오가 시니어 챔피언인 러시아의 이리나 슬루츠카야를 제치고 1위에 오른 적이 있다. 나이 제한으로 2006 토리노 동계올림픽에 출전하지 못하는 아사다 마오가 1위에 오르자 일본에서는 올림픽 출전 규정을 바꿔야 한다는 주장까지 나올 정도로 '마오 열풍'이 불었다. 일본이 아사다 마오에게 빠져든 것은 트리플 액

그랑프리 파이널 연기에서 점프에 성공한 뒤 거쓰 포즈를 취하고 있는 아사다 마오

셀이라는 이른바 필살기와 함께 연기 후반 연속 점프를 성공시켰을 때 그가 보여준 '거쓰 포즈'가 큰 영향을 미쳤다는 분석이 이어졌다. 이처럼 스포츠에서 기쁨을 표현하는 '거쓰 포즈'에 대해 스모나 유도, 검도 같은 종목에서는 상대를 자극하는 행위로 여겨질 수 있다며 금기시하기도 한다. 메이저리그 야구에서 홈런을 친 뒤 과도하게 기쁨을 표현할 경우 다음 타석에서 보복 투구의 우려가 있어 '배트 플립'을 자제하는 것과 비슷하다.

일본의 '거쓰 포즈' 역시 한국의 '파이팅'과 마찬가지로 스포츠 용어로만 국한되지 않는다. 일반인들도 학교나 회사 등에서 자주 사용하는 포즈인데 최근에는 메신저 이모티콘으로도 많이 사용되고 있다. 우리나라의 정치인들이 다 함께 '파이팅'을 외치는 것처럼 일본의 정치인 역시 '거쓰 포즈'를 취하는 것이 일상화되어 있다. 사진기자들이 정치인에게 '거쓰 포즈'를 취해달라고 주문하기도 하며, 정치인 중 일부는 멋진 자세를 위해 보이지 않는 곳에서 여러 차례 연습을 하는 경우까지 있을 정도이다.

허진호 감독이 만든 한석규, 심은하 주연의 〈8월의 크리스마스〉는 삶과 죽음이라는 다소 무거운 주제를 '사랑'이라는 소재로 아름답게 표현한 영화이다. 특히 대사가 없는 마지막 15분이 압권인데, 돌아온 심은하가 초원사진관 앞에서 보여준 표정처럼 슬프면서도 입가에 미소를 짓게 만드는 마법 같은 힘을 가지고 있다. 1990년대 후반 영화광들은 이 영화에 열광했고, 우리나라의 이런 뜨거운 반응 속에 일본에서 리메이크되기도 했다. 일본의 〈8월의 크리스마스〉는 감독의 연출이나 배우의 연기 등 모든 면에서 우리나라 작품을 그대로 반복했을 뿐 일본식으로 새롭게 해석해 재창조하지 못했다. 단 한 장면, 한석규와 심은하가 스쿠터를 타는 모습에서만 일본판에서는 주인공들에게 헬멧을 쓰게 해 일본의 안전 의식을 엿볼 수 있었던 정도이다.

한국 드라마 〈나의 아저씨〉는 일본 영화의 거장 고레에다 히로카즈를 비롯해 일본에서도 많은 열성팬을 보유하고 있다. 〈이태원 클라쓰〉처럼 일본에서 리메이크될 가능성도 분명 있을 것이다. 만일 〈나의 아저씨〉를 일본에서 다시 만든다면 극 중의 이지안과 박동훈이 헤어질 때 했던 '파이팅'은 아마도 일본식 '거쓰 포즈'로 바

꿰게 되지 않을까? 한국의 '파이팅'과 일본의 '거쓰 포즈'는 비슷한 상황에서 사용하는 사실상 같은 말이라고 할 수 있다.

미국식 스포츠에서는 볼 수 없는 한국과 일본의 예의 문화

×

2022 시즌 메이저리그에 진출한 일본의 스즈키 세이야는 2020 도쿄 올림픽 일본 야구 국가대표팀의 4번 타자 출신이다. 고등학교 시절부터 괴물 타자로 인정받아 요미우리 자이언츠의 4번 타자를 지낸 뒤 뉴욕 양키스의 4번 타자로 활약한 마쓰이 히데키만큼의 실력을 갖추지는 못했지만 히로시마 도요 카프의 4번 타자 출신으로 메이저리그의 명문 구단인 시카고 컵스의 유니폼을 입게 되었다.

스즈키 세이야는 마쓰이 히데키와 비교하면 홈런 생산 능력은 부족하지만 뛰어난 선구안을 바탕으로 출루율과 장타율을 합친 OPS에서는 크게 뒤지지 않는다. 그의 선구안은 메이저리그에서도 위력을 발휘하는데 그가 볼넷을 골랐을 때 다른 선수들과 확연하게 구별되는 특징이 있다. 보통의 선수들은 볼넷으로 출루할 때 배트를 내려놓고 곧바로 1루로 향하지만 스즈키 세이야는 포수와 심판의 뒤를 지나 1루로 향한다. 그는 왜 이런 행동을 할까? 일본의 스포츠 매체 〈풀카운트〉에 따르면 그는 "사람 앞을 가로질러 가는 것은 실례인데다 연상의 사람일 경우에는 더욱 그렇다. 그것이 일본의 문화이다"라고 이야기했다고 한다. 이런 스즈키 세이야의 행동을 두고 시카고 컵스 감독은 '굉장히 예의바른 사람'이라고 칭찬했으며, 미국 언론에서도 그의 이런 행동에 대한 보도가 이어지고 있다.

물론 대부분의 일본 선수들은 곧바로 1루로 향한다. 스즈키 세이야의 행동이 특별한 것일 뿐 이것을 일본의 문화라고 말하기는 어렵다. 하지만 예의를 중시하는 아시아 야구의 이런 모습은 기존의 메이저리그 야구에서는 전혀 찾아볼 수 없었기에 눈길을 끄는 것이다. 예를 들면 투수가 상대 타자를 맞췄을 때 우리나라나 일본에서는 미안함을 표현하는 문화가 있다. 공을 맞은 선수가 1루 베이스를 밟은 뒤 손짓으로 미안하다는 동작을 하기도 하고, 모자에 손을 올리는 방법으로 유감의 뜻을 나타내는 것이 일반적이다. 반면 미국 야구에서는 투수가 타자를 고의로 맞추지 않은 상황에서 굳이 사과하는 것에 대해서 이상하게 생각한다. 몸에 맞은 대가로 1루 출루권을 획득했기 때문에 사과까지 하는 것은 이중 처벌과 같다는 견해를 보이는 것이다. 경기중 신경전이 벌어진 상황에서 고의로 타자를 맞춘 뒤 사과를 하더라도 선수단으로부터 벌금을 부과받기도 한다. 과거 한화 이글스의 안영명 투수가 본인의 의사와 상관없이 위협구를 던진 뒤 분노한 상대 타자가 달려와 주먹을 휘두를 때 고개를 숙인 채 맞고만 있던 모습은 메이저리그에서는 상상조차 하기 어려운 장면이다.

박찬호가 메이저리그에 진출해 선발투수진에 합류했을 때 투구 전 심판에게 인사를 하는 모습을 두고 현지에서 화제가 된 적이 있다. 박찬호는 그냥 심판에게 예의를 표한 것인데 메이저리그 관계자 중에는 잘 봐달라는 것으로 오해를 살 수 있다며 바람직한 것은 아니라고 이야기하는 사람도 있었다. 키움 히어로즈와 롯데 자이언츠에서 마무리투수로 뛰었던 손승락을 비롯해 국내 야구에서는 투구를 시작하기 전 심판에게 인사하는 장면을 쉽게 볼 수 있다. 스즈키 세이야가 1루를 향할 때 심판 뒤로 가는 것과 박찬호나 국내 프로야구 선수들이 심판에게 인사하는 것은 일맥상통하는 측면이 있다. 나이 많은 사람에 대한 존중, 높임말이나 겸양어 사용이 일반화된 언어문화를 가진 아시아 문화가 수평적인 서양 문화와는 다르다는 것을 보여준 한 예이기도 하다.

일본 야구를 대표하는 슈퍼스타 오타니 쇼헤이는 예의바른 모습으로 더 큰 사랑을 받고 있다. 그는 투수와 타자 모두 최상위 실력을 갖춘데다 심지어 도루 능력까지 뛰어나 도루를 감행한 뒤 상대를 배려하는 모습까지 보이기도 한다. 오타니 쇼헤이가 도루를 시도할 때 베이스 커버를 하던 상대팀 2루수가 무언가 불만을 나타내자 그의 어깨를 두드리면서 멋쩍은 미소로 대화하며 달래는

LA 다저스 시절 공을 던지기 전에 심판에게 인사하는 박찬호

모습이 화제를 모으기도 했다. 미국의 지역방송인 '발리 스포츠 웨스트'는 SNS에 이 영상을 올리면서 '지금까지 본 가장 예의바른 도루'라고 오타니 쇼헤이의 남다른 매너를 조명한 바 있다.

그의 이런 모습은 우리나라에도 소개된 적이 있는데 허구연 KBO 총재가 '구독 허구연'이라는 유튜브에서 오타니 쇼헤이와 양현종의 얽힌 뒷이야기를 생생하게 전하기도 했다. 양현종이 텍사스 레인저스 소속으로 메이저리그에 구원투수로 처음 등판했을 때 7타자 연속 범타 처리하는 등 호투를 이어가다 오타니 쇼헤이에게 첫 안타를 허용했는데 바로 기습 번트였다. 다음날 양현종의 동료인 아리하라 고헤이가 오타니 쇼헤이에게 "빅리그 첫 등판 투수를 상대로 기습 번트를 시도하면 되느냐"고 질책하자 오타니 쇼헤이는 첫 등판인지 몰랐다며 사과했고, 이후 오타니 쇼헤이와 좋은 관계를 유지했다고 한다.

미국에 오타니 쇼헤이가 있다면 영국에는 손흥민이 있다. 손흥민은 현지에 대형 벽화가 등장할 정도로 영국의 팬들로부터 많은 사랑을 받고 있는데, 실력뿐 아니라 예의바른 모습까지 갖춰 더욱 주목받고 있다. 손흥민은 어린이들에게 유니폼 선물을 많이 한다. 그는 경기가 끝난 뒤 그라운드로 들어온 어린이를 경기장 안전요원이 제지하자 어린이의 머리를 쓰다듬으면서 자신의 유니폼 상의를 벗어 선물로 준 적이 있다. 또한 손흥민을 연호하는 관중석의 어린이에게 유니폼을 벗어주자 어린이가 감격에 겨워 눈물을 흘리는 장면이 중계방송 영상에 포착되기도 했다. 어린이들을 향한 모습에서 보여지듯이 손흥민은 축구팬들이나 팀 동료, 팀 관계자들에게 예의바른 모습을 보이는 것으로 유명하다. 실제 토트넘 홋스퍼의 안토니오 콘테 감독은 "손흥민은 최고의 선수이자 최고의 사람이다. 그는 항상 예의바르고 환상적인 모습을 보여준다. 축구와 관련된 이야기를 하지 않더라도 손흥민과 대화할 때는 늘 행복하다"며 손흥민을 향한 애정을 아낌없이 표현할 정도이다.

태권도 종주국인 한국과 유도를 만든 일본은 유럽이나 미국과는 달리 연장자에게 존댓말을 할뿐 아니라 일상생활에서도 예의를 강조하는 문화를 가지고 있다. 태권도와 유도처럼 경기를 시작할 때와 끝날 때 의무적으로 인사를 하는 모습은 서양 스포츠에서는 찾아보기 힘들다. 이름에 '도道'가 들어가지 않는 씨름이나 스모 역시 마찬가지이다. 경기 전후의 인사 장면뿐 아니라 경기 내용에서도 스포츠맨십에 어울리지 않는 모습을 보이면 비난을 받는다. 씨름에서 지나친 샅바 싸움을 하거나 스모에서 선수들끼리 부딪히는 '다치아이'를 일부러 피한 선수는 많은 비난에 시달리곤 한다. 스포츠는 그 사회를 반영하는 거울이라는 것을 알 수 있는 대목이다.

합리성을 강조하는 서양 스포츠이자 팀 스포츠인 야구나 축구에서는 예의 문화를 찾아보기 힘들다. 그래서 스즈키 세이야나 박찬호의 '예의'는 분명 존중받아야 할 모습이지만 다른 메이저리그 선수들이 이런 행동을 본받아야 한다고 말할 수는 없다. 오타니 쇼헤이와 손흥민에게서 느껴지는 겸손한 자세 역시 마찬가지이다. 아시아의 '수직 문화'와 메이저리그나 유럽 축구선수들의 '수평적인' 문화는 뛰어나거나 열등한 것이 아니라 상대주의적인 관점에서 바라보아야 하기 때문이다. 그런데 우리나라 야구에서는 '메이저리그' 문화는 옳고 '한국 야구' 문화는 옳지 않다는 인식이 일부 존재한다. 한국 사회에서 '한국식'은 바람직하지 않고 '미국식'이 올바르다고 믿는 사람들이 많은 것처럼 말이다. 야구에서 불문율과 관련된 것은 미국의 문화일 뿐인데 한국 야구에서는 미국식 불문율이 마치 옳은 것으로 받아들여지고 있는 것이다.

일본의 아키야마 고지는 1980년대 홈런을 친 뒤 홈베이스를 밟을 때 공중제비를 도는 동작까지 선보였지만 당시에는 누구도 상대에 대한 도발이라고 생각하지 않았다. 당연히 벤치클리어링은 일어날 수 없었다. 벤치클리어링 같은 문화는 노모 히데오와 박찬호가 메이저리그에 진출한 1990년대 중반 이후 한일 야구에 전파된 것이기 때문이다. 사실 야구에 유난히 많은 불문율은 미국의 법체계와도 관련이 있다. 영국의 법에 영향을 받은 미국은 불문법 중심의 법률체계를 가지고 있지만 프랑스와 독일의 영향을 받은 우리나라와 일본은 성문법을 근간으로 하고 있다. 법체계 자체가 다른데다 문화까지 다른 아시아 야구가 미국 중심의 문화에서 파생된 '불문율'에 굳이 민감할 필요가 없는 까닭이다.

한국 야구는 미국이나 일본 야구의 장점을 배우는 것이 중요하지만 그들의 문화를 그대로 받아들일 필요는 없다. 어떻게 한국 야구의 현실에 맞게 접목할 수 있느냐가 중요할 뿐이다. 이는 야구 이외의 모든 스포츠와 교육을 비롯한 우리 사회의 모든 면에 해당된다고 할 수 있다.

안경군이 안경 선배로,
파격적인 이천수의 '명보야 밥 먹자'

×

"우~ 우~~~ 풍문으로 들었소. 그대에게 애인이 생겼다는 그 말을"이라는 노래를 통해 세대 구분을 할 수 있다. 이 노래를 부른 가수가 누구이냐는 질문에 "함중아"라고 답하는 사람과 "장기하 노래 아니야?"라고 답하는 사람으로 나뉠 것이고, 아마도 연령대에 따라서 가수 선택이 확연하게 달라질 것이다. 그렇다면 '안경 선배'라는 말을 들었을 때는 어떨까? 2018 평창 동계올림픽에서 여자 컬링 대표팀이 은메달을 획득하며 국민적인 인기를 얻은 팀 킴의 주장 김은정을 떠올리게 될 것이다.

지금은 '안경 선배' 하면 김은정이 압도적이지만 예전에는 일본 만화 『슬램덩크』의 권준호가 '안경 선배'의 대명사로 통했다. 물론 세상은 『슬램덩크』를 본 사람과 보지 않은 사람으로 나눌 수 있다. 『슬램덩크』를 본 사람들은 권준호라는 '안경 선배'가 친근하게 느껴지겠지만, 보지 않은 사람들에게서는 "안경 선배? 무슨 소리야?"와 같은 반응이 나올 것이다.

2018 평창 동계올림픽 여자 컬링 준결승전이 한일전으로 치러져 한일 양국의 관심이 집중되었다. 대한민국의 팀킴은 예선전부터 기대 이상으로 선전한데다 '영미~' 열풍이 불면서 '컬링'이란 종목이 평창 동계올림픽 개막 이후 열흘 만에 인기 종목으로 우뚝 올라섰다. 일본 역시 주장 '후지사와 사쓰키'의 인기 속에 컬링의 인기가 절정에 달해 있었다. 그런 상황에서 맞이한 한일전이기에 취재 경쟁도 더욱 뜨거웠는데 일본 언론은 대한민국의 '팀킴'을 집중 조명하는 기사를 자주 소개했다. 특히 '안경 선배'라는 별명을 얻은 인기 절정의 김은정을 주목했는데 팀킴을 이끄는 실력도 중요했지만 '안경 선배'가 일본 만화 『슬램덩크』에서 유래된 것이었기 때문이다.

그런데 일본 만화 『슬램덩크』는 우리나라에서 번역되는 과정에서 언어와 문화의 차이 때문에 미묘하게 바뀐 부분이 꽤 된다. 한국판 『슬램덩크』에서는 주인공인 강백호가 엉뚱한 캐릭터이기는 하지만 윗사람들에게 존댓말을 쓰는 것으로 나오는데 원작인 일본판은 이와 다르다. 일본판의 강백호인 사쿠라기 하나미치는 존댓말을 전혀 사용하지 않는다. 사쿠라기는 농구부 선배들에게 반말을 하는 것은 물론 선생님 같은 어른들에게도 존댓말을 쓰지 않는다. 한국판에서 강백호는 권준호에게 '안경 선배'라는 존칭을 사

일본 만화 『슬램덩크』에서 '안경군'이라는 뜻의 '메가네군'

용하지만 일본판의 사쿠라기는 고구레 기미노부(한국판의 권준호)에게 언제나 반말을 하는데 호칭 역시 '안경 선배'가 아닌 '안경군'이다.

　일본어에서 군君은 주로 중·고등학교 남학생들을 부를 때 사용하는 경우가 많지만 때로는 여성에게 사용하기도 한다. 실제로 교수가 여성 제자를 부를 때 '○○군'을 쓰는 경우가 많고, 회사에서도 여직원의 호칭으로 '○○군'을 쓸 정도로 '군'의 사용 범위는 넓다고 할 수 있다. 물론 군이란 호칭을 윗사람이나 나이 많은 사람에게 사용하면 어색한 느낌이 들기도 한다. 『슬램덩크』의 사쿠라기처럼 고등학생이 농구부 선배에게 '안경군'이라고 부르는 것은 상상하기 어렵지만 전혀 불가능한 것만은 아니다. 실제로 야구선수 스즈키 이치로는 자신보다 나이 많은 기자에게 '군'이라는 호칭을 사용한 적도 있다. 하지만 '안경군'이 '안경 선배'로 번역해야 할 정도로 우리나라는 선후배 호칭에서 일본보다 훨씬 엄격하다.

일본에서는 『슬램덩크』의 사쿠라기처럼 선배에게 반말을 해도 문제없는 경우가 많지만 우리나라에서는 선후배간 반말 사용으로 인해 분쟁이 벌어지기도 했다. 2012년 6월 프로야구 한화 이글스의 김태균은 롯데 자이언츠 투수 김성배가 던진 공에 등을 맞고 아픔을 호소했다. 찡그린 표정으로 1루로 향하던 김태균은 김성배에게 "인사 안 하냐? 인사해!!"라고 반말로 이야기해 1년 선배인 투수 김성배는 후배의 반말에 화가 나 사과 대신 맞대응을 했다. 이 과정에서 롯데 자이언츠 포수 강민호가 김태균을 향해 "형보다 형이야!"라고 이야기한 사실이 알려지면서 국내 프로야구 사상 첫 '동안 벤치클리어링'이라는 용어가 탄생했다. 김태균은 김성배가 실제 나이보다 어리게 보여 당연히 후배로 알고 반발로 사과를 요구한 것에서 오해가 생긴 것으로 정리되었고, 두 선수는 다음날 취재진이 지켜보는 가운데 서열 정리를 다시 하며 오해를 풀었다.

시간이 흘러 은퇴한 김태균은 "사실 성배 형이 형인 것을 알고 있었다"는 내용의 인터뷰를 해 야구팬들을 당황하게 만들었다. 김성배가 선배라는 것을 알고 있었지만 이틀 연속 투수에게 몸을 맞아 욱하는 바람에 선배라는 것을 알면서도 반말이 나온 것이었고, 반말을 한 것에 대해 사과한 것인데 기사에는 "선배인 줄 몰랐어요"라고 나간 것이라며 사건의 전모를 밝혔다. 여기서 주목할 부분은 존댓말의 사용 여부이다. 김성배 입장에서는 아무리 공에 몸이 맞았더라도 1년 후배가 반말을 한 것에 기분이 나빴던 것이고,

김태균으로서는 이틀 연속 공에 맞자 일부러 반말을 한 것이었다. 김성배와 김태균의 말을 종합해보면 '후배는 반드시 선배에게 존 댓말을 해야 한다'로 정리된다. 물론 아주 친한 사이에서는 반말 을 해도 상관없지만 한국 스포츠에서 위계질서는 존댓말과 반말 의 사용 여부로 시작된다는 것을 알 수 있다.

물론 스포츠뿐 아니라 우리나라 사회는 처음 만날 때부터 나이 로 서열 정리를 하고 호칭으로 서열을 확정짓는다. 이런 한국 사 회의 특징이 스포츠에서 경기력에 도움이 되지 않는다고 판단해 일상생활에서부터 선후배 사이의 존댓말을 없애려고 노력했던 사 람이 바로 2002년 한일 월드컵 4강 신화를 이끈 거스 히딩크 감 독이다. 히딩크 감독은 선배들과 어린 선수 사이에 언어를 비롯한 여러 장벽이 있다는 것을 느끼고 의도적으로 후배들에게 존댓말 사용을 금지하는 파격적인 지시를 했다. 감독의 지시에도 불구하 고 많은 선수가 머뭇거렸지만 막내였던 이천수가 가장 나이 많은 홍명보를 상대로 과감하게 반말을 시도해 선후배 사이에 존재하 던 오랜 벽을 깨뜨렸다. 당시 이천수가 한 말은 세월이 흐른 뒤 인 터넷 밈으로까지 인기를 얻고 있는 "명보야 밥 먹자"이다. 이 말을 처음 들었을 때 최진철을 비롯한 고참 선수들은 이천수를 놀란 눈 으로 바라보았다고 한다. 심지어 이천수에 대해 정신이 이상하다 고까지 생각했지만 이천수가 반말을 시작한 뒤 자연스럽게 존댓 말 문화가 사라졌다고 한다.

사실 축구선수들은 예전부터 그라운드에서는 반말을 써왔다.

"명보야 밥 먹자"와 관련된 일화를 이야기하는 이천수(출처 : 유튜브 리춘수 중에서)

1990년대 중반 동대문축구장에서 프로축구를 관람한 경험에 의하면 관중들은 선수들이 경기중에 반말을 사용하는 것을 쉽게 들을 수 있었다. '순호 형'이나 '선홍이 형'이라고 부르는 문화는 이미 90년대부터 사라졌는데, 히딩크 감독이 이를 일상생활에까지 확장시킨 것이다. 이런 시도를 통해 월드컵 4강 신화를 이루면서 히딩크 감독의 반말 사용 역시 뛰어난 지도자의 사례로 칭찬받고 있다. 또한 2020 도쿄 올림픽에서 4강에 진출한 여자배구의 스테파노 라바리니 감독은 한국 특유의 선후배 문화를 잘 활용해 기대 이상의 성적을 거두기도 했다. 하지만 다른 종목의 역대 외국인 감독들도 비슷한 시도를 했지만 성적으로 이어지지 않은 경우도 많다. 결국 반말의 사용 여부는 그 자체로 무조건 유지하거나 폐지해야 할 대상이 아니라 상황에 맞게 적용해야 한다는 것을 보여준다.

『슬램덩크』에서 사쿠라기는 선배뿐 아니라 심지어 소속팀 감독에게도 반말을 한다. 일본 고등학교에서 교사와 제자가 서로 반말로 대화하는 것은 그리 낯설지 않은 풍경이다. 일본에서 고등학교를 다닌 한국 학생들은 교사와 제자의 이런 반말 대화를 경험했을 때 문화 충격을 느꼈다고 한다. 일본 드라마 〈고쿠센〉에서 교사인 '양쿠미'와 학생들이 서로 반말을 주고받는 것은 실제 일본 학교의 모습을 반영한 것이다. 스승의 그림자도 밟지 않는다는 관념이 아직 남아 있는 우리나라에서는 현실과는 거리가 먼 교실 풍경이고, 교실보다 엄격한 위계질서를 가진 학교 스포츠 현장에서 학생이 감독에게 반말을 사용한다는 것은 상상하기 힘든 모습이다. 선후배 사이의 호칭이나 감독에 대한 존칭 등 강백호의 모습을 통해 『슬램덩크』는 일본 문화를 반영한 작품이고, 한국 문화에 맞게 적용한 번역 역시 훌륭했다는 것을 알 수 있다.

어린 시절 들었던 함중아의 〈풍문으로 들었소〉가 익숙하지만 장기하의 노래 역시 몇 번 들어보니 함중아의 목소리와는 또다른 매력을 느낄 수 있었다. 우리나라와 일본은 미국이나 유럽에 비해 존댓말이 발달했지만 선후배나 윗사람에 대한 호칭에서는 다소 차이를 보인다. 일본 문화를 반영한 〈슬램덩크〉 속 사쿠라기의 '안경군'과 한국판에 나오는 강백호의 '안경 선배' 모두 각자의 특징이 있다. 우리나라와 일본 스포츠 역시 비슷하면서도 다른 한일 양국의 특징이 반영되었다고 할 수 있다. '아는 만큼 보인다'는 말처럼 한일 양국의 사회와 문화에 대해 좀더 깊이 공부한다면 그동안 몰랐던 새로운 매력을 발견할 수 있을 것이다.

한국과 일본의 영구결번 문화와
메이저리그 42번 이야기

×

1984년 한국시리즈 4승에 빛나는 투혼의 에이스 최동원과 프로 야구 통산 타율 1위인 안타 제조기 장효조. 1980년대 한국 야구를 대표했던 이 2명의 영웅은 지난 2011년 젊은 나이에 일주일 간격으로 세상을 떠나 야구팬들의 마음을 슬프게 했다. 최동원의 등번호 11번은 사후에 롯데 자이언츠 구단이 영구결번永久缺番으로 지정했지만, 삼성 라이온즈 장효조의 등번호 10번은 영구결번의 영광을 얻지 못했다. 장효조가 세상을 떠나기 1년 전 그의 10번을 물려받은 후배 양준혁이 은퇴하면서 이미 영구결번이 되었기 때문이다.

양준혁과는 달리 최동원과 장효조가 은퇴하던 시절에는 한국 스포츠에 '영구결번'이라는 문화가 정착되지 않았었다. 영구결번은 1990년대 중반부터 미국 스포츠의 영향을 받아 한국 스포츠에 도입되었는데, 영구결번이라는 용어는 한국과 일본만이 공유하는 표현이기도 하다. 영어에서 영구결번Retired Number은 단순히 은퇴한 번호라는 뜻일 뿐 영원히 비워두는 번호라는 의미는 없다. 스페인어권에서도 비슷한 단어를 쓰며, 대만이나 중국 같은 한자 문화권에서도 영구결번 대신 은퇴한 등번호라는 의미의 퇴휴배호退休背號라는 표현을 사용하고 있다.

미국 스포츠에서 유래한 영구결번은 1935년 미식축구 뉴욕 자이언츠의 레이 플래허티의 등번호 1번이 처음이지만 일반인들에게는 1939년 불치병으로 은퇴한 뉴욕 양키스의 루 게릭의 등번호 4번을 영구결번으로 지정하면서 본격적으로 알려지기 시작했다. 영구결번은 루 게릭이 건강하게 돌아올 때까지 비워둔다는 의미로 시작된 뉴욕 양키스만의 전통이었지만 시간이 지나면서 다른 구단으로 퍼지게 되었다. 메이저리그에서 영구결번이 늘어난 것은 유명 선수가 은퇴한 뒤에는 더이상 유니폼을 팔 수 없기 때문에 이를 막기 위한 상업적인 의도가 내포되어 있었는데, 영구결번이 팀을 대표하는 상징성이 더해지면서 지금은 미국의 모든 스포츠에서 영구결번을 시행하고 있다. 뉴욕 양키스에 무려 23명의 영구결번이 존재하는 것처럼 메이저리그에는 영구결번이 매우 활성화되어 있다. 놀런 라이언과 프랭크 로빈슨처럼 무려 3팀에서 동시에 영구결번으로 지정된 선수들까지 존재한다.

메이저리그는 120년이 훨씬 넘는 역사를 가진 만큼 팀을 빛낸

'재키 로빈슨 데이'에는 메이저리그의 모든 선수들이 등번호 42번인 유니폼을 입는다.

선수가 많은데다 영구결번을 통해 관중을 끌어들이기 위해서라는 상업적인 목적도 크다. 영구결번 지정으로 이야깃거리를 만들어 내고 은퇴한 뒤에도 유니폼 판매와 야구 카드 판매 등을 통해 정기적으로 수익을 낼 수 있기 때문이다. 메이저리그는 1997년 최초의 흑인 선수 재키 로빈슨의 메이저리그 입단 50주년을 기념해 그의 등번호 42번을 전 구단에서 영구결번으로 지정했다. 또한 2007년에는 재키 로빈슨이 데뷔한 4월 15일을 '재키 로빈슨 데이'로 지정해 매년 이날은 메이저리그의 모든 선수들이 42번이 달린 유니폼을 입고 경기에 나선다.

미국과 달리 일본은 영구결번에 대해 매우 까다로운 편이다. 일본은 요미우리 자이언츠에서 활약하던 구로사와 도시오가 1944년 병으로 세상을 떠나자 그의 등번호 4번과 과거 일본을 대표하는 선수였던 사와무라 에이지의 14번을 영구결번으로 지정했다. 1944년 당시만 해도 미국의 영구결번은 2명, 일본 역시 2명으로 같았지만 이후에는 미국과 일본의 영구결번 문화는 서로 전혀 다른 방향으로 나아가게 되었다. 미국은 뉴욕 양키스 한 구단에서만 23개의 영구결번이 지정되었지만 일본은 90년에 가까운 프로야구 역사에서 영구결번으로 지정된 선수는 15명에 불과하다. 일본 최고의 타자로 메이저리그에서도 타격왕과 MVP까지 차지했던 스즈키 이치로의 등번호 51번조차 영구결번으로 지정되지 않았다. 대신 일본에서는 에이스 번호, 홈런 타자 번호처럼 등번호를 이어받는 문화가 있다. 과거 선수들의 명성에 어울리는 선수가 등장하게 되면 그의 등번호를 물려받는 전통을 중요하게 여기는 문화로 발전했다.

이제 40년을 넘기면서 아직 일본 프로야구의 절반에도 못 미치는 역사를 가진 KBO리그에서는 일본보다 한 명 더 많은 16명의 등번호가 영구결번으로 지정되었다. 우리나라는 미국과 일본 야구의 영구결번 문화에서 중간에 위치하는 셈이다. 한국 야구에서는 일본처럼 현역 시절 세상을 떠난 OB 베어스의 김영신이 1986년 최초의 영구결번으로 지정되었으며, 2022년 기준으로 2호부터 16호의 영구결번은 모두 2000년대 이후 미국 메이저리그 문화의 도입 속에 지정되었다. 지금의 기준으로 본다면 삼성 라이온즈의 장효조는 물론이고 해태 타이거즈의 김성한을 비롯해 더 많은 등번호가 영구결번 대상이 되었을 것이다.

영구결번 문화가 활발한 야구와는 달리 축구에서는 영구결번이 많지 않은 편이다. 이탈리아 축구가 전설적인 스타 파올로 말디니와 같은 유명 선수들의 번호를 영구결번으로 지정한 사례가 있지만 1번부터 25번까지만 사용할 수 있는 스페인을 비롯한 대부분의 축구 리그에서는 영구결번 문화가 낯선 편이다. 축구는 일본 야구의 에이스 번호처럼 공격수 번호나 수비수 번호가 정해져 있어 영구결번의 여지가 적은 편이고, 실제 국제축구연맹은 영구결번을 인정하지 않고 있다. 월드컵에서 아르헨티나가 마라도나의 10번을 영구결번으로 지정하려고 했지만 국제축구연맹의 반대로 철회한 사례도 있다.

한국 축구에서도 영구결번을 놓고 웃지 못할 사건이 발생한 적이 있다. 2002년 한일 월드컵 4강의 주역인 송종국은 월드컵 이후 네덜란드의 페예노르트 로테르담으로 이적하게 되었는데, 부산 아이콘스 구단에서는 송종국의 고별 경기에서 등번호 24번을 영구결번 처리한다고 발표했다. 당시 부산 구덕운동장에서 송종국의 고별전을 취재했었는데 관중들이 카드섹션을 통해 24번을 만들었을 정도로 구단에서는 공을 들여 이벤트를 준비했었다. 부산 아이콘스의 유니폼을 입고 뛴 기간은 2년에 불과했지만 월드컵 4강 신화의 주역인 송종국에게 영구결번을 부여하는 것에 반대의 목소리는 거의 없었다. 축구에서 신선한 시도라는 평가를 받았던 송종국의 영구결번은 불과 2년 뒤 송종국이 국내에 복귀하면서 어긋나기 시작했다. 친정팀 부산보다 더 많은 금액을 제시한 수원

부산 구덕운동장에서 열린 송종국 고별전에서 등번호 24번을 만든 카드섹션

삼성 블루윙즈로 이적하자 부산 아이콘스에서는 24번 영구결번이 자연스럽게 사라지게 되었다.

　미국의 영구결번이 상업성을 추구하기 때문에 3개 구단에서 동시에 영구결번으로 지정하는 경우가 발생하지만 한국과 일본은 명예로운 훈장에 가까운 개념이므로 명예에 어긋난다고 판단되면 영구결번은 취소될 수 있다. 부산 아이콘스의 입장에서 송종국이 다른 구단으로 이적한 것은 영구결번의 영광을 배신하는 행동으로 본 것이다. 또한 OB 베어스의 중심 타자로 활약했던 윤동균은 1989년 등번호 10번이 영구결번으로 지정되었지만 1994년 OB 베어스 구단 항명 사건에 휘말리면서 영구결번에서 제외된 적이 있다. 프로농구에서 이상민은 KCC 이지스와 삼성 썬더스에서 뛰었는데 삼성 썬더스에서 이상민의 등번호 11번을 영구결번으로 지정하자 KCC 이지스의 항의 속에 하루 만에 취소하는 일도 있었다. 이상민은 KCC 이지스의 영구결번을 원하지 않아 영구결번 행사에도 참여하지 않았을 정도이다.

이는 한국이나 일본 문화에서는 미국처럼 여러 구단에서 동시에 영구결번으로 지정하는 것이 그리 간단하지 않다는 것을 보여준 사례라고 할 수 있다. 미국이나 유럽에서는 피겨스케이팅 페어 또는 아이스댄싱에서 한 팀을 이루는 남녀가 이혼한 뒤에도 같은 팀으로 출전하는 경우가 많지만 아시아 문화권에서는 팀이 더이상 존재할 수 없는 것과 비슷하다고 할 수 있다. 이처럼 영구결번은 한국과 일본 스포츠가 서양 스포츠와 많이 다르다는 것을 나타내는 상징과도 같다. 세계에서 한국과 일본만이 '영구결번'이라는 용어를 사용하는 것처럼 서양의 시각에서는 한국과 일본 스포츠는 큰 차이가 없는 것처럼 보일 것이다. 하지만 영구결번에 유난히 엄격한 기준을 적용하고 있는 일본에 비해 한국 스포츠가 일본과 미국의 중간에 위치하는 것처럼 한국과 일본의 차이는 분명 존재한다.

스포츠라는 거울을 통해서 보면 그 사회의 문화와 특징이 그대로 드러난다. 비슷하면서도 다른 한국과 일본 스포츠는 사회의 변화와 함께 지금보다 비슷해질 수도, 더욱 큰 차이를 보이게 될 수도 있을 것이다. 가깝고도 먼 나라이자 스포츠에서 영원한 라이벌인 한국과 일본 스포츠의 미래가 어떻게 흘러갈 것인지, 한일 스포츠에 강한 애정을 가진 만큼 더욱 설레는 마음으로 그 변화를 지켜볼 것이다.

지은이 한 성 윤

1970년대 후반 고교야구와 대통령배 축구대회, 프로 복싱에 열광하며 스포츠 키즈로 성장해왔다. 재현고등학교와 한양대 교육학과를 졸업한 뒤 1997년 1월 1일, KBS 스포츠 기자로 입사해 지금까지 스포츠 관련 소식을 전하고 있다.

KBS 〈뉴스광장〉과 〈아침 뉴스타임〉 〈뉴스라인〉 등에서 스포츠 코너를 진행했으며, 〈FM대행진〉과 〈성공예감〉 등 라디오 프로그램에 패널로 참여했고, KBS N 스포츠 일본 프로야구 중계방송 해설과 〈아이 러브 베이스볼〉 〈합의판정〉 등에 출연했다. 유튜브 시대에 맞춰 2022년 카타르 월드컵에선 KBS 유튜브 생방송인 〈퇴근길 카타르〉를 진행했으며 KBS 스포츠 〈엘카3〉에 참여했고, 2023년 월드베이스볼클래식(WBC)에선 KBS 디지털 뉴스 최초로 현장 라이브 스트리밍을 진행했다.

한국 스포츠의 나아갈 바를 제시한 공로를 인정받아 문체부장관 표창과 소강체육대상 기자상을 수상했다. 고교야구의 전설인 박노준 안양대 총장과 함께 『프로야구 스카우팅 리포트 2019』의 저자로 참여했고, 2022년 국내 최초의 고시엔 전문 서적인 『청춘, 여름, 꿈의 무대 고시엔』을 출간했다.

가슴에 새긴 태극마크, 등에 짊어진 일장기

스포츠로 보는 한국과 일본의 문화 이야기

초판 1쇄 인쇄 2023년 3월 25일
초판 1쇄 발행 2023년 4월 5일

지은이 한성윤

편집 박민애 정소리
디자인 이보람
마케팅 김선진 배희주
브랜딩 함유지 함근아 김희숙 고보미 박민재 정승민
저작권 박지영 형소진 오서영
제작 강신은 김동욱 임현식 | 제작처 천광인쇄소

펴낸곳 (주)교유당 | 펴낸이 신정민
출판등록 2019년 5월 24일 제406-2019-000052호

주소 10881 경기도 파주시 회동길 210
전화 031.955.8891(마케팅) | 031.955.2692(편집) | 031.955.8855(팩스)
전자우편 gyoyudang@munhak.com

인스타그램 @thinkgoods | 트위터 @thinkgoods | 페이스북 @thinkgoods

ISBN 979-11-92968-07-0 03690